民营企业"一带一路"实用投资指南

东南亚十一国

李志鹏/主编　　庞超然　张　哲/著

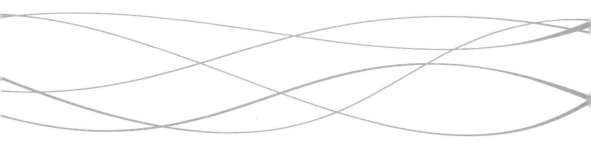

中华工商联合出版社

图书在版编目(CIP)数据

民营企业"一带一路"实用投资指南 东南亚十一国 /
李志鹏主编;庞超然,张哲著. -- 北京:中华工商联
合出版社,2020.2
ISBN 978-7-5158-2735-3

Ⅰ.①民… Ⅱ.①李… ②庞… ③张…Ⅲ.①民营企
业-对外投资-中国-指南 Ⅳ.①F279.245-62

中国版本图书馆CIP数据核字(2020)第 017398 号

民营企业"一带一路"实用投资指南 东南亚十一国

主　　编:李志鹏
作　　者:庞超然　张　哲
出 品 人:李　梁
责任编辑:李　瑛　袁一鸣
装帧设计:周　源
责任审读:李　征
责任印制:迈致红
出版发行:中华工商联合出版社有限责任公司
印　　刷:北京毅峰迅捷印务有限公司
版　　次:2020 年 10 月第 1 版
印　　次:2020 年 10 月第 1 次印刷
开　　本:16 开
字　　数:160 千字
印　　张:14
书　　号:ISBN 978-7-5158-2735-3
定　　价:58.00 元

服务热线:010-58301130-0(前台)
销售热线:010-58302977(网店部)
　　　　　010-58302166(门店部)
　　　　　010-58302837(馆配部、新媒体部)
　　　　　010-58302813(团购部)
地址邮编:北京市西城区西环广场 A 座
　　　　　19-20 层,100044
http://www.chgslcbs.cn
投稿热线:010-58302907(总编室)
投稿邮箱:1621239583@qq.com

工商联版图书
版权所有　侵权必究

凡本社图书出现印装质量问题,请与印务部联系。
联系电话:010-58302915

编委会名单

主　　任：邢厚媛

编　　委：

主　　编：李志鹏　梁桂宁

总　序

2020年是中国提出共建"一带一路"倡议的第七个年头。中国推动共建"一带一路"坚持对话协商、共建共享、合作共赢、交流互鉴，同沿线国家谋求合作最大公约数，推动各国加强政治互信、经济互融、人文互通，一步一个脚印推进实施，一点一滴抓出成果，推动共建"一带一路"走深走实，造福沿线国家人民。高质量共建"一带一路"正在成为我国参与全球开放合作、改善全球经济治理体系、促进全球共同发展繁荣、推动构建人类命运共同体的中国方案。

2016年4月，习近平总书记在中央政治局就历史上的丝绸之路和海上丝绸之路进行第三十一次集体学习时提出，广泛调动各类企业参与，引导更多社会力量投入"一带一路"建设，努力形成政府、市场、社会有机结合的合作模式，打造政府主导、企业参与、民间促进的立体格局。民营经济是我国经济制度的内在要素，是推进社会主义市场经济发展的重要力量，也是推动高质量发展的重要主体。当前，我国经济正处在转变发展方式、优化经济结构、转换增长动力的攻关期，通过统筹协调使用好两个市场、两种资源，拓展国际市场空间不仅成为我国民营经济高质量发展的重要途径，也是民营企业提升自身创新能力和国际竞争力的有效方式。

改革开放四十多年来，中国民间投资和民营经济由小到大、由弱变强，已日渐成为推动中国经济发展、优化产业结构、繁荣城乡市场、扩大社会就业的重要力量。同时，随着中国民营企业不断发展，一些中国民营企业家突破"小富即安、小成即满"的思想，在推进企业发展布局时，更具世界眼光。特别是近年来，随着共建"一带一路"倡议的深入实施，中国民营企业积极"走出去"在沿线地区构建新型国际分工网络，对外交往取得新进展，不仅成为参与"一带一路"倡议建设的生力军，也成为推动和践行"一带一路"沿线地区可持续发展目标的重要力量，矗立在中国参与国际经济分工的前沿和潮头。

2019年4月，习近平总书记在第二届"一带一路"国际合作高峰论坛上指出，面向未来，我们要聚焦重点、深耕细作，共同绘制精谨细腻的"工笔画"，推动共建"一带一路"沿着高质量发展方向不断前进。实施"走出去"和共建"一带一路"倡议合作前景广阔、风景无限。但同时也应该看到，相关国家在经济发展、国家治理、社会发展、人文环境等方面存在较大差异，加之中国民营企业自身国际化经验尚在积累成长之中，走出去难免会遇到一些风险和挑战。为破解民营中小企业国际化发展难题，渡过所谓全球化进程中"艰难的中间地带"做好一些思想和行动上的准备，本套《民营企业"一带一路"实用投资指南》丛书紧紧围绕中国民营企业国际化进程中主要关心的议题，对"一带一路"沿线地区的投资环境和政策法规进行了较为系统的分析，旨在为包括中国民营企业在内的广大中国企业提供高效实用的工具指南，引导服务民营企业百尺竿头更进一步，高质量走出去参与"一带一路"建设。本套丛书在撰写过程中部分参考了商务部国际贸易经济合作研究院和我国驻相关国家使馆经商参处共同编写的《中国对外投资合作国别（地区）指南》，并得到了全国工商联联络部的支持，谨此致谢！

编委会

2020年4月

PREFACE

PREFACE
前 言

　　本书所研究东南亚地区十一国是世界上人口第三大地区，总人口超过6亿，仅次于中国和印度；东南亚十一国整体经济体量加总后，位居世界第6位，仅次于美国、中国、日本、德国和英国。其中，文莱、柬埔寨、印度尼西亚、老挝、马来西亚、缅甸、菲律宾、新加坡、泰国和越南十国组建成东南亚国家联盟，已经成为东南亚地区以及全球具有较大影响力的区域性组织，在地区和国际事务中发挥着越来越重要的作用，也是我国周边外交的优先方向，共建"一带一路"倡议的重点地区。

　　中国与东南亚国家是亲密的近邻，守望相助的朋友和同舟共济的伙伴。近年来，中国与东南亚国家不断加强务实经贸合作，共同推动高质量共建"一带一路"走深走实。2019年，中国与东南亚国家当年贸易总额突破6000亿美元，东盟已经发展成为中国第二大贸易伙伴，超过美国，仅次于欧盟。截至2019年底，中国与东盟双向累计投资超2000亿美元。中国与东南亚国家在产业链分工合作密切，双边经贸合作具有较强互补性，并在基础设施、国际产能合作、电子商务、数字经济等新兴领域各类合作不断拓展，双方务实经贸合作发展成效显著。

　　近年来，随着中国与东南亚地区国家合作不断深化，区域、次区域以及双边合作机制快速发展，也为包括中国民营企业在内的各类企业同东南亚国家开展深入合作提供了更好的机遇和发展空间。2019年，中国—东盟自贸区升级协定全面生效，双方合作深度和广度取得新的突破。11月，第22次东盟与中日韩领导人会议上，各国领导人宣布《区域经济伙伴关系协定》（RCEP）谈判取得实质性进展。作为全球涵盖人口最多、最具潜力的区域自贸协定，RCEP谈判不仅为成员国经济发展提供良好的机遇，也在全球经济增长放缓、国际单边主义及贸易保护主义不断加剧的大背景下，为促进贸易和投资自由化便利化、推动区域一体化、维护经济全球化做出重要贡献。

本书系统分析了东南亚国家政治、经济和法律方面的主要特点，期待这本书能够为相关人士熟悉和了解当地国情提供一定帮助，也为我国企业，尤其是民营企业赴东南亚国家开展各类投资合作提供有益的参考指导。

本书中所涉及部分表格，由于数据缺失，导致个别国家未列入其中，特在此说明。

CONTENTS

目　录

>> 第一章

自然资源与政治局势

一、自然地理 / 2

二、人口分布 / 4

三、社会文化 / 7

四、政治局势 / 8

>> 第二章

基础设施条件与规划

一、交通运输 / 9

二、能源电力 / 11

三、网络通讯 / 13

四、发展规划 / 14

>> 第三章

市场规模与进口需求

一、宏观经济 / 19

二、消费市场 / 32

三、贸易规模 / 33

四、贸易结构 / 36

>> 第四章

投资合作商业机会

一、产业基础 / 39

二、外资需求 / 42

三、重点地区 / 44

四、重点项目 / 51

>>第五章

贸易和投资政策法规

一、外贸法规 / 52

二、外资法规 / 71

三、劳工法规 / 89

四、环保法规 / 107

>>第六章

投资合作的相关手续

一、公司注册 / 122

二、商标注册 / 131

三、专利注册 / 137

四、劳动许可 / 143

五、居住手续 / 155

>>第七章

贸易投资风险防范

一、贸易风险 / 161

二、投资风险 / 170

三、人身安全 / 181

四、财产安全 / 186

>>第八章

紧急情况解决方案

一、突发事件 / 190

二、安全生产事故 / 196

三、中资企业的境外安全风险预防 / 200

附录：相关机构的联系方式 / 202

2017年是东盟成立五十周年，是东南亚经济发展值得关注的重要节点。除东帝汶之外，东盟十国在50年来实现了快速稳定的发展。政治发展上看，东盟国家经济的繁荣带来了政治的稳定与发展，区域一体化发展进程加速，政治安全协同性程度较高。经济发展来看，东南亚十一国已经成为全球经济最活跃的地区之一。目前，东南亚十一国是世界上人口第三大地区，仅次于中国和印度，东南亚十一国整体经济体量加总后，位居世界第6位，仅次于美国、中国、日本、德国和英国。东南亚十一国对外贸易发展水平较高，成为全世界第四大进出口贸易地区，仅次于美国、中国和德国。值得注意的是，随着东南亚地区特别是东盟地区的单一市场建设和营商环境的改善，外国投资者对东南亚地区的信心不断增加。东南亚十一国特别是东盟国家区域一体化不仅带来了生产要素的自由流动，还有效促进了人员、服务贸易以及投资的自由化，区域一体化的福利效应明显，并成为全球生产网络的重要节点，在全球价值链发展上意义重大。据东盟自身预测，到2030年东盟将成为全世界第四大经济体，成为推动区域以及全球的重要经济发展动力。

第一章

自然资源与政治局势

东南亚十一国是中国的近邻，也是中国周边外交的重点方向。总体来看，东南亚国家地理区位优势明显，各国外向型经济发展较为迅猛，自然资源丰富，但相互间社会文化传统有较大差异，各国政治局势复杂度较高。一直以来，中国与东南亚十一国关系稳固，政治互信、经贸合作、人文交流取得了丰硕成果。

一 自然地理

东南亚十一国是中国的重要近邻，也是中国周边外交的重点方向。东南亚位于亚洲东南部，东濒太平洋，南临印度洋，处于亚洲与大洋洲、太平洋与印度洋的"十字路口"，战略地位非常重要。整体来看，东南亚十一国可以分为中南半岛国家（包括越南、老挝、柬埔寨、缅甸和泰国）和马来群岛国家（包括马来西亚、新加坡、印度尼西亚、菲律宾、文莱和东帝汶）。其中，老挝是东南亚十一国中唯一的内陆国，越南、老挝、缅甸与中国陆上接壤。马六甲海峡是这个路口的"咽喉"，地处马来半岛和苏门答腊岛之间，可通行载重25万吨的巨轮，太平洋西岸国家与南亚、西亚、非洲东岸、欧洲等沿海国家之间的航线多经过这里。马六甲海峡沿岸的国家有泰国、新加坡和马来西亚，其中新加坡位于马六甲海峡的出入口，交通位置尤其重要。中南半岛因位于中国以南而得名，南部的细长部分叫马来半岛。马来群岛散布在太平洋和印度洋之间的广阔海域，是世界最大的群岛，共有2万多个岛屿，分属印度尼西亚、马来西亚、东帝汶（东盟观察员国）、文莱和菲律宾等国。东帝汶位于东南亚努沙登加拉群岛最东端，包括帝汶岛东部和西部北海岸的欧库西地区，以及附近的阿陶罗岛和东端的雅库岛。西部与印尼西帝汶相接，南隔帝汶海与澳大利亚相望。

表1-1　东南亚十一国主要自然资源

国别	主要自然资源情况
马来西亚	主要农产品有棕榈油、橡胶、可可、木材和胡椒等，是世界第二大棕榈油及相关制品的生产国和出口国、世界第三大天然橡胶出口国
菲律宾	铜、金、铬、镍和钴主要生产国和出口国
泰国	主要有钾盐、锡、钨、锑、铅、铁、锌、铜、钼、镍、铬、铀等，还有重晶石、宝石、石油、天然气等。其中钾盐储量4367万吨，居世界首位；锡的总储量约150万吨，占世界总储量的12%，居世界首位；石油总储量2559万吨；褐煤蕴藏量约20亿吨；天然气蕴藏量约3659.5亿立方米；森林覆盖率20%
印度尼西亚	自然资源丰富，盛产棕榈油、橡胶等农林产品，其中棕榈油产量居世界第一，天然橡胶产量居世界第二。主要矿产资源有石油、天然气、锡、铝、镍、铁、铜、锡、金、银、煤等，储量均非常丰富
新加坡	资源比较匮乏，主要工业原料、生活必需品需进口。岛上保留有部分原生植物群

续表

国别	主要自然资源情况
文莱	油气资源丰富，已探明原油储量为14亿桶，天然气储量为3900亿立方米。2010年年底，文莱与马来西亚达成协议，协议规定此前双方存在争议的海上石油区块将归属文莱，预计文莱石油储量将因此翻番。除石油以外，其他矿产资源较少。文莱林业资源丰富，森林覆盖率达70%以上，86%的森林保护区为原始森林
越南	资源丰富，种类多样。矿藏资源分为能源类、金属类和非金属类等50多种矿产资源。已探明石油、天然气、煤炭可采储量分别达2.5亿吨、3000亿立方米和38亿吨，分别可供开采20年、35年和95年。此外，已探明铁矿13亿吨、铝土矿54亿吨、铜矿1000万吨、稀土2200万吨、铬矿2000万吨、钛矿2000万吨、锆矿450万吨、镍矿152万吨、高岭土2000万吨。越南盛产大米、玉米、橡胶、椰子、胡椒、腰果、咖啡和水果等作物。森林面积约1000万公顷。越南渔业资源丰富，沿海有1200种鱼、70种虾，仅北部湾就有900种鱼，盛产红鱼、鲐鱼、鳘鱼等多种鱼类。中部沿海、南部东区沿海和暹罗湾等海域，每年的海鱼产量都可达到数十万吨
老挝	有金、铜、锡、铅、钾、铜、铁、金、石膏、煤、盐等矿藏。迄今得到少量开采的有锡、石膏、钾盐、煤等。水力资源丰富。森林面积约900万公顷，全国森林覆盖率约42%，产柚木、酸枝、花梨木等名贵木材
缅甸	矿产资源主要有锡、钨、锌、铝、锑、锰、金、银等，宝石和玉石在世界上享有盛誉。石油与天然气资源主要分布在缅甸中部和沿海地区。据亚洲开发银行能源评估报告，缅甸共有104个油气开采区块，其中内陆开采区块53个，近海开采区块51个。根据测量结果，约有1.6亿桶石油和20.11万亿立方英尺天然气。2010年森林覆盖率为41%，主要分布在北、西、南部。中部勃固山脉是柚木的主要产区。缅甸林业种类有2300种，其中乔木1200余种，世界60%的柚木储量和国际市场上75%的柚木均产自缅甸。渔业资源丰富。具有经济价值的石斑鱼、鲳鱼、龙虾、黄鱼、带鱼、鲨鱼、比目鱼、鲥鱼、虎虾、琵琶虾等约105种，820万公顷的内陆江湖内也有大量淡水鱼虾。缅甸水产档次高、品质优，适宜海水、淡水养殖。缅甸现有淡水鱼塘18.24万英亩，虾塘20.5万英亩，海养主要养虾。1990年缅甸政府颁布《缅甸海洋渔业法》，1993年颁布《缅甸海洋渔业法修正案》，1994年撤销国家渔业公司，所有鱼塘、冷库、加工厂转让给个人，国家只保留示范鱼塘、苗塘。水产已成为仅次于农业、工业的第三大主要经济产业和重要创汇产业。2013/14财年，缅甸水产出口30.82万吨，出口额为4.29亿美元，缅甸海产品主要出口中国、新加坡、泰国、韩国、孟加拉等国和中国台湾、中国香港等地区
柬埔寨	盛产柚木、铁木、紫檀、黑檀、白卯等高级木材，并有多种竹类。木材储量约11亿多立方米。森林覆盖率61.4%，主要分布在东、北和西部山区。矿藏主要有石油、天然气、金、铁、铝土等。水资源丰富，洞里萨湖为东南亚最大的天然淡水湖，素有"鱼湖"之称。西南沿海多产鱼虾
东帝汶	主要矿藏有金、锰、铬、锡、铜等。帝汶海有储量丰富的石油和天然气资源，探明石油储量约1.87亿吨（约50亿桶），天然气约7000亿立方米。主要农产品有玉米、稻谷、薯类等。农业人口占总人口的90%，粮食不能自给。经济作物有咖啡、橡胶、椰子等。咖啡是主要出口产品

资料来源：商务部《对外投资国别（地区）指南》

二 人口分布

印度尼西亚

印度尼西亚总人口2.64亿（预计数），人口增速为1.12%。该国是世界人口第四大国家，适龄工作人口超过1.5亿人，积极就业人口有1.1亿人之多。印度尼西亚经济得益于丰富的自然资源和竞争力较高的人工薪酬，该国经济具有很好的增长潜力。

马来西亚

2017年末马来西亚总人口数突破3167万，自然增长1.3%。目前，马来西亚劳动力市场人口约1485万，但由于马来西亚教育体系的结构性缺陷造成工人素质较低，以及政府近年来收紧外来劳动力以鼓励聘用当地劳动力等，马来西亚未来将面临劳动力竞争优势低和劳动力不足等原因。

菲律宾

菲律宾有1.05亿人口，是东盟国家中仅次于印度尼西亚的人口大国。就人口结构而言，其整体年龄非常年轻，24岁以下的人口占总人口的比例为52.55%，25–54岁阶段人口比例占36.99%。菲律宾人口增长率1.51%，适龄劳动人口资源非常丰富。

新加坡

新加坡总人口为561.2万。新加坡人口增长率长年较低，预计2017–2027年保持在1.2%–1.3%的水平。未来新加坡政府可能收紧引入外来劳工的政策，新加坡劳动力市场供应可能日益紧张。

泰国

2017年末泰国人口约为6905万，人口增长率为0.21%。泰国人口增长率较低，而且泰国老龄化日益严重，据世界银行2016年6月发布的数据，2016年，泰国超过65岁的老年人占总人口的11%，而到2040年，老年人占泰国总人口的比重将达25%，而该年度的劳动力供给将比现在减少11%。这种状况导致近年来泰国劳动力供应日趋紧张，很多企业需要雇佣老挝、柬埔寨、缅甸等国的大量劳工来解决用工缺口问题，但随着这些国家经济发展态势趋好，更多外籍劳工陆续回本国工作。劳动力供给不足对泰国经济的负面影响日益凸显，将是一个长期难题。

越南

2017年末越南的总人口数为9548万，增长率为1.08%。近几年越南的人口自然增长率已经有所下降，在1990年时越南的人口自然增长率为1.7%，目前来看越南的人口年龄结构是年轻型的，也就是说30岁以下的人口占了总人口的绝大多数，将来可以持续享受人口红利带来的发展机会。如果按照目前越南1%左右的人口自然增长率，在2022年越南人口将会超过1亿。

文莱

2017年末文莱的总人口数为42.8万，增长率为1.3%。总体来说外来移民人口占比较多，而且主要劳动力也是外来人口。

柬埔寨

柬埔寨总人口约1600万，人口增速为1.56%。根据《人力资源报告2017》（世界经济论坛编制），该国的人口资本发展能力在世界130个国家中排名92位，较为落后。这样的排名反映了教育体系的缺失，特别是15-25岁年龄段的人口所受教育不足。可见，柬埔寨的教育和培训体系在东盟国家中效率最低。

老挝

2017年末老挝总人口数为686.4万。老挝劳动力占总人口比例高，且仍在日趋扩大，人口红利有望持续较长时间。按1988年（增速峰值）出生人口达到64岁计算，老挝的"人口红利"将在2052年达到顶峰。在此期间，老挝劳动力相对充裕，供养负担相对较小，有利于经济发展。

缅甸

2017年末缅甸总人口为5264.5万，其中，年龄在0-14岁的人口占比26.85%，15-24岁的人占比17.75%，25-54岁的人口占比42.36%，55-64岁的人口占比7.52%，65岁及以上的人口占比5.53%。缅甸人口增长率0.86%。当前及未来五年，缅甸人口总体会缓慢增长，从缅甸人口年龄结构看，其劳动力人口占比较大，劳动力供给数量较足，不过，由于缅甸此前曾经长期经历军人政府统治，封闭落后，教育滞后，熟练的产业工人以及高级科技、管理人才匮乏，但工人的权利意识却较高，经常要求提高工资福利。

东帝汶

东帝汶人口约123万（东帝汶国家统计局2016年5月统计数据），其中男性63.2万，女性59.8万。28.1万人集中在首都帝力，占总人口的22.85%。整体劳动力年龄结构较为年轻化，东帝汶14岁及以下人口比例为42.4%，15-64岁人口比例为52%，65岁及以上人口比例为5.6%。

表1-2 东南亚十一国人口增速及分布情况

国名	指标	2013	2014	2015	2016	2017
文莱	人口增速（%）	1.48	1.47	1.41	1.35	1.29
文莱	农村人口占比（%）	24.00	23.67	23.34	23.01	22.69
文莱	城市人口占比（%）	76.00	76.33	76.66	76.99	77.31
柬埔寨	人口增速（%）	1.65	1.64	1.60	1.56	1.53
柬埔寨	农村人口占比（%）	78.59	78.20	77.81	77.42	77.02
柬埔寨	城市人口占比（%）	21.42	21.80	22.19	22.58	22.98
印度尼西亚	人口增速（%）	1.26	1.22	1.18	1.14	1.10
印度尼西亚	农村人口占比（%）	48.05	47.37	46.69	46.01	45.34
印度尼西亚	城市人口占比（%）	51.96	52.64	53.31	53.99	54.66
老挝	人口增速（%）	1.23	1.25	1.32	1.41	1.47
老挝	农村人口占比（%）	68.13	67.51	66.89	66.26	65.63
老挝	城市人口占比（%）	31.87	32.49	33.11	33.74	34.37
马来西亚	人口增速（%）	1.82	1.74	1.62	1.50	1.39
马来西亚	农村人口占比（%）	27.07	26.42	25.79	25.16	24.55
马来西亚	城市人口占比（%）	72.93	73.58	74.21	74.84	75.45
缅甸	人口增速（%）	0.90	0.92	0.92	0.91	0.91
缅甸	农村人口占比（%）	70.54	70.35	70.14	69.92	69.68
缅甸	城市人口占比（%）	29.46	29.65	29.86	30.08	30.32
菲律宾	人口增速（%）	1.65	1.63	1.60	1.56	1.53
菲律宾	农村人口占比（%）	54.10	53.91	53.72	53.53	53.32
菲律宾	城市人口占比（%）	45.90	46.09	46.28	46.48	46.68
新加坡	人口增速（%）	1.62	1.30	1.19	1.30	0.09
新加坡	农村人口占比（%）	0.00	0.00	0.00	0.00	0.00
新加坡	城市人口占比（%）	100.00	100.00	100.00	100.00	100.00
泰国	人口增速（%）	0.44	0.40	0.35	0.30	0.25
泰国	农村人口占比（%）	53.81	53.06	52.31	51.55	50.80
泰国	城市人口占比（%）	46.19	46.94	47.69	48.45	49.20

国名	指标	2013	2014	2015	2016	2017
越南	人口增速（%）	1.15	1.14	1.10	1.06	1.02
越南	农村人口占比（%）	67.57	66.89	66.19	65.49	64.79
越南	城市人口占比（%）	32.43	33.12	33.81	34.51	35.21
东帝汶	人口增速（%）	2.36	2.37	2.30	2.21	2.16
东帝汶	农村人口占比（%）	71.22	70.87	70.51	70.15	69.79
东帝汶	城市人口占比（%）	28.78	29.13	29.49	29.85	30.21

资料来源：世界银行

三　社会文化

东南亚十一国文化体现了多元文化的特点，各国均高度重视本国文化传统和推动本国文化遗产的保护。泰国、缅甸、老挝、柬埔寨等国家佛教信仰占据主流，其2017年文化发展的特点是依然带有浓厚的宗教特点。马来西亚、印度尼西亚以伊斯兰教为主要宗教社会文化。长期以来，新加坡、菲律宾受到西方文化影响较大。其中，菲律宾天主教信徒占绝大多数人口；新加坡文化的发展多年来都凸显其多元文化的色彩，但由于华人占据多数，其中华人文化的特色又相对明显。越南是东南亚十一国唯一的社会主义国家，其社会文化发展，既有鲜明的社会主义文化特点，又具有传承和发扬传统文化的色彩。东帝汶当地深受天主教文化影响，同时民族自身有尚武的传统。

东盟各国语言种类繁多，官方及常用语言存在多语种并存现象。新加坡拥有马来语、华语、泰米尔语和英语4种官方语言；其中马来语为国语，英语为行政用语。印度尼西亚有200多种民族语言，官方语言为印尼语。马来西亚的国语为马来语，通用英语。菲律宾约有70多种语言，国语是以他加禄语为基础的菲律宾语，英语为官方语言。老挝官方语言为老挝语，英语正逐步普及，部分人会法语；柬埔寨的通用语言为高棉语，与英语、法语同为官方语言。东帝汶官方语言为德顿语、葡萄牙语；工作语言为印尼语、英语。德顿语为通用语和主要民族语言。

东南亚是世界上民族最复杂的地区之一，民族众多，语言多样。缅甸有135个民族，泰国有30多个民族，越南经过识别以后确定的民族共有54个，老挝境内有49个民族，柬埔寨有20多个民族，马来西亚有30多个民族，印度尼西亚有100多个民族,菲律宾有43个民族。文莱主体民族是马来人,其次是华人,其他有印度人、欧洲人和原住民;新加坡主要以华人为主,其次马来人、印度人、欧亚裔等。

四 政治局势

2017年,东南亚十一国仅有东帝汶、新加坡进行了总统换届选举,各国执政当局加强执政党或执政联盟建设,积极发展经济,加大民生领域投入,基本维护了国内政局稳定,一些国家政府民意支持率有所上升。菲律宾总统杜特尔特加强执政党民主人民力量党内部建设,加大对军警等强力部门领导,强势缉毒、反腐、打击恐怖主义。以"大建特建"为口号兴建基础设施、改税制、引外资,经济发展稳中向好,民意支持率维持高位。印尼总统佐科面对雅加达省长选举失利等局面,积极谋求民主斗争党和执政联盟的支持,出台《社会组织法》取缔"伊斯兰解放阵线"等激进组织,维护政治稳定与社会和谐;同时加大民生投入,向底层倾斜,民众满意度和支持率有所提升。泰国政府推动通过新宪法,加快起草《政党法》等宪法附属法,继续实行党禁限制政党活动,政治运行总体平稳。缅甸民盟政府优先推进和平进程,召开两次"21世纪彬龙和平会议",和平进程取得一定进展。马来西亚总理纳吉布大力巩固党内和执政联盟内部团结,力促经济企稳回升,在2018年财政预算案中加大民生投入,积极争取选民支持。柬埔寨人民党着力巩固党内团结,积极备战大选。越南共产党、新加坡人民行动党等大党老党不断加强自身建设、提升执政能力,巩固执政地位。

第二章

基础设施条件与规划

东南亚基础设施建设最为紧要的是解决资金缺口，需要公共部门与私营部门之间加强合作。亚洲开发银行（Asian Development Bank）估计，到2030年前东盟国家至少需要26万亿的基础设施投资，满足当地建设需求。值得注意的是，为进一步发挥基础设施建设对于经济发展的促进作用，最为关键的就是加强基础设施之间的互联互通，促进经济要素跨国自由流动。东南亚国家之间，大部分关税已经降至自由化水平，相互投资较为活跃。目前，跨境基础设施建设正在快速发展，一方面要在资金上给予坚定的支持，另一方面也要协调制度上的差异，将基础设施对一国经济的基础性、先导性的作用最大程度地发挥出来。

一直以来，许多东南亚国家的基础设施发展水平相对落后，直接影响其国内经济增长和外国投资者对其的投资信心。近期，东南亚国家纷纷推出了一系列大中型基础设施建设项目，并相应制定了本国基础设施发展规划，促进基础设施建设。根据经济论坛基础设施发展评价指数最新数据，东南亚十一国中，新加坡、马来西亚、泰国的基础设施水平发展较好，越南、老挝、缅甸、柬埔寨以及东帝汶的基础设施发展水平表现相对较差。

一　交通运输

（一）东南亚国家自身交通运输发展情况

公路方面，印度尼西亚具有十一国中最长的公路里程，达到50.8万公里，其次是泰国（23.3万公里）和菲律宾（21.6万公里）。马来西亚公路基础设施方面高速公路网建设较为发达，主要集中在东部地区，总里程数达到20.4万公里。东帝汶的基础设施发展水平较为有限，现有道路共约6199公里，其中国家级公路1500公里，地区级公路870公里，乡村道3112公里。铺筑公路约1300公里，土路约100公里。

公路网建设有利于整合东盟落后地区，促进整个地区的发展。东盟交通部长会议签署了《东盟交通战略规划2016-2025》和《东盟地区道路安全战略》。《东盟交通战略规划2016-2025》是地区更高水平互联互通的指导性区域政策文件。2015年，完成对东盟陆地地区和岛群地区桥联建设的可行性报告；2015年，实现AHN（东盟高速公路网）的延伸建设，尤其是从河内经老挝、缅甸到达印度边界的道路建设；2020年，将高通行量的二级和三级公路升级为一级公路。

新加坡昆明铁路（SKRL）项目是东盟交通合作的优先项目。SKRL建成后，将会提供一个比公路运输更为环保的替代方案。SKRL有两条线，一条是东线，途径泰国、柬埔寨和越南，并规划有一条连接老挝和越南的支线；另一条是西线，途径泰国和缅甸。同时，东盟计划研究SKRL向印度尼西亚泗水延伸的可能性。

未来，东盟要建立一个集成、无缝的多式联运系统，使其成为东亚地区的交通枢纽。东盟将会开展对潜在多式联运走廊研究，把东盟建成全球供应线中重要的大陆桥通道。第一，完成东西经济走廊（EWEC），将缅甸接入联运网络中，优化仰光、岘港港口建设。第二，促进湄公河—印度经济走廊（MIEC）作为大陆桥的建设。2020年，完成湄公河大桥的建设，并开发大为深海港口。第三，推动东盟陆港网络建设。

水运方面，东盟旨在建立一个高效、一体化的内河航运网；实现一个综合高效且有竞争力的海运系统。

（二）中国与东南亚国家交通基础设施互联互通情况

中国与东南亚国家在天然上具有地理邻近优势，直接与越南、老挝和缅甸三国接壤。2005年，中国开始推进亚洲高速公路网线建设，但由于各国之间差异较大，截至2014年底仅建成2.6万公里。目前，已经有5条公路从云南和广西直接连通到老挝、越南和缅甸。昆明到河内的高速公路长达650公里，昆明到曼谷的公路长达1807公里。

港口方面，中国与东南亚十一国的港口均已经建立了较为密集的航运网络，新加坡港、林查班港以及雅加达港与中国有固定的航线。据海关数据统计，中国与东南亚国家近六成的贸易通过港口间航运完成。内陆河运方面，澜沧江—湄公河联通了东南亚六国，2001年正式通行，2011年遭遇恐怖分子袭击，河运暂停，但很快恢复。截至2017年底，澜沧江—湄公河水运完成多国联合执法53次，河运的繁荣在不断恢复。2013年中国提出"一带一路"倡议以来，多个东南亚国家积极响应，跨国河运日渐兴盛繁荣。

二 能源电力

（一）各国能源电力基础设施建设情况

能源电力是一国工业经济发展的基础。近几年，东南亚国家加大工业化进程，相互间贸易关税壁垒不断得到降低，区域生产价值链体系逐步形成，对于能源电力供应的要求逐步提升。据全球能源互联网发展合作组织最新数据，东南亚十一国中有6500万人用不上电，在部分国家和地区，大部分人仍在燃烧薪柴发电。从现有资源储量情况来看，东南亚已探明煤炭、石油、天然气储量分别只能开采62年、10年、17年，均低于世界平均水平。随着东南亚地区快速工业化，区域污染物和二氧化碳排放量持续增长。2015年东南亚地区的二氧化碳排放量达到14亿吨，较2000年增长了87%。值得注意的是，东南亚国家清洁能源资源非常丰富，其中水能、风能、太阳能可开采量分别达到2.4亿千瓦时、1.7万亿千瓦时和2.6万亿千瓦时。

根据全球能源互联网发展合作组织最新数据，2015年东南亚一次能源消费总量达到6.27亿吨标准煤，主要能源消费仍以化石能源为主，占比超过八成。近几年，东南亚电机装机快速增长，10年来电力装机年均增速大约保持在7%的水平上。未来，东南亚国家能源电力市场还有较大的发展空间和潜力。数据显示，2015年东南亚国家人均装机0.33千瓦，人均用电量仅为1507千瓦时，低于世界平均水平。

各国电力建设方面，马来西亚、文莱、新加坡和印度尼西亚等国家的电力系统建设较为完善，用电价格相对较低。其中，马来西亚的电力由公共能源公司（占98%，包括国家能源公司（TNB）和州立能源公司）和独立的私人发电厂（占2%）提供。新加坡的电力供应主要为火电，工业用电和商业用电比例超过八成。菲律宾缺电现象严重，电力成本高昂，居民用电和工业用电价格居世界前列。中南半岛国家中，老挝水电资源丰富，除自用外还可出口，但少部分村、县尚未通电。越南电力供应较为充足，基本能够满足生产经营活动和广大人民生活用电需求。柬埔寨电力供应质量仍不稳定，无法保证24小时供电。供电价格较高，电价约为0.15-0.2美元/千瓦时。

据Northeast集团最新数据，2018-2027年间东南亚国家将对智能电网基础设施加大投资，投资总额有望接近百亿美元规模的水平。

（二）能源电力基础设施互联互通情况

东南亚十一国中，中南半岛国家之间的电网互联互通建设程度较高，马来群岛方面，马来西亚与印度尼西亚之间有一条电网联通，新加坡与马来西亚也有电网联通。2017年，东南亚十一国电力交换容量达到550万千瓦，相当于总装机容量的2.7%。

近几年，中国与东南亚国家能源电力互联互通快速发展，中国主要推动开展大湄公河次区域的电力合作工作，推动电力联网和电力交易，从而弥补当地国家电力发展的缺口。据南方电网公司的数据显示，2004-2013年间，南方电网累计向越南送电量达到280亿千瓦时，向老挝输送电量达到5亿千瓦时，但从缅甸进口电量大约85亿千瓦时。2017年，东南亚国家与中国云南省、广西壮族自治区的电力交换达到517亿千瓦时。

表2-1　各国用电人口占比

国名	2012	2013	2014	2015	2016
文莱	100.00	100.00	100.00	100.00	100.00
柬埔寨	40.96	43.16	56.10	47.57	49.77
印度尼西亚	96.00	96.46	97.01	97.54	97.62
老挝	76.37	78.64	81.46	89.70	87.10
马来西亚	99.80	99.93	99.99	100.00	100.00
缅甸	53.51	54.38	52.00	60.50	57.01
菲律宾	86.32	87.50	88.65	89.08	90.98
新加坡	100.00	100.00	100.00	100.00	100.00

续表

国名	2012	2013	2014	2015	2016
泰国	99.11	99.86	99.98	99.60	100.00
越南	100.00	100.00	99.20	100.00	100.00
东帝汶	52.17	54.97	57.78	67.28	63.39

资料来源：世界银行

三　网络通讯

近几年，随着数字通讯技术的快速发展和东南亚国民收入水平的不断提升，东南亚数字经济蓬勃发展，进而对网络通讯基础设施建设提出更高要求。从人口结构来看，东南亚地区的年轻人口数量较多，喜欢高科技产品，互联网用户数量预计将从2015年的2.6亿增加至2020年的4.8亿。

但从发展情况来看，东南亚十一国网络通讯发展水平存在较大的差异。其中，东盟国家间信息交流沟通较为密切，同时制定了通信一体化倡议，促进电信合作。其中，新加坡通信基础设施发展较为完善，在世界经济论坛全球信息技术报告国家排名中名列第一。马来西亚通信基础设施发展基础较好，2014年互联网普及率已经达到70.2%。菲律宾的通信基础设施发展较好，近年来一直在扩建，国内网络质量较高。泰国电信业比较发达，目前各种形式的电信网络已覆盖全国各地。印尼电信发展潜力巨大，电信建设增长势头迅猛，跨国运营商和资本介入较多。印尼大部分地区都通互联网，但印尼的带宽较小，网速较慢。文莱已基本完成对全国固定电话网络的改造，全面使用由华为公司提供的"下一代网络（NGN）"服务，可与160多个国家直通电话和数据交换服务。越南通信基础设施快速发展，2017年宽带用户数达1050万，增长11%。柬埔寨通信基础设施发展水平较为落后，共有2条国际电话端口，国际电话服务费用占邮电通信部收入的85%左右，是政府主要收入来源之一。在大湄公河流域次区域电讯发展计划框架下及外来投资的推动下，柬埔寨正在加快落实和实施光缆发展计划。老挝目前基本建成全国通信网络。2012年，老挝开通由中国华为提供设备并承建的LTE网络（4G）。缅甸通信基础设施发展较为落后，目前缅甸移动电话用户占33%、座机电话用户占4.8%、电脑用户占3.5%；在国际通讯方面，缅甸不仅开通了国际卫星电话，而且可以通过亚欧海底光缆2万条线路与33个国家直接连通。东帝汶当地手机为GSM制式，除首都帝力外手机信号较差；东帝汶互联网普及率低。

表2-2　东南亚十一国通信普及情况

国名	2013	2014	2015	2016	2017
文莱	6.79	7.35	8.24	8.53	9.61
柬埔寨	0.22	0.43	0.54	0.61	0.81
印度尼西亚	1.29	1.33	1.54	2.00	2.29
老挝	0.14	0.17	0.18	0.36	0.40
马来西亚	9.89	10.13	9.97	8.72	8.50
缅甸	—	—	0.06	0.17	0.76
菲律宾	2.61	2.90	2.85	2.89	3.24
新加坡	27.86	27.05	26.85	25.99	25.76
泰国	7.62	7.95	9.07	10.48	11.89
越南	5.63	6.48	8.18	9.61	11.80
东帝汶	0.06	0.08	0.08	0.08	0.26

资料来源：世界银行

四　发展规划

2016年9月6日，东盟领导人在老挝万象通过了《东盟互联互通总体规划2025》（以下简称《规划2025》）。《规划2025》是在《东盟互联互通总体规划2010》（下称《规划2010》）的基础上，进一步改善本地区互联互通状况的战略性指导文件，是《东盟共同体2025蓝图》不可分割的一部分，不仅关系到东盟在地区经济合作中的主导地位和全球事务中的作用，还关系到东盟内部的稳定团结和经济增长。

《规划2025》愿景是要打造一个无缝衔接的、全面连接和融合的东盟，从而使东盟更具竞争力、包容性和共同体意识。它再次强调了物理联通（例如交通运输、信息通信技术和能源）、制度联通（例如贸易、投资、服务的自由化）以及民心相通（例如教育、文化、旅游）三个层面互联互通的重要性，明确了5个重点领域和14个重点倡议，将为推动东盟共同体政治安全、经济、社会文化三个重点领域的一体化进程、缩小成员间发展差距方面提供基础性保障。

此外，东盟优先推进能够解决其能源体制问题的基础设施项目。东盟能源部长会议制定了《东盟能源合作行动计划》（APAEC 2016-2025），在七个领域深化合作：东盟电网；跨东盟天然气管道；煤炭和清洁煤技术；高效使用能源和节约能源；可再生能源；区域政策和规划；民用核能。

通信方面，为建立东盟共同体，加强东盟内部成员国之间的信息流通以及东盟与外界的信息互动，东盟提出了通信一体化倡议，以建立一个全方位的通信融合平台，加快东盟成员国信息通信技术基础设施和服务的发展建设。东盟电信和信息技术部长会议通过了《东盟信息通信技术总体规划（至2020年）》，这将引导东盟电信合作在2016-2020年间迈向数字化功能的经济，电信发展富有创新性和安全性。2016-2017年东盟共同体规划：（1）确保东盟通信建设的连续性；（2）对媒体以及新闻发言人培训，并确保东盟信息每季度都进行更新；（3）重新评估电视和广播的举措，积极开发与其他媒介合作的机会，关注东盟共同体成功的案例；（4）确保东盟网站消息的连续性和针对性，发挥其对外宣传的最大作用；（5）增强媒体与观众的互动程度，并积极寻找新的利益相关者参与东盟社会化媒体建设；（6）通过积极推广以及翻译成当地语言，提高东盟教材的利用率；为东盟一体化教学开发教学资料；鼓励利用东盟资源的高校建设；（7）发起东盟各国交流计划，使东盟成为一个充满机遇的共同体。

表2-3 部分国家发展规划情况

国家名称	规划名称	主要内容
印度尼西亚	12大基础设施建设计划	未来5年要建设大约2650公里的公路，1000公里的高速公路、15个机场、24个大型港口、3258公里的铁路网和33座水电站等
马来西亚	第十一个马来西亚计划（2016-2020年）	扩建关丹港，推动其成为马来西亚西部规模最大的港口。扩大城际基础设施投资，建设巴生谷快速交通系统
菲律宾	2017-2022基础设施投资计划	计划投资8.4万亿比索，2017年6月，菲律宾总统杜特尔特批准了11项基础设施建设工程项目，总投资额达3050亿比索
新加坡	未来10年基础设施建设	扩建樟宜机场，建设大士巨型码头，兴建新加坡—吉隆坡高速公路等，建设裕廊工业区第二商业中心
泰国	2014-2022国家交通基础设施规划	计划总投资额达到2.4万亿泰铢，主要投向铁路项目。2017年3月，泰国制定了铁路10年发展总体规划，计划投入2万亿泰铢，将全国铁路里程数从目前的4000千米提高到9000至1万千米

国家名称	规划名称	主要内容
越南	相关部门规划	越南政府计划到2020年投入1300亿美元改善基础设施现状，年均投入近102亿美元。越南将优先发展公共交通和关键交通基础设施。到2020年，完成将现有铁路改造升级达到一级国家铁路标准。完成连接国家海港、工厂、经济区、采油区一级大型旅游中心的铁路网络
泰国	相关部门规划	计划投资250亿美元，修建4条高铁；城市轨道交通方面，计划总投资约160亿美元，涉及13条城市轻轨线路；公路方面，计划总投资约50亿美元，用于高速公路、农村道路修复以及与周边国家互联互通项目；港口方面，计划总投资12亿美元，涉及6个港口的新建扩建以及流域治理项目；机场方面，计划总投资约5亿美元，用于曼谷素旺那普机场改造项目
缅甸	相关部门规划	发展五个重要铁路段的铁路项目，覆盖了缅甸全国80%的铁路里程，包括长385英里的仰光—曼德勒铁路，长340英里的曼德勒—密支那铁路，长176英里的仰光—毛淡棉铁路，长160英里的仰光—卑谬铁路，以及仰光环城铁路
柬埔寨	相关部门规划	2020年将电力覆盖到全国，2030年使全国70%的家庭有电用。公路等建设主要依靠融资进行
文莱	相关部门规划	逐步扩建和完善国家高速公路网，着手对主要港口、桥梁项目进行维护，新增建设大量可再生电力项目
老挝	相关部门规划	致力于建设东西、南北方向通道，解决城市、农村和地区间的互联互通问题。继续建设和改造琅勃拉邦、川圹、沙湾那吉等地机场
东帝汶	2011–2030年战略发展规划	重点发展农业、旅游业、石油工业，目标在2030年达到中高收入国家水平。该发展规划涉及公路、港口、码头、机场、电信、电力等各领域基础设施建设

资料来源：本文作者整理

　　互联互通是中国与东盟合作的优先领域，中方大力支持东盟的相关举措，专门与东盟方共同成立了中国—东盟互联互通合作委员会，致力于落实中国和东盟国家领导人关于促进中国与东盟互联互通合作的有关共识和倡议，研究确定双方合作的重点领域和优先项目。2015年中国国家发展改革委、外交部和商务部发布的《推动共建丝绸之路经济带和21世纪海上丝绸之路的愿景与行动》指出，中国将进一步加强与沿线国家的基础设施建设，其中重点关注"交通基础设施关键通道、关键节点和重点工程，优先打通缺失路段，畅通瓶颈路段，配套完善道路安全防护设施和交通管理设施设备，提升道路通达水平。加强能源基础设施互联互通合作，共同维护输油、输气管道等运输通道安全，推进跨境电力与输电通道建设，积极开展区域电网升级改造合作。共同推进跨境光缆等通信干线网络建设，提高国际通信互联互通水平，畅通信息丝绸之路。加快推进双边跨境光缆等建设，规划建设洲际海底光缆项目，完善空中（卫星）信息通道，扩大信息交流与合作"。

中国与东南亚国家在该领域大型项目合作中取得了丰硕成果：2016年1月，中国与印度尼西亚合作的"雅万高铁"正式开工；2016年10月，中越、中老国际铁路共用线路——昆明至玉溪段"试跑"成功；2016年10月，中资企业在马来西亚中标的第一个大型铁路项目——马来西亚南部铁路项目成功签约；2016年11月，中老铁路项目第二阶段招标合同签约仪式在老挝首都万象举行；2017年5月23日，印尼"雅万高铁"获得第一期贷款，有关征地事宜也在顺利进行中。

2017年4月，中国政府进一步提出《面向南亚东南亚辐射中心综合交通运输发展规划（2017-2030年）》，该规划进一步推动京昆通道、沪昆通道、广昆通道、"一带一路"和长期经济带的连接通道、滇藏通道、沿边通道建设，计划到2020年基本建成"三横四纵"铁路网，运营里程达5000公里；"五纵五横"高速公路主骨架，里程达8000公里；"两网络一枢纽"机场格局，通航和在建民用运输机场达20个、建成一批通用机场；"两出省三出境"水运通道，里程约5000公里；"一中心、多节点"综合交通枢纽系统[1]。

① http://ynxwfb.yn.gov.cn/html/2017/wangqihuigu_0420/48.html，2018年11月2日最后一次查看。

第三章

市场规模与进口需求

从投资环境看，东南亚的优势表现在以下几个方面：1．一个拥有超过6亿人口的区域组织，市场潜力巨大；2．预计东盟经济共同体成立以后，其消费市场在未来20年间将呈现快速增长态势；3．经济共同体成立之后，东盟内部贸易将保持30%的增长率；4．从低成本制造业到生物科技领域，东盟各国有着各自不同的优势和竞争力；5．随着区域一体化的推进，东盟内部和外部对东盟银行业、制造业、交通和通讯领域的投资不断增多，对高科技产业投资也不断增多。根据世界经济论坛《2016-2017年全球竞争力报告》，全球参加排名的138个经济体中，东盟国家中有9个排名在100位之内，其中新加坡排名第二位。根据世界银行《2017年全球营商环境报告》，全球190个经济体中，东盟国家有7个排名在100位之内，其中新加坡排名第二位。

表3-1 东盟成员国投资环境全球排名情况

国名	2016-2017年全球竞争力排名	2017年全球营商环境排名
马来西亚	25	23
菲律宾	57	99
泰国	34	46
印度尼西亚	41	91
新加坡	2	2
文莱	58	72
越南	60	82
老挝	93	139
缅甸	—	170
柬埔寨	61	131

资料来源：2016-2017年全球竞争力排名来自世界经济论坛《2016-2017年全球竞争力报告》；2017年全球营商环境排名来自世界银行《2017年全球营商环境报告》。

　　从营商环境发展水平来看，文莱政策透明度较高、市场化程度高、税赋较低、基础设施完善、贸易和投资风险较低，是东盟东部增长区（东盟内三个次区域合作之一，由文莱、马来西亚东部，印度尼西亚东北部和菲律宾南部构成）唯一主权国家，地理位置优越，市场潜力较大；新加坡政策透明度较高、外资准入政策宽松、基础设施完善、商业网络广泛、法律体系健全、融资渠道多样；马来西亚是进入东盟和中东澳新的桥梁，经济基础稳固、原材料产品资源丰富、人力资源素质较高、民族关系融洽；菲律宾具有受过教育的懂英语的劳动力，劳动成本远低于发达国家；印度尼西亚自然资源丰富、市场化程度高、金融市场充分开放、控制着关键的国际海洋交通线；泰国政策透明度高、贸易自由化程度高、工资成本低于发达国家、对华友好；越南经济发展前景好、市场潜力大，其地理位置可辐射整个东盟，工资成本低于老东盟国家；缅甸具有丰富的自然资源和人力资源、连接东南亚和南亚的市场潜力、政府支持外来投资；老挝大多矿产资源有待开发、水电资源丰富、农业资源条件良好；柬埔寨市场高度开放，基本没有外汇管制，投资政策相对宽松，土地、劳动力成本较低，作为最不发达国家之一，享受28个发达国家普惠制待遇，出口欧盟产品零关税，出口美国产品关税较低；东帝汶被联合国开发计划署列为亚洲最贫困国家和全球20个最落后的国家之一，经济以农业为主，基础设施落后，粮食不能自给，没有工业体系和制造业基础。

一　宏观经济

　　近年来，全球经济持续缓慢复苏，东南亚国家在此背景下保持了较为稳定的增长，成为拉动世界经济增长的重要动力。从短期发展形势来看，随着东南亚国家外向型经济发展策略以及外国直接投资的持续流入，东南亚国家将保持一定程度的中速增长。但是影响十一国经济增长的不确定、不稳定因素还有很多，中长期经济发展谨慎乐观。

　　在实体经济竞争力方面，印度尼西亚在最新的营商便利度全球评价（Doing Business 2018）中，在190个国家中居72位；从世行报告中看，该国高度重视优化自身营商环境；并且，印尼总统成立了专门委员会，负责根据评价结果优化本国在纳税环节、电力获得环节等有碍企业便利的行政管理流程，目标是将本国的营商环境世界排名挤入60-70位。2017年印度尼西亚工业生产指数为184.8（以2000年为基期100），好于新加坡、泰国、马来西亚、文莱。印尼在全球国家竞争力（The Global Competitiveness Report 2017–2018）排名中，在137个国家中居36位，较上一年的排名前移了5位，国家竞争力有所增强。

因制造业和电力行业发展推动，马来西亚2017年工业生产指数达108.63。在营商便利指数中，马来西亚取得78.43分，与2016年相比上升0.96分，排名全球190个国家中的第24位。在2017–2018年全球竞争力指数排名中，马来西亚得分5.17分，位列113个经济体中第23位，较2016年继续上涨。以上数据肯定了马来西亚在宏观经济的实力及经济政策的正确。在政府"首要枢纽（Principal hub）激励措施计划"下，相信将有更多的外资公司前往马来西亚投资。

根据世界经济论坛（World Economic Forum）2017–2018全球竞争力指数（Global Competitiveness Index），菲律宾竞争力指数得分为4.35分，在东盟国家中排均第7位，仅优于柬埔寨、老挝和缅甸，竞争力相对落后。菲律宾经济竞争力在137个国家中排名第56位，普遍的腐败现象、法律和监管规定和执法不力、税收制度不透明、偷税漏税较为普遍。菲律宾的基础设施较为落后，在137个国家中排名第97位，其中机场交通排名第124位，港口排名第114位，道路排名第104位。

《2016–2017年全球竞争力指数报告》中，新加坡排名第2，属于全球最有竞争力经济体之一。特别是，新加坡在"高等教育和培训"、"货物市场效率"、"公共部门效率"等二级指数中排名第1。在世界银行《营商指数2018年报告》中，新加坡排名全球第二。

根据世界银行发布的《营商环境报告2018》，泰国营商便利指数得分为77.44，泰国成为东盟国家中最吸引外资的国家之一，在吸引外资环境的排名中，位居东盟十国的前三名，在全球的排名则从2016年的第46名上升至第26名。2017年末，泰国工业生产指数为111.95，在同期东盟十国排名中居第7位；同期，泰国竞争力指数为4.72，在东盟十国排名中居第3位。总体看，泰国作为东盟第二大经济体，其经济产业门类较多，吸引外资环境较好，又地处中南半岛中心，连接着区域的多个国家，其实体经济竞争力较强，未来五年，其实体经济竞争力仍将维持较强态势。

越南2018年的工业生产指数增长率约为7.8%。在营商便利指数2018年全球排名中，越南排在第68名。而在2017–2018年全球竞争力指数中，在137个参与排名的国家经济体中排第55位，较2016-2017年的排名上升5名，略微高于菲律宾的56位。这主要得益于越南的全球市场规模排在31位。

文莱2017年工业生产指数为78.6（2005年基数100）。在营商便利指数2018年全球排名中，文莱排在第56名。而在2017-2018年全球竞争力指数中，在137个参与排名的国家经济体上排在第46位，较2016-2017年全球竞争力指数中上升12名。文莱在本地市场规模、劳动力资源供应、产业配套能力以及社会工作效率等方面仍存在诸多不足，总体营商环境仍有待提高。由于自身缺乏产业基础，文莱欢迎外国投资，推行一系列鼓励投资的优惠政策，规划建设了一批产业园区，正在策划设立自由贸易区。尽管文莱在基础设施领域也实施了PPP模式，以加快建设，但营商环境不尽如人意。

柬埔寨在过去十年有了显著改善，但该国的营商环境仍然不尽如人意，表现在缺乏有效的法律和监管框架，商业信息的低可得性，严重的官僚主义与广泛的腐败。在《营商环境报告2018》（世界银行编制）中，柬埔寨较去年掉落了4位，在190个国家中居135位，落后于印尼、菲律宾和越南。根据《2017-2018全球竞争力报告》（世界经济论坛编制），柬埔寨在137个国家中排名94位，较上一年跌落3个位次。

根据《全球竞争力指数报告2016-2017》，老挝指数得分3.93，在全球138个国家中排名93，比2015-2016年下降10位。其中，"劳动力市场效率"单项排名为30/138，是12个二级指数中排名最高的一项；其次，"制度"、"货物市场效率"、"金融市场发展"、"宏观经济环境"和"商业发展水平"等二级指数排名均高于总排名，属于老挝经济相对较有竞争力的方面；而"创新能力"、"基础设施"、"健康和基础教育"、"市场容量"和"技术水平"等二级指数排名低于总排名，属于老挝经济最缺乏竞争力的方面，其中"技术水平"项排名121，为各二级指数中最低。

根据世界银行发布的《营商环境报告》，缅甸此前的排名曾经一度有所上升，如，从2014年的第182位上升至2016年的第167位，但此后连续两年下跌。2018年缅甸营商指数在全球经济体的总排名为171位，在东南亚居于末位，比2017年下降1位，比2016年下降4位，连续两年下降。此外，缅甸工业发展总体较为落后，总体生产能力不强，创新能力不足，有国际竞争力的大企业较少，中小企业较多，但中小企业的国际竞争力较差。2017年，工业产值占GDP比重约为35.4%，工业解决的就业人口占全国总就业人口的7%，农业人口仍占多数,也从另外一个侧面反映了缅甸工业企业规模总体不大,吸纳就业有限。

世界经济论坛《2014-2015年全球竞争力报告》显示,东帝汶在全球最具竞争力的144个国家和地区中,排第136位。根据世界银行《2017年营商报告》,东帝汶营商便利程度的世界排名在189个国家(地区)中排名第175位,公司税赋平均为11.2%。2017年3月23日,亚洲基础设施建设投资银行宣布批准东帝汶加入该行。

表3-2 东南亚十一国GDP和GDP增速

国家名	指标	2013	2014	2015	2016	2017
文莱	GDP(亿美元)	180.94	170.98	129.30	114.01	121.28
柬埔寨	GDP(亿美元)	152.28	167.03	180.50	200.17	221.58
印度尼西亚	GDP(亿美元)	9125.24	8908.15	8608.54	9322.56	10155.39
老挝	GDP(亿美元)	119.42	132.68	143.90	158.06	168.53
马来西亚	GDP(亿美元)	3232.77	3380.62	2964.34	2965.36	3145.00
缅甸	GDP(亿美元)	602.70	654.46	596.87	632.25	693.22
菲律宾	GDP(亿美元)	2718.36	2845.85	2927.74	3048.89	3135.95
新加坡	GDP(亿美元)	3044.54	3115.39	3040.98	3097.64	3239.07
泰国	GDP(亿美元)	4203.33	4073.39	4013.99	4117.55	4552.21
越南	GDP(亿美元)	1712.22	1862.05	1932.41	2052.76	2238.64
东帝汶	GDP(亿美元)	56.50	40.45	31.04	25.21	29.55
文莱	GDP增速(%)	-2.13	-2.35	-0.57	-2.47	1.33
柬埔寨	GDP增速(%)	7.36	7.14	7.04	6.95	6.81
印度尼西亚	GDP增速(%)	5.56	5.01	4.88	5.03	5.07
老挝	GDP增速(%)	8.03	7.61	7.27	7.02	6.89
马来西亚	GDP增速(%)	4.69	6.01	5.03	4.22	5.90
缅甸	GDP增速(%)	8.43	7.99	6.99	5.87	6.37
菲律宾	GDP增速(%)	7.06	6.15	6.07	6.88	6.68
新加坡	GDP增速(%)	5.11	3.88	2.24	2.40	3.62
泰国	GDP增速(%)	2.69	0.98	3.02	3.28	3.90
越南	GDP增速(%)	5.42	5.98	6.68	6.21	6.81
东帝汶	GDP增速(%)	-11.00	-26.05	20.88	0.82	-8.00

资料来源:世界银行

　　根据国际货币基金组织的最新数据，2017年东南亚十一国经济保持持续增长，很多国家经济增速高于上一年度的预期。随着美欧发达国家市场的回暖，国际贸易持续复苏，带动出口导向型国家的发展。印度尼西亚经济基本面基本保持稳定，马来西亚经济保持增长，菲律宾和新加坡经济增速高于预期，泰国实现了近几年来最好的发展水平，越南则完成了政府确定的13项经济发展目标。近年，东南亚国家消费者对诸如房地产、汽车、高等教育、医疗保健、金融服务尤其是财富管理等投资类消费的需求日益增长。根据汇丰银行预测，到2020年，东南亚国家国民生产总值有望达4.7万亿美元，年均增长率将达6%。另据国际货币基金组织估计，到2020年，东南亚国家中产群体的消费总额有望达到2万亿美元。

表3-3　东南亚十一国人均GDP和人均GDP增速

国名	指标	2013	2014	2015	2016	2017
东帝汶	人均GDP	4770.33	3335.53	2501.60	1987.12	2279.25
东帝汶	人均GDP（增速）	-13.08	-27.78	18.14	-1.38	-9.96
菲律宾	人均GDP	2760.29	2842.94	2878.34	2950.91	2988.95
菲律宾	人均GDP（增速）	5.31	4.43	4.38	5.22	5.06
柬埔寨	人均GDP	1013.67	1093.76	1163.19	1269.91	1384.42
柬埔寨	人均GDP（增速）	5.60	5.40	5.33	5.29	5.19
老挝	人均GDP	1838.81	2017.59	2159.43	2338.69	2457.38
老挝	人均GDP（增速）	6.71	6.27	5.86	5.53	5.34
马来西亚	人均GDP	10882.29	11183.73	9648.55	9508.24	9944.90
马来西亚	人均GDP（增速）	2.80	4.18	3.34	2.67	4.44
缅甸	人均GDP	1171.46	1260.42	1138.99	1195.52	1298.88
缅甸	人均GDP（增速）	7.45	7.00	6.01	4.91	5.40
泰国	人均GDP	6168.39	5953.79	5846.39	5979.29	6593.82
泰国	人均GDP（增速）	2.24	0.58	2.66	2.97	3.64
文莱	人均GDP	44597.28	41530.67	30967.89	26939.42	28290.59
文莱	人均GDP（增速）	-3.57	-3.77	-1.96	-3.77	0.03
新加坡	人均GDP	56389.18	56957.08	54940.86	55243.13	57714.30
新加坡	人均GDP（增速）	3.42	2.54	1.04	1.08	3.53

国名	指标	2013	2014	2015	2016	2017
印度尼西亚	人均GDP	3620.66	3491.60	3334.55	3570.28	3846.86
印度尼西亚	人均GDP（增速）	4.24	3.73	3.65	3.85	3.92
越南	人均GDP	1871.33	2012.05	2065.17	2170.65	2343.12
越南	人均GDP（增速）	4.22	4.78	5.51	5.09	5.73

资料来源：世界银行

十一国中，印尼是东南亚经济体量最大的国家，GDP总额占十一国总量的三成左右。近10年来，印尼经济增速持续保持在5%上下的水平，成为区域经济增长的重要火车头。2017年，外国直接投资和资本市场净流入均破历史纪录，外汇储备达到印尼历史上的最高水平，全年通胀率为3.6%，整体经济发展热度适中。政府财政纪律较好，财政赤字占GDP的比重低于2.7%，低于国际社会公认的警戒线水平。值得注意的是，印尼制造业发展势头强劲，工业化进程不断加快。2016年印尼制造业占国内GDP比重高达22%，成为十一国中占比最高的国家，在全球也仅次于韩国（29%）、中国（27%）和德国（23%）的水平。

菲律宾和马来西亚经济发展保持了快速持续的增长。两国经济基本面不断向好，基础设施投资和建设力度不断增长，外资流入持续增多。新加坡自身经济体量较小，容易受到国际市场波动的影响。2008年全球金融危机的爆发给新加坡经济发展带来较大冲击，2013年以来全球贸易持续减速也影响了作为国际贸易中转中心的新加坡国内的经济发展。但随着2017年以来国际贸易的复苏回暖，新加坡经济增速将持续复苏。新加坡政府预计，未来几年GDP增速将保持在2%–4%的区间内。

柬埔寨、老挝、缅甸和越南是近几年东南亚十一国中经济增速较快的国家，经济增速常年保持在6%–7%的水平上。这些国家在近几年迅速承接了一些从中国转移出去的加工制造部分低成本环节，进出口贸易繁荣程度持续增长。其中，柬埔寨以农业、纺织业和建筑业为主导的工业和旅游业快速发展，外国直接投资持续增加，总体政治经济环境较为稳定，但发展基础薄弱、经济结构失衡以及过于依赖外资有可能给柬埔寨经济发展带来不确定的因素。老挝属于世界上经济最不发达的国家之一，但其自然资源较为丰富，劳动力成本较低，成为其实现经济快速发展的重要支撑。近年来，老挝政府加大了经济改革力度，这为促进老挝经济持续增长提供了关键的动力。越南于2006年顺利加入世界贸易组织，2012年以来一直保持贸易顺差，外向型经济特征较为明显。当前，随着中国国内一些严重依赖低劳动力成本的产业环节向外转移速度加快，柬埔寨、老挝和越南将继续保持一定时期的快速发展。

泰国政治局势总体保持平稳。政府将发展经济、改善民生作为施政重点，取得较好的社会反响。泰国政府大力推进吸引外资和公共基础设施建设，不断推出新的经济政策和举措，并积极开展与中国的友好合作。东南亚经济危机结束后，泰国政府加强了对内改革的力度，金融业发展状况明显好转。目前，泰国的外汇储备位居世界第13位，达到18.3万亿美元的水平，经济金融稳定程度不断上升。目前，对外贸易和旅游业逐步成为泰国经济发展的支柱产业。

此外，由于文莱经济结构较为单一，严重依赖油气资源产业。近几年国际油价的剧烈波动给文莱经济造成较大冲击。随着石油价格在近期的逐步走高，文莱经济发展有望走出困境。东帝汶经济发展较为落后，目前国内经济仍以农业为主，八成人口聚居在农村地区。基础设施发展较为落后，青年失业率较高。

表3-4　东南亚十国三大产业占比及增速

国名	指标	2013	2014	2015	2016	2017
菲律宾	第一产业占比（%）	11.25	11.33	10.26	9.66	9.66
柬埔寨	第一产业占比（%）	31.60	28.87	26.58	24.74	23.38
老挝	第一产业占比（%）	17.93	17.85	17.59	17.23	16.20
马来西亚	第一产业占比（%）	9.11	8.87	8.46	8.66	8.78
缅甸	第一产业占比（%）	29.53	27.83	26.77	25.46	26.18
泰国	第一产业占比（%）	11.32	10.09	8.99	8.50	8.66
文莱	第一产业占比（%）	0.68	0.86	1.10	1.20	1.09
新加坡	第一产业占比（%）	0.03	0.03	0.03	0.03	0.03
印度尼西亚	第一产业占比（%）	13.36	13.34	13.49	13.47	13.14
越南	第一产业占比（%）	17.96	17.70	16.99	16.32	15.34

续表

国名	指标	2013	2014	2015	2016	2017
菲律宾	第一产业增速（%）	1.14	1.67	0.13	−1.22	3.95
柬埔寨	第一产业增速（%）	1.57	0.28	0.20	1.43	1.67
老挝	第一产业增速（%）	2.83	4.15	3.57	2.76	2.87
马来西亚	第一产业增速（%）	1.99	2.05	1.29	−5.08	7.19
缅甸	第一产业增速（%）	3.64	2.75	3.41	−0.38	2.50
泰国	第一产业增速（%）	0.70	−0.29	−6.27	−2.45	6.25
文莱	第一产业增速（%）	−0.69	4.20	6.71	−3.66	−1.56
新加坡	第一产业增速（%）	4.47	7.26	−6.98	−1.45	−8.39
印度尼西亚	第一产业增速（%）	4.20	4.24	3.75	3.36	3.81
越南	第一产业增速（%）	2.63	3.44	2.41	1.36	2.90
菲律宾	第二产业占比（%）	20.41	20.61	20.04	19.65	19.46
柬埔寨	第二产业占比（%）	15.49	15.40	16.01	16.00	16.20
老挝	第二产业占比（%）	8.44	8.43	8.19	7.77	7.48
马来西亚	第二产业占比（%）	22.84	22.87	22.75	22.27	22.31
缅甸	第二产业占比（%）	19.92	19.93	20.81	22.79	23.66
泰国	第二产业占比（%）	27.73	27.72	27.50	27.39	27.07
文莱	第二产业占比（%）	16.50	16.13	14.53	11.46	12.66
新加坡	第二产业占比（%）	17.26	17.76	17.98	17.68	17.97
印度尼西亚	第二产业占比（%）	21.03	21.08	20.99	20.51	20.16
越南	第二产业占比（%）	13.34	13.18	13.69	14.27	15.28
菲律宾	第二产业增速（%）	10.26	8.29	5.67	7.00	8.55
柬埔寨	第二产业增速（%）	9.82	6.65	9.22	6.61	6.67
老挝	第二产业增速（%）	3.52	9.75	4.42	3.15	4.43
马来西亚	第二产业增速（%）	3.41	6.10	4.89	4.44	5.98
缅甸	第二产业增速（%）	9.54	9.46	9.90	9.32	10.13
泰国	第二产业增速（%）	1.90	0.06	1.66	2.30	2.53
文莱	第二产业增速（%）	−1.48	−6.81	2.43	−0.73	9.04
新加坡	第二产业增速（%）	1.67	2.68	−5.13	3.70	10.07
印度尼西亚	第二产业增速（%）	4.37	4.64	4.33	4.26	4.27
越南	第二产业增速（%）	7.22	7.41	10.60	11.90	14.40
菲律宾	第三产业占比（%）	57.63	57.34	58.84	59.60	59.89

续表

国名	指标	2013	2014	2015	2016	2017
柬埔寨	第三产业占比（%）	38.51	39.70	39.83	39.89	39.67
老挝	第三产业占比（%）	42.49	44.16	44.17	42.48	41.53
马来西亚	第三产业占比（%）	49.94	50.12	51.17	51.66	50.96
缅甸	第三产业占比（%）	—	—	—	—	42.18
泰国	第三产业占比（%）	51.70	53.07	54.79	55.72	56.31
文莱	第三产业占比（%）	29.29	31.44	37.54	42.98	40.85
新加坡	第三产业占比（%）	70.99	70.43	69.92	70.05	70.44
印度尼西亚	第三产业占比（%）	41.52	42.24	43.31	43.66	43.63
越南	第三产业占比（%）	38.74	39.04	39.73	40.92	—
菲律宾	第三产业增速（%）	6.99	6.03	6.89	7.44	—
柬埔寨	第三产业增速（%）	8.50	8.73	6.99	6.75	—
老挝	第三产业增速（%）	9.73	8.11	8.02	4.65	—
马来西亚	第三产业增速（%）	6.02	6.84	5.52	5.73	—
缅甸	第三产业增速（%）	10.31	9.13	8.66	8.03	—
泰国	第三产业增速（%）	3.82	1.71	4.10	4.31	—
文莱	第三产业增速（%）	5.05	1.24	−1.67	−1.59	—
新加坡	第三产业增速（%）	6.98	3.88	3.27	1.19	—
印度尼西亚	第三产业增速（%）	6.39	6.02	5.47	5.60	—
越南	第三产业增速（%）	6.72	6.16	6.33	6.98	—

资料来源：世界银行

注：东帝汶数据缺失

在外汇储备方面，印度尼西亚2017年末外汇储备规模1268.57亿美元，2018年4月末为1249亿美元，较2013年初时不到1000亿美元有了较大的增长。印尼央行认为目前的外储规模足以抵御金融风险。2017年马来西亚外汇储备约为959.7亿美元，在东盟各国中外汇储备金数额相对较少。2018年，外汇储备金预计将达到993.7亿美元，同比增长3.5%。但随着美联储持续加息，预计马来西亚将面临资金外流的风险。应对7.4个月的进口支出和外债偿还所需，足以抵御金融风险。菲律宾外汇储备为715.97亿美元。外汇储备充足，足以应付短期外债和7-8个月左右的商品进口和服务支出。每年来自国外的近30亿美元的侨汇，构成了外汇储备重要来源。2017年新加坡外汇储备达到2778

亿美元，预计之后稳步扩张。2018-2020年，新加坡外汇储备预计分别为2970亿美元、3212亿美元和3463亿美元。外汇储备充足。截至2017年末，泰国外汇储备为1961.21亿美元，能满足一年左右的进口需要。泰国外汇储备较为充裕，其外储额度在东盟十国中仅次于新加坡，这主要是得益于外贸顺差等利好因素。2017年越南达到了486.92亿美元，预计2018年将会达到537.85亿美元，增长率预计达到10.45%。越南外汇汇率和通胀率均较为稳定，外贸总体顺差，外资流入保持增长势头，越南外汇储备达到历史最高水平，并预期将继续扩大。最近几年文莱外汇储备较为充足，其中2016年为29.8亿美元，2017年为29.4亿美元，因此可以保证文莱币盯住新加坡元，从而维持当地贸易和投资稳定，并抑制物价上涨。预计未来几年文莱外汇储备有所降低，但仍保持较为稳定的状态，2018年外汇储备预计为28.7亿美元，2019-2021年分别为28.4亿美元、28.5亿美元和29亿美元。2017年末柬埔寨外汇储备规模111亿美元，2018年一季度末仍然保持稳定。这样的外汇储备足以应付7个月的进口所需。国际货币基金组织鉴于该国高度的美元化（超过80%的存贷款以美元计价），建议外汇储备应准备好10个月的进口所需。2017年老挝外汇储备规模为11.6亿美元，但受大宗商品国际价格前景不明朗，以及美国发动贸易战等负面因素影响，预计2018和2019年将分别下滑至10.5亿美元和9.5亿美元。根据国际货币基金组织（IMF）2018年4月数据，截至2017年底，缅甸外汇及黄金储备总价值约为50.32亿美元，比上一年度增长约4亿美元。由于缅甸常年存在贸易逆差，外汇储备总量不高，增长不快，未来5年左右时间，仍将保持类似态势。

表3-5　东南亚十一国广义货币占比及增速情况

国名	指标	2012	2013	2014	2015	2016	2017
文莱	广义货币占比（%）	58.65	62.57	67.50	80.80	92.60	86.69
文莱	广义货币增速（%）	0.90	1.47	3.22	−1.76	1.51	−0.44
柬埔寨	广义货币占比（%）	50.04	56.34	67.38	72.40	79.17	88.25
柬埔寨	广义货币增速（%）	39.41	21.82	31.50	17.00	21.00	23.14
印度尼西亚	广义货币占比（%）	38.39	39.08	39.48	39.46	40.34	39.88
印度尼西亚	广义货币增速（%）	14.95	12.78	11.88	9.00	10.03	8.28
老挝	广义货币占比（%）	—	—	—	—	—	—
老挝	广义货币增速（%）	—	—	—	—	—	—

续表

国名	指标	2012	2013	2014	2015	2016	2017
马来西亚	广义货币占比（%）	136.80	140.09	137.10	135.02	130.45	—
马来西亚	广义货币增速（%）	8.85	7.40	6.30	3.04	2.66	—
缅甸	广义货币占比（%）	31.67	36.77	39.54	46.37	49.68	51.06
缅甸	广义货币增速（%）	32.56	31.43	20.96	30.67	17.45	20.54
菲律宾	广义货币占比（%）	58.97	69.80	71.68	74.23	77.39	79.00
菲律宾	广义货币增速（%）	6.98	29.33	12.44	9.20	13.33	11.43
新加坡	广义货币占比（%）	130.87	130.17	129.81	124.44	131.35	129.69
新加坡	广义货币增速（%）	7.23	4.32	3.33	1.52	8.04	3.20
泰国	广义货币占比（%）	121.12	124.38	127.06	127.68	125.85	—
泰国	广义货币增速（%）	10.37	7.32	4.65	4.42	4.20	—
越南	广义货币占比（%）	106.46	117.03	127.55	137.65	151.09	155.22
越南	广义货币增速（%）	24.54	21.40	19.74	14.91	17.88	14.26
东帝汶	广义货币占比（%）	6.10	8.85	14.83	20.69	29.11	27.85
东帝汶	广义货币增速（%）	26.21	22.90	19.93	7.07	14.27	12.13

资料来源：世界银行

东南亚金融危机之后，东南亚相关国家加强了自身金融环境的建设，逐步提升外汇储备规模，增强国家的竞争力。2001-2012年间，印度尼西亚、马来西亚、菲律宾三个国家的外汇储备分别增长3倍、3.7倍和4.3倍。在2008年金融危机期间，三个国家政府分别大力干预外汇市场，保持本币稳定。新加坡是东南亚外汇储备资产最多的国家，而泰国则是这一时期储备资产增速最快的国家。东南亚国家储备较大的储备规模以及常年保持顺差的对外贸易使得东南亚国家外债规模发展较为有限，国家金融风险较低。

2013年后，由于大宗商品价格波动以及全球贸易持续下滑，东南亚国家外汇储备不断走低。印尼和菲律宾的外汇储备分别下降6.5及3.7个百分点，马来西亚、新加坡以及泰国的外汇储备下降幅度更大。但随着东盟区域一体化程度的不断提升，东盟国家内部经济金融一体化程度随之加强，市场规模持续扩大。目前，东南亚国家外汇储备保持在较为合理的水平上，能够覆盖3-6个月进口需求，国内存款和贷款利率相对较低，对外资投资的吸引力较高。

表3-6 东南亚十一国存款及借贷利率

国名	指标	2013	2014	2015	2016	2017
文莱	存款利率（%）	0.28	0.30	0.34	0.33	0.32
文莱	贷款利率（%）	5.50	5.50	5.50	5.50	5.50
柬埔寨	存款利率（%）	1.34	1.42	1.42	1.44	1.53
柬埔寨	贷款利率（%）	—	—	—	—	—
印度尼西亚	存款利率（%）	6.26	8.75	8.34	7.17	6.52
印度尼西亚	贷款利率（%）	11.66	12.61	12.66	11.89	11.07
老挝	存款利率（%）	—	—	—	—	—
老挝	贷款利率（%）	—	—	—	—	—
马来西亚	存款利率（%）	2.97	3.05	3.13	3.03	—
马来西亚	贷款利率（%）	4.61	4.59	4.59	4.54	—
缅甸	存款利率（%）	8.00	8.00	8.00	8.00	8.00
缅甸	贷款利率（%）	13.00	13.00	13.00	13.00	13.00
菲律宾	存款利率（%）	1.66	1.23	1.59	1.60	1.88
菲律宾	贷款利率（%）	5.77	5.53	5.58	5.64	5.63
新加坡	存款利率（%）	0.14	0.14	0.18	0.19	0.14
新加坡	贷款利率（%）	5.38	5.35	5.35	5.35	5.28
泰国	存款利率（%）	2.43	1.75	1.43	1.30	1.29
泰国	贷款利率（%）	5.06	4.95	4.73	4.47	4.42
越南	存款利率（%）	6.69	4.92	4.68	4.80	4.78
越南	贷款利率（%）	9.63	8.16	6.96	6.96	7.40
东帝汶	存款利率（%）	0.90	0.85	0.78	0.76	0.69
东帝汶	贷款利率（%）	12.41	12.87	13.50	14.05	13.29

资料来源：世界银行

20世纪70年代以来，东南亚国家实现了人口再生产类型的转变，并相继进入人口红利期。未来几十年，东南亚国家仍处于人口红利期，各国能否充分利用丰富的劳动力资源转化为人口红利，关系到东南亚经济能否实现跳跃性发展。分国家来看，印度尼西亚是世界人口第四大国家，适龄工作人口超过1.5亿人，积极就业人口有1.1亿人之多。印度尼西亚经济得益于丰富的自然资源和竞争力较高的人工薪酬，该国经济具有很好的增长潜力。马来西亚自身教育结构性缺陷导致工人素质相对较低，近年来政府收紧外来劳动力以鼓励聘用当地劳动力等，马来西亚未来将面临劳动力竞争优势低和劳动力不足等原因。菲律宾24岁以下的人口占总人口的比例为52.55%，25–54岁阶段人口比例占36.99%。菲律宾人口增长率1.51%，适龄劳动人口资源非常丰富。新加坡人口规模和增长率较为有限，同时政府也会加强限制外来劳工的准入，保证当地居民的就业水平。泰国近年来劳动力供应日渐紧张，很多企业需要前往老挝、缅甸以及柬埔寨等地寻找劳工来解决用工荒问题。文莱自身发展水平较高，经济产业较为单一，外来移民人口占比较多，而且主要劳动力也是外来人口。越老柬缅四国劳动力年龄结构较为适中，将来可以持续享受人口红利带来的发展机会。

表3–7　东南亚十一国劳动人口占比及失业率

国名	指标	2013	2014	2015	2016	2017
文莱	劳动人口占比（%）	71.75	72.01	72.24	72.29	72.38
文莱	失业率（%）	—	6.97	—	—	9.32
柬埔寨	劳动人口占比（%）	63.96	64.17	64.28	64.35	64.31
柬埔寨	失业率（%）	0.30	0.18	—	—	—
印度尼西亚	劳动人口占比（%）	66.69	66.85	67.05	67.15	67.32
印度尼西亚	失业率（%）	4.34	4.05	4.51	4.30	4.18
老挝	劳动人口占比（%）	61.62	62.05	62.40	62.78	63.09
老挝	失业率（%）	—	—	—	—	9.41
马来西亚	劳动人口占比（%）	68.53	68.88	69.17	69.30	69.39
马来西亚	失业率（%）	3.14	2.89	3.10	3.44	3.41
缅甸	劳动人口占比（%）	66.13	66.46	66.80	67.12	67.44
缅甸	失业率（%）	—	—	0.77	—	1.55
菲律宾	劳动人口占比（%）	62.78	63.00	63.20	63.35	63.48
菲律宾	失业率（%）	3.50	3.60	—	2.71	2.55
新加坡	劳动人口占比（%）	73.34	73.10	72.81	72.47	72.10
新加坡	失业率（%）	1.71	1.69	1.69	1.80	1.90
泰国	劳动人口占比（%）	71.65	71.56	71.44	71.39	71.31
泰国	失业率（%）	0.49	0.58	0.60	0.69	—
越南	劳动人口占比（%）	70.30	70.26	70.16	70.00	69.79
越南	失业率（%）	1.25	1.26	1.86	1.85	1.89
东帝汶	劳动人口占比（%）	51.95	52.31	52.55	52.74	52.84
东帝汶	失业率（%）	10.99	—	—	—	—

资料来源：世界银行

二 消费市场

由于东南亚主要国家处于人口的黄金结构期，拥有大量的劳动年龄人口，少儿和老年人口的负担相对较轻，劳动力的产出高。近年来，在国际市场不景气的背景下，东南亚国家实施了一系列扩大内需的措施，刺激国内消费来稳定经济。东南亚主要国家人均居民消费支出一直呈现攀升的状态。2014年，新加坡、马来西亚和泰国的人均居民消费支出分别为10674.10美元，2507.59美元和1516.64美元，分别为最低国家越南的23.06倍、5.42倍和3.28倍。从人均居民消费支出的增长率来看，越南和马来西亚增长率最高，21年间分别增长155.18%和122.34%。同期，印尼和菲律宾分别增长90.24%和70.03%。东南亚国家以外向型经济为主导，国内经济增长高度依赖投资和出口拉动，在出口贸易陷入困境后，国内消费已成为一些国家经济增长的主要动力。2007年印尼和马来西亚的居民消费对GDP的贡献率分别为2.9%和42.5%，2012年分别上升为2.93%和95.7%；泰国消费拉动经济增长为7.8%，菲律宾和越南的经济增长也依靠于国内消费需求。

表3-8 东南亚十一国消费者价格指数

国名	2013	2014	2015	2016	2017
文莱	100.64	100.43	100.01	99.28	99.11
柬埔寨	111.77	116.08	117.49	121.07	124.57
印度尼西亚	116.91	124.39	132.30	136.97	142.18
老挝	119.29	124.22	125.80	127.81	128.87
马来西亚	107.10	110.46	112.79	115.15	119.61
缅甸	112.41	118.08	129.28	138.28	144.61
菲律宾	110.67	114.66	115.43	116.88	120.21
新加坡	112.66	113.81	113.22	112.62	113.27
泰国	109.28	111.35	110.34	110.55	111.29
越南	138.00	144.50	145.77	150.50	155.80
东帝汶	140.96	141.98	142.77	140.86	141.64

资料来源：世界银行

表3-9　东南亚十一国最终消费发展情况

国名	指标	2013	2014	2015	2016	2017
文莱	最终消费增速（%）	4.64	−0.25	−0.25	−4.21	5.93
文莱	最终消费占比（%）	35.43	37.02	44.85	47.37	46.95
柬埔寨	最终消费增速（%）	5.72	4.32	5.81	6.66	4.71
柬埔寨	最终消费占比（%）	84.25	83.04	82.20	81.33	78.58
印度尼西亚	最终消费增速（%）	5.65	4.71	4.90	4.34	4.62
印度尼西亚	最终消费占比（%）	66.35	66.56	67.20	67.33	66.41
老挝	最终消费增速（%）	9.67	3.22	4.60	3.67	4.92
老挝	最终消费占比（%）	91.19	87.75	86.34	79.67	78.10
马来西亚	最终消费增速（%）	6.94	6.42	5.66	4.92	6.67
马来西亚	最终消费占比（%）	65.53	65.75	67.23	67.44	67.51
缅甸	最终消费增速（%）	—	—	—	—	—
缅甸	最终消费占比（%）	66.30	67.42	68.23	69.98	—
菲律宾	最终消费增速（%）	5.54	5.25	6.49	7.15	5.98
菲律宾	最终消费占比（%）	84.19	83.09	84.68	84.69	84.57
新加坡	最终消费增速（%）	5.17	2.73	5.56	2.11	3.33
新加坡	最终消费占比（%）	46.68	46.85	47.07	46.69	46.50
泰国	最终消费增速（%）	1.13	1.32	2.38	2.74	—
泰国	最终消费占比（%）	68.65	69.42	68.31	66.99	—
越南	最终消费增速（%）	5.36	6.20	9.12	7.32	7.35
越南	最终消费占比（%）	71.61	72.07	74.29	75.05	74.51
东帝汶	最终消费增速（%）	−5.92	8.53	1.65	2.93	4.25
东帝汶	最终消费占比（%）	31.31	46.69	60.43	76.14	66.32

资料来源：世界银行

三　贸易规模

据世界贸易组织最新数据，2017年，东盟成员国对外进出口贸易额19698亿美元，占东盟国际贸易总额的77%；其中，出口额为10035亿美元，占国际贸易出口总额的76%；进口额为9664亿美元，占国际贸易进口总额的77.8%。中国、日本、欧盟、美国和韩国等长期处于东南亚前五大贸易伙伴行列。东南亚十一国中，新加坡和文莱经常账户余额占GDP的比重常年保持两位数，印尼以及新成员中的老挝、缅甸和柬埔寨常年处于经常账户赤字。

表3-10　东南亚十一国贸易规模

国名	指标	2013	2014	2015	2016	2017
文莱	货物出口（亿美元）	118.35	111.11	61.25	51.20	—
文莱	货物进口（亿美元）	49.12	36.68	32.16	26.58	—
柬埔寨	货物出口（亿美元）	65.30	74.07	84.54	92.34	
柬埔寨	货物进口（亿美元）	97.49	106.13	119.20	126.49	—
印度尼西亚	货物出口（亿美元）	1820.89	1752.93	1491.24	1444.70	1688.87
印度尼西亚	货物进口（亿美元）	1762.56	1683.10	1350.76	1291.52	1499.95
老挝	货物出口（亿美元）	22.64	26.62	27.69	33.52	—
老挝	货物进口（亿美元）	30.81	42.71	52.33	47.39	—
马来西亚	货物出口（亿美元）	2022.85	2074.83	1746.31	1655.20	1879.29
马来西亚	货物进口（亿美元）	1717.08	1728.78	1466.87	1409.86	1606.80
缅甸	货物出口（亿美元）	94.04	100.26	99.57	92.50	98.32
缅甸	货物进口（亿美元）	95.18	118.99	137.72	128.12	157.84
菲律宾	货物出口（亿美元）	445.12	498.24	431.97	427.34	481.99
菲律宾	货物进口（亿美元）	621.74	671.54	665.06	782.83	893.90
新加坡	货物出口（亿美元）	4476.42	4399.59	3841.85	3630.45	3967.88
新加坡	货物进口（亿美元）	3714.97	3549.27	2943.68	2775.66	3120.86
泰国	货物出口（亿美元）	2274.55	2266.24	2140.46	2142.51	2351.06
泰国	货物进口（亿美元）	2274.16	2094.22	1872.48	1777.11	2032.40
越南	货物出口（亿美元）	1320.32	1502.17	1621.12	1766.32	2141.35
越南	货物进口（亿美元）	1233.19	1380.91	1547.16	1626.19	2026.40
东帝汶	货物出口（亿美元）	0.18	0.15	0.18	0.20	0.17
东帝汶	货物进口（亿美元）	6.96	7.64	6.53	5.59	6.81

资料来源：世界银行

2017年，东盟成员国内部进出口贸易额5852.8亿美元，占东盟国际贸易总额的23%；其中成员国间出口3100.8亿美元，占国际贸易出口总额的23.6%；进口2752亿美元，占国际贸易进口总额的22.2%。

据东盟秘书处2017年统计，2015年东盟服务贸易总额6175亿美元，其中出口额3059亿美元，进口额3116亿美元，贸易逆差57亿美元。服务贸易出口的主要行业领域包括旅游业、其他商务服务业、运输业、金融服务，以及电信、计算机和信息服务；进口的主要行业领域包括运输业，其他商务服务业，旅游业，知识产权使用，电信、计算机和信息服务，以及保险和养老金服务等。

表3-11　东南亚十一国贸易占GDP比重

国名	指标	2013	2014	2015	2016	2017
文莱	贸易占GDP比重（％）	110.94	99.37	84.90	87.32	85.18
柬埔寨	贸易占GDP比重（％）	130.05	129.61	127.86	126.95	124.89
印度尼西亚	贸易占GDP比重（％）	48.64	48.08	41.94	37.44	39.54
老挝	贸易占GDP比重（％）	98.18	99.06	85.80	75.09	75.83
马来西亚	贸易占GDP比重（％）	142.72	138.31	133.55	128.64	135.92
缅甸	贸易占GDP比重（％）	38.58	42.26	47.36	39.06	—
菲律宾	贸易占GDP比重（％）	60.25	61.47	62.69	64.90	70.66
新加坡	贸易占GDP比重（％）	365.69	359.25	329.05	310.26	322.43
泰国	贸易占GDP比重（％）	133.41	131.80	125.90	121.66	—
越南	贸易占GDP比重（％）	165.09	169.53	178.77	184.69	200.31
东帝汶	贸易占GDP比重（％）	19.90	29.81	30.76	39.28	—

资料来源：世界银行

表3-12　东盟国家2016年成员间贸易规模（单位：亿美元）

国家/地区	内部贸易—出口		内部贸易—进口		内部贸易总额	
	金额	占本国出口总额比重（％）	金额	占本国进口总额比重（％）	金额	占本国进出口总额比重（％）
新加坡	1302.0	38.51	757.7	25.96	2059.7	32.69
马来西亚	652.4	34.44	537.3	31.91	1189.6	33.25
泰国	594.3	27.60	433.0	22.24	1027.3	25.06
印度尼西亚	396.7	27.32	509.0	37.52	905.7	32.25
越南	182.6	10.34	225.4	12.92	408.0	11.62
菲律宾	92.1	16.36	164.0	19.08	256.2	18.01
缅甸	43.6	37.88	70.9	45.16	114.5	42.08

国家/地区	内部贸易—出口		内部贸易—进口		内部贸易总额	
	金额	占本国出口总额比重（%）	金额	占本国进口总额比重（%）	金额	占本国进出口总额比重（%）
老挝	13.9	44.55	34.9	84.91	48.8	67.50
文莱	20.9	42.92	17.7	66.29	38.6	51.19
柬埔寨	3.6	3.57	29.2	23.61	32.8	14.62
东盟总计	3302.1	28.70	2779.0	25.59	6081.1	27.19

资料来源：东盟贸易数据库

目前，中国是东南亚第一大贸易伙伴，东南亚是中国第四大出口市场和第二大进口来源地。2017年，中国与东盟国家贸易额达5147.7亿美元，同比增长13.8%，首次突破5000亿,我国对东盟非金融类直接投资94.7亿美元，占我国对外直接投资比例达7.9%。我国对外直接投资流量前20位的目的国（地区）中，东盟占6个，其中新加坡、马来西亚、老挝和印尼均已超10亿美元。截至2018年5月底，中国—东盟双向投资额累计达2000亿美元。双方人员往来接近5000万人次，互派留学生19万人次，每周有2700余架次航班穿行于中国与东盟国家之间。每年一次的中国—东盟博览会已成为双方多领域、多层次的交流盛会。东盟凭借其优越的地理位置、相对安全稳定的政治经济环境、较为开放的市场条件和颇具潜力的市场容量，成为了我国开展"一带一路"倡议合作的重点和优先地区。

四　贸易结构

2017年东南亚十一国主要进出口产品包括：1. 电机、电气设备及其零件；录音机及放声机、电视图像、声音的录制和重放设备及其零件、附件；2. 矿物燃料、矿物油及其蒸馏产品；沥青物质；矿物蜡；3. 锅炉、机器、机械器具及其零件；4. 车辆及其零件、附件，但铁道及电车道车辆除外；5. 塑料及其制品；6. 天然或养殖珍珠、宝石或半宝石、贵金属、包贵金属及其制品；仿首饰；硬币；7. 光学、照相、电影、计量、检验、医疗或外科用仪器及设备、精密仪器及设备；上述物品的零件、附件；8. 有机化学品；9. 钢铁制品；10. 动、植物油、脂及其分解产品；精制的食用油脂；动、植物蜡。

表3-13　2016年东盟内部贸易出口前10位产品（单位：亿美元）

序号	商品类别	出口额
1	电机、电气设备及其零件；录音机及放声机、电视图像、声音的录制和重放设备及其零件、附件	608.83
2	矿物燃料、矿物油及其蒸馏产品；沥青物质；矿物蜡	475.92
3	核反应堆、锅炉、机器、机械器具及其零件	341.45
4	车辆及其零件、附件，但铁道及电车道车辆除外	138.51
5	塑料及其制品	123.15
6	天然或养殖珍珠、宝石或半宝石、贵金属、包贵金属及其制品；仿首饰；硬币	96.54
7	光学、照相、电影、计量、检验、医疗或外科用仪器及设备、精密仪器及设备；上述物品的零件、附件	59.27
8	有机化学品	53.40
9	钢铁制品	42.97
10	动、植物油、脂及其分解产品；精制的食用油脂；动、植物蜡	40.27
前十位出口产品出口额合计		1980.31

资料来源：东盟贸易数据库

第四章

投资合作商业机会

东南亚国家与中国贸易投资关系紧密，投资合作商机较多。中国连续9年成为东盟的第一大贸易伙伴，东盟连续7年作为中国的第三大贸易伙伴。2017年，中国与东盟国家贸易额达5147.7亿美元，同比增长13.8%，首次突破5000亿，是1991年双方建立对话关系之初的60余倍。中国是东盟第五大投资来源地，东盟是中国第二大直接投资目的地。2017年，我国对东盟非金融类直接投资94.7亿美元，占我国对外直接投资比例达7.9%。我国对外直接投资流量前20位的目的国（地区）中，东盟占6个，其中新加坡、马来西亚、老挝和印尼均已超10亿美元。尤其值得关注的是，2017年中国对外直接投资有较大幅度下降，而东盟则保持了难得的增长势头，说明了中国企业对东盟投资十分活跃。2018年第一季度，中国对东盟投资25.6亿美元，同比增长34.5%，东盟对华投资20.48亿美元，同比增长80.9%。

2017年9月8至10日，东亚合作经贸部长系列会议在菲律宾首都马尼拉举行，商务部部长钟山率团出席会议。在首先召开的第16次中国—东盟（10+1）经贸部长会议上，钟山就中国与东盟国家经贸合作提出六点建议。钟山在会议发言中表示，中国和东盟是陆海相连的亲密近邻。自1991年建立对话关系以来，双方政治关系不断加强，经贸合作快速发展，人文交流日益密切，各领域合作取得丰硕成果。当前，中国和东盟是紧密的经贸合作伙伴，中国已连续8年是东盟第一大贸易伙伴，东盟连续6年成为中国第三大贸易伙伴。中国与东盟双向投资额累计超过1850亿美元，中国—东盟自贸区已完成升级谈判，正在顺利实施。钟山指出，2017年是东盟成立50周年，这是东盟地区一体化进程的重要里程碑。中方对此表示诚挚祝贺，并将一如既往积极支持东盟一体化建设，继续把中国—东盟经贸合作作为对外经贸合作的优先发展方向，与东盟方凝聚更多合作共识、拓展更广领域务实合作。

钟山在会议中就深化中国与东盟双边经贸合作提出六点建议：

一是共同推进"一带一路"建设合作。中方希望将"一带一路"倡议与东盟"后2015"经济发展、东盟经济共同体建设，以及东盟各国发展规划密切对接，进一步推动中国—东盟经贸合作再上新台阶。

二是着力推动中国—东盟互联互通合作。中方希望在第20次中国—东盟领导人会议期间共同发表《关于进一步深化中国—东盟基础设施互联互通合作的联合声明》，进一步指导双方加强合作，充分利用中方企业在基础设施建设方面的资金优势、技术专长和实践经验，为东盟内部互联互通建设提供强大助力。

三是继续深化产能投资合作。当前，中国与东盟相互投资不断发展、日趋平衡。中方愿与东盟方围绕重大项目、经贸合作区建设，推动产能投资合作持续健康发展。

四是加快落实发展合作。中国始终在力所能及的范围内向东盟国家提供双边援助。中国商务部与东盟方已在防灾减灾、电子商务、动物疫病防控等领域启动了相关项目合作，并正积极探讨清洁能源、电子旅游、自贸区建设等领域合作。希望双方继续保持密切沟通与配合，落实好相关发展合作项目。

五是邀请东盟方积极参与中国国际进口博览会。习近平主席在"一带一路"国际合作高峰论坛上正式宣布从2018年起举办中国国际进口博览会。中国愿与包括东盟国家在内的世界各国一道，共同努力将博览会打造成为推进"一带一路"建设和经济全球化发展的国际公共产品，推动全球贸易和世界经济联动增长，促进共同繁荣。希望博览会能为扩大东盟对华出口发挥积极作用，为各国分享合作商机搭建重要平台。

六是推动中国—东盟自贸区升级《议定书》全面生效。中国—东盟自贸区是目前全球覆盖人口最多的自贸区和发展中国家之间最大的自贸区。中方希望各方继续通力合作，力争早日实现《议定书》全面生效，同时力争尽快完成特定原产地规则谈判，为双方人民和企业带来实实在在的好处。

一　产业基础

东南亚国家以外向型经济结构为主，自身由于较为优越的自然地理环境，农业产业发达。其中，印度尼西亚、越南等国加工制造业较为发达，多承接全球价值链重要分工环节。

表4-1　东南亚十一国产业结构（单位：%）

国家	2015			2016		
	农业	工业	服务业	农业	工业	服务业
文莱	0.8	62.2	37	0.8	61.9	37.3
柬埔寨	23.6	34.2	42.2	21.7	35.7	42.6
印度尼西亚	13	41	46	12.8	40.6	46.6
老挝	18.3	35.8	45.9	17.6	37.5	44.9
马来西亚	9	39.4	51.6	8.1	38.9	53
缅甸	28.9	30	41.1	27.5	30.9	41.6
菲律宾	9.5	33.4	57.1	8.8	33.8	57.5
新加坡	0	25.9	74	0	26.3	73.7
泰国	6.7	36.3	57	6.3	36.1	57.6
越南	18.2	38.6	43.3	17.3	39.1	43.6

资料来源：世界银行

注：由于东帝汶数据缺失，故不在表格中显示

(一)加工制造业

越南、老挝、缅甸、柬埔寨等国家在劳动密集型产业领域具有成本优势，吸引了越来越多的国家在当地投资制造业。纺织制衣业是柬埔寨工业的支柱，也是柬埔寨提供就业、消减贫困、保持社会稳定的主要力量。2015年，柬埔寨制衣制鞋业产品出口达71.7亿美元，同比增长18%，占全年出口总额的79.8%。柬埔寨全国约有1000余家制衣厂和制鞋厂，创造约75万个就业岗位。越南汽车工业有12家外资企业和100多家本国企业，其中近20家从事整车组装、近20家生产汽车车身、60多家生产汽车零部件。根据越南工贸部发布的《2020年前工业发展指导计划和2030年展望》，越南2020-2030年工业生产目标年增长率将达到12%。越南将重点发展与机械和金属制品、化工、电子信息技术、纺织服装与制鞋、农林渔业生产相关的加工制造业；优先发展配套工业，以增强在全球产业链中的参与度。制造业是马来西亚国民经济发展的主要动力之一，主要产业部门包括电子、石油、机械、钢铁、化工及

汽车制造等行业。2015年，马来西亚制造业产值为2442.5亿马币，同比增长4.9%，占GDP的23%。长期以来，外国投资者重点关注印度尼西亚的汽车、家电、化工等制造业领域，来自日本和韩国的投资比例较高。近年来更加大了对印尼制造业的投资力度，在利用印尼劳动力成本低、开发东盟市场便利等优势的同时，注重开发印尼国内市场需求。

（二）旅游业

东盟国家风景秀丽，人文古迹众多，在各国政府的大力支持下，旅游业将成为东盟经济增长的亮点。据世界银行和世界旅游组织2013年趋势预测，未来10年内亚太地区将取代欧美成为世界最大的旅游目的地。东盟国家在积极发展本国旅游业的同时，也在力推东盟区域旅游业一体化的发展；未来统一签证制度的实施将为东盟旅游业发展带来新动力。新加坡2015年全年到访游客1523.2万人次（不含陆路入境的马来西亚公民），增长0.9%，酒店住房率85%，主要景点有圣淘沙岛、植物园、夜间动物园、金沙滨海湾等。泰国有500多个旅游景点，主要分布在曼谷、普吉、帕塔亚、清迈、清莱、华欣、苏梅岛，2015年到访的外国游客达2988万人次，同比增长20.4%。老挝琅勃拉邦市、巴色瓦普寺已被列入世界文化遗产名册，著名景点还有万象塔銮、玉佛寺，占巴塞孔埠瀑布、琅勃拉邦光西瀑布等。近年来，老挝与超过500家国外旅游公司签署合作协议，开放15个国际旅游口岸，同时加大旅游基础设施投入、减少签证费、放宽边境旅游手续，旅游业持续发展。越南政府在其《2020年越南旅游发展总体规划》中提出大力建设旅游基础设施，完善旅游政策，加强旅游网络营销，保护修缮古建筑等目标。

（三）农业

农业是印度尼西亚的支柱产业，其农业人口约占全国人口的70%，全国耕地面积约占国土面积的10%。作为全球最大的棕榈油生产国，2015年，印尼约生产3250万吨棕榈油。马来西亚农产品以经济作物为主，主要有棕榈油、橡胶、可可、稻米、胡椒、烟草、菠萝、茶叶等。马来西亚棕榈油产量和出口量都仅次于印尼，为世界第二大生产国和出口国。柬埔寨农业资源丰富、自然条件优越、劳动力充足、市场潜力较大、农业经济效益良好。柬埔寨历届政府都高度重视农业发展，将农业列为优先发展的领域，2015年农产品出口415.7万吨，其中大米出口54.48万吨，增长48.1%；天然橡胶种植面积38.8万公顷，产量约12.68万吨，同比增长30.7%。菲律宾2015年农业产值158.27亿美元，占GDP的10%，主要出口产品包括椰子油、香蕉、鱼和虾、糖及糖制品、椰丝、菠萝和菠萝汁、未加工烟草、天然橡胶、椰子粉粕和海藻。农业是东帝汶经济的重要组成部分。东帝汶在多个地区进行了河床整治，重整了灌溉系统，促进了水稻种植面积和产量的增加。东帝汶农业不发达，粮食不能自给。主要的农产品有玉米、稻谷、薯类等。经济作物有咖啡、橡胶、椰子等。东帝汶年产咖啡7000吨–10000吨，是政府收入和外汇的重要来源。东帝汶50%以上的劳动人口从事农业活动。2016年东帝汶农业增加值占GDP的7.5%。

(四)石油化工业

文莱油气资源丰富，根据2016年《BP世界能源统计年鉴》，截至2015年底，文莱已探明石油储量为11亿桶，占全球总量的0.1%；天然气储量为3000亿立方米，占全球总量的0.1%。文莱政府一方面积极勘探新油气区，另一方面对油气开采奉行节制政策。近年来，文莱石油日产量控制在20万桶以下，是东南亚第三大产油国；天然气日产量在3500万立方米左右，为世界第四大天然气生产国。新加坡是世界第三大炼油中心和石油贸易枢纽之一，也是亚洲石油产品定价中心，日原油加工能力超过130万桶，其中埃克森美孚公司60.5万桶，壳牌公司45.8万桶，新加坡炼油公司28.5万桶。马来西亚采矿业以石油、天然气为主。2015年，马来西亚采矿业产值949.2亿马币，同比增长4.7%，占GDP的8.9%。马来西亚的石油和天然气行业管理及开采都掌握在马来西亚国家石油公司（PETRONAS）手中，2015年该公司在《财富》杂志世界500强企业排名提升至68位，全年营业收入1006.19亿美元，实现利润113.22亿美元。但是由于油价走低，公司营业收入和利润双双下降，2016年排名降至125位，2017年降至184位，营业收入494.78亿美元，利润40.93亿美元。

二 外资需求

据联合国贸发会议发布的2017年《世界投资报告》显示，2016年，东南亚吸收外资流量（估值）为1256.9亿美元；截至2016年底，东南亚吸收外资存量（估值）为17045.6亿美元。另据东盟秘书处2018年7月31日数据显示，2017年东盟吸收外资总额（初步数据）为1370.06亿美元，比2016年增加35.5%；其中，成员国内部投资265.6亿美元，占当年东盟吸收外资总额的19.3%，2016年的比重为24.76%。值得注意的是，东盟国家对外贸易主要由外商企业驱动，外资流入不断增加对促进东盟国家对外贸易发展有重要的作用。

表4-2 2013-2017年东南亚十一国吸收外资流量（单位：亿美元）

国家	2013年	2014年	2015年	2016年	2017年
马来西亚	123.0	107.1	112.8	99.3	94.5
菲律宾	38.6	62.0	57.2	79.1	100.5
泰国	130.0	115.4	80.2	15.5	91.0
印度尼西亚	184.4	222.8	169.2	26.6	230.6
新加坡	561.4	721.0	612.8	616.0	620.2
文莱	7.3	5.7	1.7	-1.5	4.6
越南	89.0	92.0	118.0	126.0	141.0
老挝	4.3	9.1	10.7	8.9	17.0
缅甸	26.2	9.5	28.2	21.9	43.4
柬埔寨	12.8	17.3	17.0	19.2	27.3
东帝汶	0.5	0.5	0.4	0.0	--

资料来源：《世界投资报告2018》

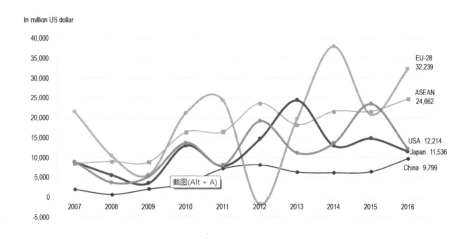

图4-1 东南亚各国外资的主要来源

资料来源：联合国贸发会议

三 重点地区

为扩大外国投资的流入，东南亚国家加强政府规划，开辟一系列特殊经济区域，促进厂商聚集和区域生产率的提升。对此，投资者应高度关注这些特殊区域的投资环境和投资政策，用足用好相关的优惠措施，降低生产成本，提升生产效率。

（一）双边经贸合作园区（两国双园）

中马钦州产业园区与马中关丹产业园是首个中国政府支持的以姊妹工业园形式开展双边经贸合作的项目。2012年4月1日，中马钦州产业园区正式开园；2013年2月5日，马中关丹产业园举行了盛大的启动仪式，标志着"两国双园"模式的全面启动，将进一步推进双边各领域全方位合作。作为中国—东盟经贸合作的示范项目，中马钦州产业园与马中关丹产业园这两个姊妹园区可有效利用中马双方的资源、资金、技术和市场等互补优势，提升区域发展水平，促进中国与东盟国家间的互联互通。

【中马钦州产业园区（QIP）】

1. 基本规划：园区毗邻钦州保税港区和国家级钦州港经济技术开发区，园区规划面积55平方公里，计划分三期实施开发建设：一期为包含居住、产业、商业及行政办公用地的综合区，面积为15.11平方公里；二期为生活性服务中心、产业区和居住区，面积18.1平方公里；三期为智慧生态区及产业区，面积22.2平方公里。

2. 开发模式：园区开发由中马双方牵头企业在华成立中马钦州产业园区投资合作有限公司，作为园区开发主体，由中方控股51%，马方占股49%，共同从事土地开发和园区基础设施建设。

3. 产业指引：园区采取产业与新城融合发展、产业链与服务链共同打造的模式，合理布局工业与服务业。重点发展三类产业：一是综合制造业，包括汽车零配件加工、船舶零配件、工程与港口机械装备、食品加工、生物技术等产业；二是信息技术产业，包括电子信息产业、信息和通讯技术产业、云计算数据中心等；三是现代服务业，包括金融、大宗商品交易、现代物流仓储、教育服务等生产性服务业和服务配套、房地产等生活性服务业。

【马中关丹产业园（MCKIP）】

1. 基本规划：产业园位于彭亨州关丹市格宾（GEBENG）工业区内，面积1500英亩（约6.07平方公里），距离关丹港仅5公里，关丹市区25公里，关丹机场40公里，距离吉隆坡250公里，地理位置优越，交通便利。关丹港距离钦州港1104海里，航行仅需3-4天，到中国其他港口也只需4-8天时间。

2. 开发模式：由中马双方牵头企业在马成立合资公司作为产业园开发主体，由马方占股51%，中方占股49%，共同从事土地开发和基础设施建设以及后期招商工作。

3. 产业指引：十大重点产业包括：塑料及金属行业设备、汽车零部件、纤维水泥板、不锈钢产品、食品加工、碳纤维、电子电器、信息通讯、消费类商品以及可再生能源。

4. 优惠政策：目前，马方对产业园提出的优惠政策主要分为财政优惠和非财政优惠两类。其中，财政优惠包括：①自第一笔合法收入起10年内100%免缴所得税，或享受5年合格资本支出全额补贴；②工业园开发、农业及旅游项目免缴印花税；③机械设备免缴进口税及销售税。非财政优惠包括：①地价优惠；②工业园基础设施相对成熟；③外籍员工政策相对灵活；④人力资源丰富。

（二）境外经贸合作园区

境外合作区是吸引国内边际优势产能转移、发挥产业聚集效应和我国主导的海外产业链初步形成的关键节点，已成为中资企业抱团出海的最重要发力点。

1. 老挝万象赛色塔综合开发区

赛色塔综合开发区位于老挝首都万象，距主城区东北17公里，开发区占地面积10平方公里。赛色塔综合开发区是中老两国政府共同确定的国家级合作项目，是中国在老挝唯一的国家级境外经贸合作区，列入中国"一带一路"建设中的早期收获项目，受到两国政府的高度关注和全力支持，在2016年中老两国政府签署的《联合声明》和《联合公报》中，都将赛色塔开发区项目列为重点建设项目，提出要确保项目推进取得新进展。昆明高新技术产业开发区管委会与云南建工集团合作共建"老挝赛色塔综合开发区"。开发区将重点发展农副产品加工、林木加工、机械制造、能源、物流、家电生产、纺织服装以及旅游休闲等产业。目前，开发区首期（2011年至2015年）规划面积4平方公里，已经完成"6通一平"（水、路、电、气、通讯、有线电视、土地平整）等基础设施建设，截至2016年10月，园区已有入园企业36家，协议总投资3.6亿美元，主要涉及清洁能源、农畜产品加工、电力产品制造、饲料加工、烟草加工、建材科技、物流仓储等。其中，中国农业龙头企业新希望集团入驻园区，设立了新希望老挝有限公司。赛色塔开发区二期及三期占地面积7.5平方公里，重点发展商贸和服务业，并努力建成万象新城。二期主要发展绿色、生态和环保产业。三期主要为新城建设，大力发展服务业和地产业，同时建设一流的学校、医院、公园等配套服务设施。

2. 泰中罗勇工业园

泰中罗勇工业园是由中国华立集团与泰国安美德集团在泰国合作开发的面向中国投资者的现代化工业区。园区总体规划面积12平方公里，位于泰国东部海岸，靠近泰国首都曼谷和廉查帮深水港。泰中罗勇工业园位于泰国最发达的东部沿海工业走廊，东部沿海地区是泰国的工业中心和旅游中心，其基础设施建设是泰国最为完善的。泰中罗勇工业园所在地区平均海拔80-100米，没有水灾隐患。总体规划12平方公里，一期1.5平方公里、二期2.5平方公里全部开发完毕，三期8平方公里正在开发招商当中。园区作为环保工业园主要以汽摩配为主，同时吸引新能源、电子电器以及中国具有传统优势的产业。企业选择投资泰国主要的因素有：规避贸易摩擦、开拓本地及周边市场、产业链配套以及利用当地优势资源。

（三）其他特殊经济区

特殊经济区域是指东道国政府特别批准设立的，由海关进行封闭式管理并实施区别于其他地区的特殊政策的经济区域。各国经济发展经验表明，特殊经济区是一国形成优势聚集，吸收外国投资的重要手段。东南亚国家均设有特殊经济区，有些国家设立不止一个特殊经济区域。实践经验表明，这些特殊经济区为促进当地发展和经济繁荣的重要举措。

印度尼西亚

2014年初以来，印尼政府已批准成立10个经济特区，分别是北苏门答腊省、东加里曼丹省、中苏拉威西省巴鲁、北马鲁姑省、南苏门答腊省、万丹省、西努沙登加拉省、北苏拉威西省比通、邦加勿里洞省勿里洞Sijuk镇丹绒格拉洋和巴布亚省的梭隆特殊经济区。对于经济特区，印尼期望能引进更多的先行性企业，行业涵盖物流、工业、技术、旅游、能源、出口加工等。投资企业可享受5到10年不等的免税期。经济特区都将提供开放和灵活的特殊政策，拥有进入国际市场的能力（近海港或空港），位于第一资源地区，欢迎个人和私人资本采用多样化的合作模式进行投资。

文莱

文莱政府在国内共划出8个工业区以吸引外国投资。其中双溪岭工业区为最主要的工业区，规划面积283公顷，主要用于油、气下游和高科技产业。在该区最大的外来投资项目是日本投资的甲醇厂项目，总投资6亿美元，设计产能85万吨。文莱政府对于产业园区的外资引入采取了以下优惠政策：（1）免税政策。项目可申请获得先锋产业资格，可享受最长达11年的免税待遇。如数据中心和操作中心的项目多为周边国家客户，项目可申请出口型服务行业，可享受长达20年免税政策。（2）融资平台。文莱财政部下属股权投资机构可为项目提供可靠的融资合资平台。（3）政府补贴。项目完成投资后在运行的同时如有新产品在文莱开发，可申请研发补助金，可享受最高500万文币的补助。对本地员工的技术培训可申请培训补助金。（4）东盟经济共同体。文莱作为东盟成员国，项目可享受东盟经济共同体的贸易税收政策。（5）优惠的价格成本。在基础设施完备的东盟国家中，文莱包括用地、用电和用水的成本低廉。（6）宽松的雇佣政策。文莱的雇佣政策宽松，允许外国投资者在合理的情况下雇用外国劳动力。

柬埔寨

2005年12月，《关于特别经济区设立和管理的148号次法令》颁布，特别经济区体制在柬埔寨开始施行。柬埔寨发展理事会下设的柬埔寨特别经济区委员会是负责特别经济区开发、管理和监督的一站式服务机构，特别经济区管委会是在特别经济区现场执行一站式服务机制的国家行政管理单位，由柬埔寨特别经济区委员会设立，并在各特别经济区常驻。迄今，柬埔寨政府正式批准45个经济特区，获批的经济特区主要分布在国公省、西哈努克省、柴帧省、卜迭棉芷省、茶胶省、干拉省、贡布省、磅湛省和金边市。其中，西哈努克省经济特区数量最多，包括中国江苏红豆集团与柬埔寨国际投资开发集团合资建立的西哈努克港经济特区。

老挝

2011年底，老挝政府颁布《2011年至2020年老挝开发经济特区和专业经济区战略规划》，规划到2015年建立14个经济特区和专业经济区。截至2016年，老挝政府批准设立12个经济开发区，即：沙湾—色诺经济特区、金三角经济特区、磨丁—磨憨跨境经济合作区、万象嫩通工业贸易园、赛色塔综合开发区、东坡西专业经济区、万象隆天专业经济区、普乔专业经济区、塔銮湖专业经济区、他曲专业经济区、占巴塞经济专区，琅勃拉邦经济专区。老挝《投资促进法》规定，经济特区及专业经济区经营期限最长不超过99年，如对老挝经济社会发展贡献突出，在获得老挝政府同意后，可适当延长经营期限。老挝国会于2016年进行了《投资促进法》修订版的审议工作，目前该法案将特许年限由99年修改为50年，根据适当情况可以延长，原已确定的投资项目年限维持不变。

泰国

截至目前泰国共在14个府建立了各类工业园46个，其中IEAT独立开发的工业园11个，IEAT与合作者联合开发的工业园35个。泰国各工业园的优惠政策与BOI的地区鼓励政策基本保持一致，根据所处的府分别享受当地最高的投资优惠（包括税收、土地、人员引进及进口机械设备或原材料免税等诸多方面优惠），各入园企业无需特别申请即可享受BOI的投资优惠政策。

缅甸

缅甸于2011年1月颁布了《缅甸经济特区法》和《土瓦经济特区法》。为吸引外来投资，缅甸于2014年1月23日修订出台了新的《缅甸经济特区法》，2015年8月27日发布了《缅甸经济特区细则》。缅甸正同期推进"土瓦经济特区"、"迪洛瓦经济特区"及"皎漂经济特区"等3个特区的建设，3个特区建设分别是土瓦经济特区、迪洛瓦经济特区以及皎漂经济特区。《经济特区法》还规定了对投资者和投资建设者的优惠政策。投资者在免税区开始商业性运营之日起的第一个7年期间，免除所得税；在业务提升区开始商业性运营之日起的第一个5年期间，免除所得税；在免税区和业务提升区投资的第二个5年期间，减收50%所得税；在免税区和业务提升区投资的第三个5年期间，如在一年内将企业所得的利润重新投资，对投资的利润减收50%所得税。投资建设者在经济特区开始商业性运营之日起的第一个8年期间，免除所得税；在第二个5年期间，减收50%所得税；在第三个5年，如在一年内将企业所得的利润重新投资，对投资的利润减50%所得税。

新加坡

新加坡境内的商业园和特殊工业园有商业园，包括国际商业园、樟宜商业园、洁净科技园、纬壹科技城内的启奥城、媒体工业园和启汇城。特殊工业园，包括裕廊岛的石油化学工业园，淡滨尼、巴西立、兀兰的晶圆厂房，淡滨尼的先进显示器工业园，大士生物医药园、生物科技园的生物产业园，樟宜机场物流园、裕廊岛的化工物流园和物流产业园，麦波申、大士的食品产业园、岸外海事中心、实里达航空园等。科技企业家园，包括裕廊东的企业家园、新加坡科学园的iAxil、红山—新达城科技企业家中心、菜市科技园。新加坡是城市国家，实行全国统一的税收制度，对外资也实行国民待遇，上述园区内无特殊税收优惠政策，各个园区主要根据区内产业发展的特点而建，区内相关产业的配套基础设施比较完备，可发挥产业集群效应。

越南

2016年12月初，越南政府批准建设三个经济特区（SEZ）的计划，分别位于北部广宁省云屯、中部庆和省北文丰和南部坚江省富国岛，越南将在经济特区中先行试点重点经济和行政政策，之后再向全国推广。目前，越南计划投资部已牵头起草《特别经济—行政区法草案》。截至2017年5月底，全国共设立工业区325个，自然土地总面积9.49万公顷。其中，220个工业区投产，自然土地面积6.09万公顷；105个工业区正在征地补偿和开展基本建设，自然土地面积3.4万公顷。全国设立沿海经济区16个，土地和水域总面积81.5万公顷，太平省和南定省口岸经济区正在规划中。上述沿海经济区内有36个工业区和保税区，占地面积1.6万公顷，可租用工业土地面积7800公顷。园区中，生产性企业和服务性企业均免征出口税。鼓励投资的生产性企业进口构成企业固定资产的各种机械设备、专用运输车免征进口税；对用于生产出口商品的物资、原料、零配件和其他原料可暂不缴进口税，企业出口成品时，再按进出口税法补缴进口税。此外，国家预算内资金可向工业区内被征地的人提供征地和异地安置补偿；对于社会经济困难地区的工业区，政府支持污水和垃圾处理工程建设，以及工业区内配套基础设施和公共服务设施建设。

马来西亚

为了鼓励与欢迎外资投资发展劳动密集型和出口导向型工业，马来西亚于1968年制订"投资奖励法案"，1971年制订"自由贸易区法案"，1972年修订海关法中相关条款实施保税工厂制度，从而基本上完备了以外资企业为中心发展劳动密集型和出口导向型工业的经济体制。马来西亚政府在1990年制定了《自由区法》，以促进旅游业、制造业等以贸易为目的的免税区经济的发展，其中自由工业区是特别为制造业者从事生产或装配主要供应外销产品而设置的区域，使区内业者享受最低的关税管制，并可免税进口生产所需的原材料、零部件和机械设备，减少其制成品出口的手续。目前，马来西亚共设立了18个自由工业区，但自由工业区毕竟有限，且许多企业根据自身特点无法在自由工业区内设立工厂，马来西亚政府为了促进出口导向型和劳动密集型产业的布局更加合理，允许其他企业申请设立保税工厂，享有与自由工业区工厂同等优惠政策。

菲律宾

菲律宾经济区主要由PEZA所辖的96个各类经济区和独立经营的菲律宾弗德克工业区、苏比克、卡加延、三宝颜、克拉克自由港等组成。这些经济特区的优惠政策包括企业可获得4年所得税免缴期，最长可延至8年。所得税免缴期结束后，可选择缴纳5%的"毛收入税"（GROSS INCOME TAX），以代替所有国家（中央）和地方税，其中3%上缴中央政府，2%上缴地方财政。进口资本货物（设备）、散件、配件、原材料、种畜或繁殖用基因物质，免征进口关税及其他税费。同类物品如在菲律宾国内采购，可享受税收信贷（TAX CREDIT），即先按规定缴纳各项税费，待产品出口后再返还（包括进口关税部分的折算征收、返还）。经批准，允许企业生产产品的30%在菲律宾国内销售，但须根据国内税法纳税。免缴码头税费和出口税费。

东帝汶

根据2014年6月颁布实施的欧库西特区创设法，该经济特区（The Oe-Cusse Regional Administration and Special Zone for Social Market Economy，ZEESM）于2014年7月正式奠基。7月30日，前总理、革阵总书记阿尔卡蒂里就任特区管理当局负责人。2015年1月，东帝汶部长委员会批准向欧库西特区管理当局拨款1.02亿美元，并批准给予特区管理当局以人、财、物方面的支持。目前，欧库西的有关道路、桥梁、机场项目已由印尼公司中标并已进入施工阶段；该特区的产业定位、发展方向尚不明确。目前，暂无中国企业入驻该特区。其他国家和国际组织暂无在该特区援建有关工业园区。

四 重点项目

表4-3 东南亚十一国重点合作项目

项目名称	行业类别	所在国家
越南油汀420MWdc光伏电站项目（EPC）	电力、热力、燃气	越南
越南南定2×600MW燃煤电站项目（EPC）	电力、热力、燃气	越南
越南合资建设年产4800吨隔板生产基地项目	制造业,木材加工	越南
越南社会主义共和国芹苴市垃圾焚烧电站项目	电力、热力、燃气	越南
越南安庆北江650MW燃煤电厂项目（EPC）	电力、热力、燃气	越南
柬埔寨寨诺富特西哈努克城度假胜地项目	建筑业	柬埔寨
柬埔寨3号公路改扩建项目	交通运输、仓储和	柬埔寨
云南保山电力缅甸楠利卡河克利杜水电站项目	电力、热力、燃气	缅甸
中策橡胶（泰国）有限公司仓库及附房等待建项目	交通运输、仓储和	泰国
泰国阿特斯阳光电厂项目	电力、热力、燃气	泰国
泰国曼谷阳光城市地产项目	建筑业	泰国
马来西亚吉隆坡市M101摩天轮酒店和写字楼项目	交通运输、仓储和	马来西亚
马来西亚44兆瓦一揽子生物质电站项目（EPC）	电力、热力、燃气	马来西亚
马来西亚巴勒水电站主体项目EPC	电力、热力、燃气	马来西亚
新加坡 Tampines Neighbourhood 6号（第15－16号合约）建筑工程项目	建筑业	新加坡
印度尼西亚明古鲁省IBP矿业公司煤矿井工建设和开采项目	采矿业,煤炭开采	印度尼西亚
印尼米拉务2×225MW燃煤发电项目	电力、热力、燃气	印度尼西亚
印尼棉兰城市垃圾焚烧发电厂项目EPC	电力、热力、燃气	印度尼西亚
印尼本地企业RKEF镍铁生产线项目	制造业，有色金属	印度尼西亚
印尼宾坦南山工业园100万吨氧化铝生产线建设项目	制造业，有色金属	印度尼西亚
印尼卡里姆2×25MW燃煤电厂项目	电力、热力、燃气	印度尼西亚
印尼卡里姆2×25MW燃煤电厂项目	电力、热力、燃气	印度尼西亚

资料来源：商务部投资项目信息库

第五章

贸易和投资政策法规

一 外贸法规

(一) 贸易主管部门

东南亚十一国贸易主管部门主要负责该国对外贸易法律法规的制定，对部分商品进行包括配额管理、许可证管理以及产品标识和认证在内的进口管理。与此同时，贸易主管部门还会对部分商品的出口配额和许可证进行管理，以及对出口产品进行统一的验证制度。

东南亚十一国都建有独立的贸易主管部门、独立的海关部门和独立的进出口商品检验检疫部门，除东帝汶外，其他东南亚十国均为世界贸易组织（WTO）成员国，进出口产品关税和边境上贸易措施遵循统一的多边规则。

表5-1 东南亚十一国贸易主管部门

国家名称	对外贸易主管部门
东帝汶	财政部和贸易、工业与环境部
菲律宾	贸工部
柬埔寨	商业部
老挝	工业与贸易部
马来西亚	国际贸易和工业部
缅甸	商务部
泰国	商业部
文莱	外交与贸易部
新加坡	贸易工业部

国家名称	对外贸易主管部门
印度尼西亚	贸易部
越南	工贸部

资料来源：本文作者整理

(二)贸易法规体系

东南亚十一国的贸易法规体系，可以分为不同层次。第一个层次是WTO法。东南亚十一国中，目前除了东帝汶尚未加入WTO外，其余国家均加入了WTO，因此，WTO规则，是除东帝汶以外的东南亚十一国在从事国际贸易活动中所必须遵守的法律。第二个层次是《东盟自由贸易区法》。这是东盟各国之间在从事贸易活动时必须遵守的，但这些规则不适用于我国与其开展的贸易活动，只是会对我国与之开展贸易产生影响。第三个层次是中国—东盟自由贸易区法律制度。这个制度是我国与东盟国家开展贸易活动必须遵守的，主要有中国—东盟全面经济合作框架协议及货物贸易协议、服务贸易协议等。第四个层次是东南亚各国的对外贸易法律法规。虽然上述国际组织的成员国的国内对外贸易法律法规都不会违背所参加的国际组织的国际贸易相关条约、协议，但各国社会经济发展程度不同，法律文化背景不同，仍然存在较大差异，个性特点鲜明。

表5-2　东南亚十一国主要贸易法规

国家名称	主要贸易法规
东帝汶	2006年《商业注册法》、2008年《税收和关税法》、2009年《餐饮业管理条例》、2011年《商业活动执照法》、2011年《食品产业化条例》、2011年《进口汽车管理条例》、2017年《商业公司法》等
菲律宾	《海关法》《出口发展法》《反倾销法》《反补贴法》和《保障措施法》等
柬埔寨	《进出口商品关税管理法》《关于颁发服装原产地证明，商业发票和出口许可证的法令》《关于实施货物装运前验货检查工作的管理条例》《加入世界贸易组织法》《关于风险管理的次法令》《关于成立海关与税收署风险管理办公室的规定》和《有关商业公司从事贸易活动的法令》等
老挝	《投资促进管理法》《关税法》《企业法》《进出口管理令》和《进口关税统一与税率制度商品目录条例》等

续表

国家名称	主要贸易法规
马来西亚	《海关法》《海关进口管制条例》《海关出口管制条例》《海关估价规定》《植物检疫法》《保护植物新品种法》《反补贴和反倾销法》《反补贴和反倾销实施条例》《2006年保障措施法》和《外汇管理法令》等
缅甸	《缅甸联邦进出口贸易法》（2012年）、《缅甸联邦贸易部关于进出口商必须遵守和了解的有关规定》（1989年）、《缅甸联邦关于边境贸易的规定》（1991年）、《缅甸联邦进出口贸易实施细则》（1992年）、《缅甸联邦进出口贸易修正法》（1992年）、《重要商品服务法》（2012年）、《竞争法》（2015年）、《竞争法》实施细则（2017年）
泰国	1960年《出口商品促进法》、1979年《出口和进口商品法》、1973年《部分商品出口管理条例》、1979年《出口商品标准法》、1999年《反倾销和反补贴法》、2000年《海关法》和2007年《进口激增保障措施法》等
文莱	《海关法》《消费法》以及一系列涉及食品安全和清真要求的法规
新加坡	《商品对外贸易法》《进出口管理办法》《商品服务税法》《竞争法》《海关法》《商务争端法》《自由贸易区法》《商船运输法》《禁止化学武器法》《战略物资管制法》等
印度尼西亚	《贸易法》《海关法》《建立世界贸易组织法》《产业法》等。与贸易相关的其他法律还涉及《国库法》《禁止垄断行为法》和《不正当贸易竞争法》等
越南	《贸易法》（2005年）、《民法》（2005年）、《投资法》（2014年）、《电子交易法》（2005年）、《海关法》（2014年）、《进出口税法》、《知识产权法》（2005年）、《信息技术法》、《反倾销法》（2004年）、《反补贴法》（2005年）、《企业法》（2005年）、《会计法》《统计法》等

资料来源：本文作者整理

（三）贸易管理的相关规定

东南亚十一国在对外贸易方面已经或逐步实行贸易自由化政策，但由于东南亚十一国经济发展的程度存在较大差异，各国贸易自由化的程度也有所不同。其中，新加坡、马来西亚、菲律宾、泰国、文莱、印尼、柬埔寨等国的市场化程度相对较高；越南实行市场经济的时间较短，出于对本国经济保护的考虑，在对外贸易方面还通过关税、许可证等方式设置限制；缅甸的政局长期动荡，其对外贸易政策还将长期存在不确定性；老挝加入世贸组织时间不长，其国内的对外贸易法律还不完善，但逐步实行贸易自由化是一个趋势。

东南亚各国都实行鼓励出口的政策以换取所需外汇，而对进口则采取了不同程度的限制。新加坡、马来西亚和文莱对进口的限制最小，关税水平最低，泰国、越南、老挝、缅甸等国则通过关税等方面对进口加以不同程度的限制，当然，由于东南亚各国大部分都是东盟成员，东盟允许各成员国根据各自经济发展的情况逐步降低关税并制定了时间表。

东南亚十一国的外贸法律的稳定性不同。东南亚大多数国家的外贸法律制度相对稳定；而在越南，由于正处于经济转型时期，许多法律包括外贸法律正处于建立和完善的过程中，其不稳定是必然的；老挝也具有与越南相似的特点；在缅甸，政治因素导致其外贸法律制度具有更大的不确定性。

大多数东南亚国家都制定了鼓励发展加工贸易出口的政策法律。印尼、越南、泰国、菲律宾、马来西亚、柬埔寨等国为了鼓励出口，都相继制定了鼓励加工贸易出口的法律法规，引进外资和技术，利用本国的廉价劳动以促进出口换取外汇。

表5-3　东南亚十一国进出口管理的主要内容

国家名称	进出口管理规定
东帝汶	【进口】进口关税平均2.5%，只对少数产品实行关税限制。比如，对进口军火征收200%的关税，对豪华游艇或私人飞机进口征收20%的关税，对单价超过7万美元的小轿车征收35%的关税。 【出口】出口不征关税。
菲律宾	【进口商品管理】菲律宾对进口商品分为三类：自由进口商品；限制进口商品；禁止进口商品。 （1）禁止进口商品包括：枪支弹药；不道德的印刷品、底片、电影、相片、艺术品；用于违法堕胎的物品及宣传广告；用于赌博的装备及用具；含金、银或其他贵重金属或合金制成的物品；假冒劣质的食品或药品；鸦片或其他麻醉剂及其合成品；合成盐或成品盐；鸦片吸管及配件；有关菲律宾法律禁止进口的物品及配件。 （2）限制进口产品必须经过菲律宾政府机构如农业部、食品药品局核发的进口许可证才能进口，主要涉及汽车、拖拉机、小汽车、柴油机、汽油机、摩托车、耐用消费品、新闻出版和印刷设备、水泥、与健康及公共安全有关的产品等130多种，约占进口商品的4%。 （3）自由进口商品，是指除了上述禁止进口商品和限制进口商品以外的商品。 【出口商品管理】菲律宾政府对出口贸易采取鼓励政策，主要包括简化出口手续并免征出口附加税，进口商品再出口可享受增值税退税、外汇资助和使用出口加工区的低成本设施等。部分矿产品、动植物产品、海产品和农产品需要获得批准后方可出口。

国家名称	进出口管理规定
柬埔寨	柬埔寨商业部负责出口审批手续。在多数情况下，进口货物无需许可证。但部分产品需要获得相关政府部门特别出口授权或许可后方可出口。 【免税进口】根据《投资法修正法》，由柬埔寨投资委员会批准的出口型合格投资项目可免税进口生产设备、建筑材料、原材料和生产投入附件。为取得生产用原材料免税进口批件，进口公司应每年向柬埔寨投资委员会申报拟进口材料的数量和价值。 【出口优惠】目前，柬埔寨享受了欧盟"除武器外全部免税（EBA）"和美国普惠制（GSP）等优惠关税，使符合条件的产品可以免除配额和关税进入欧盟和美国市场，这两种优惠大约占柬埔寨出口总额的60%以上。 【出口商品当地含量及原产地原则】柬埔寨目前无当地含量要求，即不限制使用进口原材料、零部件（对健康、环境或社会有害的原材料、零部件除外）。 【出口优惠】根据《投资法修正法》，由柬埔寨投资委员会批准的出口型合格投资项目可享受免税期或特别折旧。其出口产品增值税享受退税或贷记出口产品的原材料。 【出口限制】禁止或严格限制出口的产品包括文物、麻醉品和有毒物质、原木、贵重金属和宝石、武器等，2013年初，柬埔寨政府明令禁止红木的贸易与流通。半成品或成品木材制品、橡胶、生皮或熟皮、鱼类（生鲜、冷冻或切片）及动物活体需交纳10%的出口税。服装出口需向商业部缴纳管理费。普惠制下服装出口至美国或欧盟的，需获得出口许可证。 【矿产品出口】为加强对矿产品出口的有效监管，柬埔寨明确了矿产品出口法律程序及手续。矿产品出口公司须完成2项出口审批：一是拥有矿产执照的出口公司，须向矿产能源部提交既定时间内（最多1年）的出口计划，以获得原则性批准的出口配额（EQAP）；二是拥有配额后，每次装运还需获得矿产能源部的出口许可及财经部下属海关总署的批准。出口公司须在装货前7天内通知矿产能源部进行检查，装运离境10天内向矿产能源部提交海关支持文件报告。对于违反规定的出口公司，矿产能源部将拒绝签发新的出口许可、暂停出口配额3个月，并面临一段时间内被政府列入黑名单的处罚。
老挝	老挝所有经济实体享有经营对外经济贸易的同等权利，除少数商品受禁止和许可证限制外，其余商品均可进出口。 【禁止进口商品】枪支、弹药、战争用武器及车辆；鸦片、大麻；危险性杀虫剂；不良性游戏；淫秽刊物等5类商品禁止进口。 【进口许可证管理商品】活动物、鱼、水生物；食用肉及其制品；奶制品；稻谷、大米；食用粮食、蔬菜及其制品；饮料、酒、醋；养殖饲料；水泥及其制品；燃油；天然气；损害臭氧层化学物品及其制品；生物化学制品；药品及医疗器械；化肥；部分化妆品；杀虫剂、毒鼠药、细菌；锯材；原木及树苗；书籍、课本；未加工宝石；银块、金条；钢材；车辆及其配件（自行车及手扶犁田机除外）；游戏机；爆炸物等25类商品进口需许可证。 【禁止出口商品】枪支、弹药、战争用武器及车辆；鸦片、大麻；法律禁止出口的动物及其制品；原木、锯材、自然林出产的沉香木；自然采摘的石斛花和龙血树；藤条；硝石；古董、佛像、古代圣物等9类商品禁止出口。 【出口许可证管理商品】活动物（含鱼及水生物）；稻谷、大米；虫胶、树脂；林产品；矿产品；木材及其制品；未加工宝石；金条、银块等7类商品出口需许可证。

国家名称	进出口管理规定
马来西亚	马来西亚实行自由开放的对外贸易政策，部分商品的进出口会受到许可证或其他限制。 【进口管理】1998年，马来西亚《海关禁止进口令》规定了四类不同级别的限制进口。第一类是14种禁止进口品，包括含有冰片、附子成分的中成药，45种植物药以及13种动物及矿物质药。第二类是需要许可证的进口产品，主要涉及卫生、检验检疫、安全、环境保护等领域。包括禽类和牛肉（还必须符合清真认证）、蛋、大米、糖、水泥熟料、烟花、录音录像带、爆炸物、木材、安全头盔、钻石、碾米机、彩色复印机、一些电信设备、武器、军火以及糖精。第三类是临时进口限制品，包括牛奶、咖啡、谷类粉、部分电线电缆以及部分钢铁产品。第四类是符合一定特别条件后方可进口的产品，包括动物、动物产品、植物及植物产品、香烟、土壤、动物肥料、防弹背心、电子设备、安全带及仿制武器。 为了保护敏感产业或战略产业，马来西亚对部分商品实施非自动进口许可管理，主要涉及建筑设备、农业、矿业和机动车辆部门。如所有重型建筑设备进口须经国际贸易和工业部批准，且只有在马来西亚当地企业无法生产的情况下方可进口。 【出口管理】马来西亚规定，除以色列外，大部分商品可以自由出口至任何国家。但是，部分商品需获得政府部门的出口许可，其中包括：短缺物品、敏感或战略性或危险性产品，以及受国家公约控制或禁止进出口的野生保护物种。此外，马来西亚《1988年海关令（禁止出口）》规定了对三类商品的出口管理措施：第一类为绝对禁止出口，包括禁止出口海龟蛋和藤条；禁止向海地出口石油、石油产品和武器及相关产品；第二类为需要出口许可证方可出口；第三类为需要视情况出口。大多数第二和第三类商品为初级产品，如牲畜及其产品、谷类、矿物/有害废弃物；第三类还包括武器、军火及古董等。
缅甸	一个经济实体要想将货物进口到缅甸或从缅甸出口至国外，首先要通过注册为进口商或出口商以获得一张进口商卡（以下简称EI卡）。一般来说，外国独资企业仍不得在缅甸境内从事"纯"贸易和进出口活动。按照一般政策规定，只有制造业和工业领域的外资企业会被授予一个EI卡，通常用于进口供自己使用的产品。 对于《外国投资法》项下的公司而言，如果缅甸投资委员会预先许可其进行国外进口（作为对缅甸重大投资项目的一部分），该外商投资企业将自动被授予EI卡。 企业一旦收到临时或最终公司设立证书时，即可向商务部贸易司申请办理EI卡，同时应提交包括企业章程和缅甸投资委员会签发的许可证等相关文件资料。 为了证明进口的必须性，企业应当明示其经营目标和经营活动。此外，不能仅仅出于贸易目的进行进口。其他外部因素也会影响企业获得EI卡，例如，是否进口在缅甸就可获得的货物，或针对特定的客户进口某种特定特性的货物。 已获得EI卡的企业可以申请有效期为3个月的进出口许可证（即EI许可证）。每一个进口项目都需要相应的进出口许可证，且应该在该项目项下的货物起运前签发。 进出口许可证的申请可由公司法定代表人或经授权的自然人、代理人提出。该公司应在国有银行或提供外汇账户服务的私营银行开设美元账户。 无需许可证即可出口的目录包括与农业、海洋渔业、林业、畜牧业等有关的产品。奢侈品、电器、消费品、服装、纺织品和新鲜水果等则从该目录中删除；而啤酒、香烟和烈性酒仍在限制进出口的目录中。

国家名称	进出口管理规定
泰国	【进口管理】泰国对多数商品实行自由进口政策，任何开具信用证的进口商均可从事进口业务。泰国仅对部分产品实施禁止进口、关税配额和进口许可证等管理措施。禁止进口产品主要涉及公共安全和健康、国家安全等的产品，如摩托车旧发动机、博彩设备等；关税配额产品包括桂圆等24种农产品，如大米、糖、椰肉、大蒜、饲料用玉米、棕榈油、椰子油、龙眼、茶叶、大豆和豆饼等，但关税配额措施不适用于从东盟成员国的进口；进口许可分为自动进口许可和非自动进口许可，非自动进口许可产品包括关税配额产品和加工品，如鱼肉、生丝、旧柴油发动机等。自动进口许可产品包括部分服装、凹版打印机和彩色复印机。 【出口管理】泰国除通过出口登记、许可证、配额、出口税、出口禁令或其他限制措施加以控制的产品外，大部分产品可以自由出口，受出口管制的产品目前有45种，其中征收出口税的有大米、皮毛皮革、柚木与其他木材、橡胶、钢渣或铁渣、动物皮革等。
文莱	【进口管理】出于环境、健康、安全和宗教方面的考虑，文莱海关对少数商品实行进口许可管理。禁止进口商品包括：鸦片、海洛因、吗啡、淫秽品、印有钞票式样的印刷品等；酒精饮料进口受到严格限制。 【出口限制】除了对石油天然气出口控制外，对动物、植物、木材、大米、食糖、食盐、文物、军火等少数物品实行出口许可证管理，其他商品出口管制很少。
新加坡	【进口管理】货物进口到新加坡前，进口商需通过贸易交换网向新加坡关税局提交准证申请。如符合有关规定，新加坡关税局将签发新加坡进口证书和交货确认书给进口商，以保证货物真正进口到新加坡，没有被转移或出口到被禁止的目的地。一般情况下，所有进口货物都要缴纳消费税。如果进口货物是受管制的货物，必须向相关主管部门提交准证申请并获得批准。 【出口管理】非受管制货物通过海运或空运出口，必须在出口之后3天内，通过贸易交换网提交准证申请。受管制货物，或非受管制货物通过公路和铁路出口的，需要在出口之前通过贸易交换网提交准证申请。出口受管制货物还必须事先取得相关主管机构的批准或许可。
印度尼西亚	印度尼西亚除少数商品受许可证、配额等限制外，大部分商品均放开经营。 【进口管理】印尼政府在实施进口管理时，主要采用配额和许可证两种形式。适用配额管理的主要是酒精饮料及包含酒精的直接原材料，其进口配额只发放给经批准的国内企业。适用许可证管理的产品包括工业用盐、乙烯和丙烯、爆炸物、机动车、废物废品、危险物品，获得上述产品进口许可的企业只能将其用于自己的生产。其中，氟氯化碳、溴化甲烷、危险物品、酒精饮料及包含酒精的直接原材料、工业用盐、乙烯和丙烯、爆炸物及其直接原材料、废物废品、旧衣服等九类进口产品主要适用自动许可管理；丁香、纺织品、钢铁、合成润滑油、糖类、农用手工工具等六类产品主要适用非自动许可管理。 【进口许可制度】2010年，印尼开始实施新的进口许可制度，将现有的许可证分为两种，即一般进口许可证和制造商进口许可证。一般进口许可证主要是针对为第三方进口的进口商，制造商进口许可证主要是针对进口供自己使用或者在生产过程中使用的进口商。2010年8月，印尼财政部颁布了《有关汽车在自由贸易区和自由港进口和出口规则的财政部长条例》。根据该条例规定，机动车辆属于动产，为了监督和保障国家权益，拥有上述汽车必须向相关的主管机构注册。自由贸易区和自由港是在印尼共和国司法辖区内而与海关辖区分开的特定区域，因此得以豁免征收进口税、增值税、奢侈品销售税和税费。为了对汽车在自由贸易区和自由港的进口和出口进行监督，防止滥用免税优惠，有必要制定汽车进出口的法定义务，除了向海关申报，也必须申请由海关办事处发出的出入口证明书。已获得自由贸易区营业机构发给营业执照的企业家可以从区外进口汽车。

续表

国家名称	进出口管理规定
印度尼西亚	目前，印尼关税税目中近20%的产品涉及进口许可要求，涉及对其国内产业的保护，如大米、糖、盐、部分纺织品和服装产品、丁香、动物和动物产品以及园艺产品。印尼的进口许可要求相当复杂，而且缺乏透明度，许多世贸组织成员已经对此表示了严重关切。印度尼西亚政府采取进口数量限制的产品如下：大米、糖、动物和动物产品，盐，酒精饮料和部分臭氧消耗物质。上述产品的进口数量是每年在印尼政府部长级会议上根据国内产量和消费量来决定，并通过印尼进口许可制度来具体实施。 【出口限制】出口货物必须持有商业企业注册号/商业企业准字或由技术部根据有关法律签发的商业许可，以及企业注册证。出口货物分为四类：受管制的出口货物、受监视的出口货物、严禁出口的货物和免检出口货物。受管制的出口货物包括咖啡、藤、林业产品、钻石和棒状铅。受监视的出口货物包括奶牛与水牛、鳄鱼皮（蓝湿皮）、野生动植物、拿破仑幼鱼、拿破仑鱼、棕榈仁、石油与天然气、纯金/银、钢/铁废料（特指源自巴淡岛的）、不锈钢、铜、黄铜和铝废料。严禁出口的货物包括幼鱼与金龙鱼等，未加工藤以及原料来自天然森林未加工藤的半成品，圆木头，列车铁轨或木轨以及锯木，天然砂、海砂、水泥土、上层土（包括表面土），白铅矿石及其化合物、粉，含有砷、金属或其化合物以及主要含有白铅的残留物，宝石（除钻石），未加工符合质量标准的橡胶、原皮，受国家保护野生动植物，铁制品废料（源自巴淡岛的除外）和古董。除以上受管制、监视和严禁的出口货物外，其余均属免检的出口货物。
越南	【进口管理】根据加入WTO的承诺，越南逐步取消进口配额限制，基本按照市场原则管理。禁止进口的商品主要包括：武器、弹药、除工业用以外的易燃易爆物、毒品、有毒化学品、军事技术设备、麻醉剂、部分儿童玩具、规定禁止发行和散布的文化品、各类爆竹（交通运输部批准用于安全航海用途的除外）、烟草制品、二手消费品（纺织品、鞋类、衣物、电子产品、制冷设备、家用电器、医疗设备、室内装饰）、二手通讯设备、右舵驾驶机动车、二手物资、低于30马力的二手内燃机、含有石棉的产品和材料、各类专用密码及各种密码软件等。自2016年7月起，越南允许进口使用年限不超过10年的二手设备。进口的二手设备在安全、节能和环保方面，需符合越南国家技术标准或G7标准。生产企业需要维修、更换正在运行的设备，可允许进口二手零部件，可以自主进口或委托其他企业进口。此外，对于使用年限超过10年的二手设备，如生产企业仍需进口，也可向越南科技部提出申请。 【出口管理】越南主要采取出口禁令、出口关税、数量限制等措施进行管理。禁止出口的商品主要包括：武器、弹药、爆炸物和军事装备器材、毒品、有毒化学品、古玩、伐自国内天然林的圆木、锯材、来源为国内天然林的木材、木炭、野生动物和珍稀动物、用于保护国家秘密的专用密码和密码软件等。

资料来源：《对外投资合作国别（地区）指南》

（四）进出口商品检验检疫

东南亚十一国对进出口商品检验检疫都做出了明确规定，特别是像马来西亚、文莱等国家还要求肉类、加工肉制品、禽肉、蛋和蛋制品等食品必须通过清真认证。

表5-4　东南亚十一国进出口商品检验检疫规定

国别	进出口商品检验检疫规定
东帝汶	东帝汶检验检疫的相关法律法规分别为2003年12月颁布的《进出口货物检验检疫卫生法》（Decree Law No.21/2003）和2006年9月颁布的《检验检疫管理条例》（Government Decree No.1/2006）。东帝汶检验检疫法律参照外国相关法律制定，内容较完备，包括了对活的动植物及相关产品的相关规定。东帝汶要求进口动植物需要出口国检验检疫部门出具检验检疫安全的证明等。
菲律宾	菲律宾产品质量局是负责产品质量标准的机构，它通过质量管理认证的手段来促进产品质量的提高，对进口商品粘贴合格标志来管理进口商品。适用的标准是ISO9000和ISO14000。 【工业品】有28种产品要在当地进行产品标准检验，包括：照明用品、电线电缆、卫生洁具、家用电器、轮胎和水泥等。至于其他产品，海关通常接受产品质量证明或原产国标准证明。产品生产者应依据本国或普遍国际标准进行生产，其产品上要附有产品标准质量标志。 【民生、健康、安全和财产的商品】菲律宾贸工部要求出具产品标准许可和产品标准局的证明。这些产品包括：医用氧气、消费品、电器和防火设备、建筑材料等。非公制的度量衡用品、仪器、仪表的进口由产品标准局事先发放许可。 【食品健康和安全规定】食品方面，如成分、添加剂、非酒精饮料及混合物、糖果类、咖啡、茶、点心、乳制品、蔬菜、水果、肉类等必须符合食品法典委员会（Codex Alimentarius Commission）和世界动物卫生组织（OIE）制定的标准；新鲜、冷冻鱼类产品必须取得菲律宾农业部1999年颁布的《195号行政法规》中规定的国际健康证和卫生植物检疫证；如果进口来自有害虫区的蔬菜和水果，则应具有消毒证明；化妆品、医药在生产时必须取得生产许可证，并提供国际认证机构的临床试验报告。对于危险品的进口，必须依照菲律宾卫生部标准进行标签、销售和扩散。规定中的危险品包括刺激物和腐蚀性、易燃和放射性物质。 【植物及植物产品】目前，植物及植物产品进入菲律宾市场须办理如下检疫手续：出口商将发票和箱单传给菲律宾进口商，进口商凭出口商的发票和箱单向菲律宾农业部农作物局植物检疫处（BPI）申请进口许可证，该证会注明每种产品离岸前的要求。进口商将该证交给出口商，出口商提请出口国检疫部门对产品进行离岸检疫并出具检疫证明。出口商将检疫证明和其他运输单据一起以适当渠道转交菲律宾进口商。在货物到达菲律宾港口后，进口商提供给菲律宾检疫部门进口许可证和出口国的检疫证明。菲律宾检疫部门根据进口许可证和检疫证明进行复验，合格后方可入关。 【动物、动物产品及其副产品】菲律宾农业部动物产业局是负责动物、动物产品及其副产品进出口检疫的政府部门。动物产业局对不同动物的进出口有不同的进出口程序和检疫规定。

国别	进出口商品检验检疫规定
柬埔寨	柬埔寨财经部海关与关税署、商业部进出口检验与反欺诈局联合负责进出口商品检验。检验地点为工厂或进出口港口。目前，柬埔寨全部进出口货物均接受检验，政府正计划逐年降低检验比率。价值5000美元或以上的进口货物，在出口国进行装运前检验。检验报告和其他装船前检验文件将被递交柬埔寨海关，货物抵达柬埔寨后，货主凭检验单据到海关交纳税款并提出货物。
老挝	老挝对各类动植物产品的进口有检疫要求，要求对进口产品的特征及进口商的相关信息进行检查。 【动物检疫】根据老挝动物检疫规定，活动物、鲜冻肉及肉罐头等进口商须向农林部动物检疫司申请动物检疫许可证。商品入境时由驻口岸的动物检疫员查验产地国签发的动物检疫证和老挝农林部签发的检疫许可证。 【植物检疫】老挝农林部负责植物检疫工作。进口植物及其产品须在老挝的边境口岸接受驻口岸检查员检查，并出示产品原产国有关机构签发的植物检疫证。
马来西亚	为防止动物传染病、寄生虫病和植物危险性病、虫、杂草以及其他有害生物传入，马来西亚政府对进口动植物实施检验检疫。如携带动植物入境，需事先向马来西亚相关主管部门申请进口许可证并在入境时遵守各项检验检疫程序。 马来西亚要求所有肉类、加工肉制品、禽肉、蛋和蛋制品必须来自经农业部兽医服务局检验和批准的工厂，所有进口产品必须获得兽医服务局颁发的进口许可证。 所有向穆斯林供应的肉类、加工肉制品、禽肉、蛋和蛋制品必须通过清真认证，牛、羊、家禽的屠宰场以及肉蛋加工设备必须获得伊斯兰发展署（JAKIM）的检验和批准。
缅甸	缅甸进出口检验检疫工作由农业、畜牧与灌溉部主管。 《缅甸植物检疫法》规定禁止有害生物通过各种方法进入缅甸；切实有效抵制有害生物；对准备运往国外的植物、植物产品，必要时给予消毒、灭菌处理，并发给植物检疫证书。无论是从国外进口的货物，还是旅客自己携带的物品入境时，都必须接受缅甸农业服务公司的检查、检疫。 《缅甸植物细菌防疫法》规定，任何人未取得进口许可证，不准从国外进口植物、植物产品、细菌、有益生物和土壤。必要时即将运往国外的植物或植物产品进行杀虫和灭菌工作，发给无菌证书。根据接收国的需要，规定进行检验的方法。
泰国	泰国负责商品质量监督、检验和标准认证的管理部门主要是卫生部下属的食品与药品监督管理局（FDA）及农业合作部下属的国家农业食品和食品标准局（ACFS）。 FDA根据相关法律法规对商品的市场准入进行控制，审核发放各类商品相应的卫生证明、GMP证明、HACCP证明和自由销售证明等。进口商必须申请进口许可证后才能进口食品，指定的食品储藏室必须经FDA检验后才能使用，进口许可证要每3年更新一次；对于特别控制的食品，进口商必须到FDA注册，获得批准才能进口。 ACFS的主要职责是制定初级农产品、食品和加工农产品的标准，发放许可证明，对有关产品的认证机构及企业进行认证等，此外，还协助和参与技术问题、非关税措施及国际标准等方面的对外谈判，其主要工作目标是发展泰国农产品和食品标准体系使其适应国际标准，以扩大泰国农产品和食品的出口额。 ACFS自成立以来，共制定公布了22项植物食品标准、10项动物产品标准、3项鱼类食品标准和20项其他标准。 游客携带植物、活体动物、宠物、动物制品等入境泰国，须事先向泰国农业部申请，获准后凭动植物检验检疫合格单向泰国海关办理通关手续。

续表

国别	进出口商品检验检疫规定
文莱	文莱公共卫生(食品)条例规定所有食品,无论是进口产品还是本地产品,都要安全可靠,具有良好品质,符合伊斯兰教清真食品的要求,尤其对肉类的进口实行严格的清真检验。对于某些动植物产品,如牛肉、家禽,需提交卫生检疫证书。进口食用油不能有异味、不含任何矿物油,动物脂肪须来自在屠宰时身体健康的牲畜并适合人类食用,动物脂肪和食用油须是单一形式,不能将两种或多种脂肪和食用油混合。脂肪和食用油的包装标签上不得有"多不饱和的"字眼或相似字眼。非食用的动物脂肪须出具消毒证明。进口活动物必须有兽医证明。 大豆奶应是从优质大豆中提取的液体食品,可包括糖、无害的植物物质,除了允许的稳定剂、氧化剂和化学防腐剂外,不得含有其他的物质,并且其蛋白质含量不少于2%等。 此外,该条例对食品添加剂、包装以及肉类产品、渔类产品、调味品、动物脂肪和油、奶产品、冰淇淋、糖与干果、水果、茶、咖啡、无酒饮料、香料、粮食等,都规定了相应的技术标准。对食品的生产日期、保质期、食品容器及农药最大残留量、稳定剂、氧化剂、防腐剂等都有明确的规定。
新加坡	新加坡对进口商品检验检疫的标准和程序十分严格。负责进口食品、动植物检验检疫的部门是农粮兽医局(简称农粮局或AVA),负责进口药品、化妆品等商品检验的部门是卫生科学局(简称HSA)。 【农产品和食品检验】农产品和食品的进口商须向AVA申请执照,只有获得AVA进口执照的贸易商才能在新加坡从事农产品和食品进口业务。AVA有完整的一套食品安全计划,对肉、鱼、新鲜水果和蔬菜、蛋、加工食品等商品的进口来源、包装运输、检验程序、检验标准有不同的要求和详尽的规定。 【动物检疫】只有获得AVA执照的进口商才可以在新加坡从事商业用途的动物进口。每次进口动物须向AVA申请许可,并提前获得海关清关许可。所有进口动物需符合AVA的兽医标准。 【植物检疫】进口植物及植物产品需出示原产国有关机构签发的植物检疫证书并获得AVA的进口许可。所有进口植物及植物产品必须符合AVA规定的健康标准,除另有规定外,植物及植物产品进口后必须接受AVA检查。受华盛顿公约(CITES)保护的濒临绝种植物,必须备有CITES的许可证方可进口。 【药品、化妆品检验】根据《药品法》、《有毒物质法》、《滥用药物法令》,新加坡所有从事药品进口、批发、零售以及出口的经营者需向HSA取得相关许可方可开展业务。进口药品和化妆品前,需向HSA如实申报其成分、疗效等相关信息,获得批准后方可进口。HSA对进口相关产品进行抽检,一旦与申报不符,即取消其经营相关产品的资格。
印度尼西亚	【卫生与植物卫生措施】印尼所有进口食品必须注册,进口商必须向印尼药品食品管理局申请注册号,并由其进行检测。检测过程烦琐且费用昂贵,每项检测费用从5万印尼盾(约合6美元)到250万印尼盾(约合300美元)不等,每一件产品的检测费用在100万印尼盾(约合120美元)到1000万印尼盾(约合1200美元)之间。此外,印尼药品食品管理局在测试过程中要求提供极其详细的产品配料和加工工艺情况说明。

续表

国别	进出口商品检验检疫规定
印度尼西亚	植物产品进口检验检疫要求重点对以球茎形式进口的新鲜蔬菜的检验检疫和技术两方面提出要求。在检验检疫方面，该规定扩大了证书要求范围，除了须具备与2005年法规相同的原产国权威机构签发的证书外，经转运的产品还须被提供转运国授权的证书。在技术要求方面，该规定加严了原产国无虫害地区的调查及对植物性检疫虫害进行风险分析。 【国家标准】2009年以来，印尼政府开始在食品、饮料、渔业等诸多行业强制推行国家标准。印尼贸易部出台新规定，要求包括进口产品在内的所有产品必须附有印尼文说明。印尼海洋渔业部规定要求81种渔业产品必须符合印尼国家标准。印尼工业部等政府部门在2011年对电线、电子、汽车零部件、家电、五金建材、玩具等几十种产品强制推行国家标准。
越南	根据《2014年海关法》，报关员须进行申报并将报关单与书证一并提交。然后，报关员须将货物发运至适当的地点供进行实物检验。报关员须支付税费并履行其他财务义务。 海关部门和海关官员须在收到相关海关单据后立即将海关单据进行登记。为了核实海关单据，海关官员须对货物和运输工具进行实物查验。海关官员还将根据有关税费、收费和费用的法律以及其他相应的法律规定收缴税费和其他应付金额。最后，海关官员将决定是否批准货物清关、货物放行以及授予对相关运输工具适用的结关证明。 在海关部门完成报关登记后须进行进口和出口税申报。出口税须在报关登记后的30天内支付。对于进口货物，进口税须在收到消费用货物前支付。 出口货物和服务一般免税。出口税可对矿产品、木材和废金属等自然资源征收。用于生产的材料（特别是那些不是在国内生产的货品）的进口税非常低，而消费品和奢侈品的进口税较高。

资料来源：《对外投资合作国别（地区）指南》

(五)海关管理规章制度

东南亚十一国除东帝汶外，均属于东盟成员国。各国不仅制定了各自的海关管理规章制度，还需遵守东盟自由贸易区相关海关规定，逐步降低东盟国家间的关税减免，最终实现东盟国家间零关税。

1. 东盟自贸区关税措施

东盟自由贸易区最初主要关注关税减免，签署的文件有《有效普惠关税协定》（Common Effective Preferential Tariff, CEPT-AFTA）。该协定是一项东盟成员国之间的合作协议，约定各成员国选定共同产品类别，具体排定减税的程序及时间表，并自1993年1月1日起计划在15年内，逐步将关税全面降低至0-5%，以达成设立自由贸易区的目标，即东盟成员国将在区域内彼此间实施CEPT，但对非东盟成员国关税仍由各国自行决定。但是，有部分产品不适用CEPT制度，例如部分农产品，农产品原料，活动物、动物产品、部分植物产品、调制食用油；动植物蜡、食品、饮料、酒类及醋、烟等。此外，基于维护国家安全、公众道德规范、人类、动植物生命有关物品以及有艺术、历史、考古价值的物品也属例外范围。

根据《有效普惠关税协定》规定，东盟自贸区建成后，东盟内部的关税必须降到5%以下，东盟新成员国最晚可以推迟到2008年。1999年11月在菲律宾马尼拉召开的第三次东盟首脑非正式会议上，东盟领导人同意将东盟六个创始成员国（文莱、印度尼西亚、马来西亚、菲律宾、新加坡和泰国，简称"东盟6个老成员国"）实现零关税的时间从2015年提前到2010年，新成员国则从2018年提前到2015年。2003年1月，在《有效普惠关税协定消除进口关税协定的修改框架》签署后，东盟6个老成员国同意取消清单中60%商品的关税，在《有效普惠关税协定》框架下，东盟6个老成员国的平均关税从1993年的12.76%已经降到了1.51%。

2010年1月，东盟6个老成员国再对7881种商品取消关税，合计共有54467种商品实现零关税，占《有效普惠关税协定》项下免关税商品的99.7%。在7881种免关税商品里，优先一体化领域（Priority Integration Sectors）项下的货物占24.2%，钢铁占14.9%，机械设备占8.9%，化学品占8.3%。柬埔寨、老挝和越南新增2003个进口品种的关税降至0-5%，关税减免品种达到34691个，占享受进口关税0-5%待遇全部商品的99%。此外，原产地为东盟成员国的加工食品、家具、纸张、水泥、陶瓷、玻璃和铝制品等出口文莱、印度尼西亚、马来西亚、菲律宾、新加坡和泰国，享受免税。

2018年，东盟六国（包括文莱、印度尼西亚、马来西亚、菲律宾、新加坡、泰国）的CEPT列表所包含的99%以上的商品其关税税率已经降至0-5%的范围。东盟新成员包括柬埔寨、老挝、缅甸、越南，也将本国近80%的商品纳入到各自的CEPT列表中，列表中所提及的商品66%的关税税率已经降至0-5%的范围。

2. 东盟海关现代化

东盟各成员国开始着手加速提高海关技术和简化通关手续的现代化工作，制定了《海关发展战略计划》（SPCD），其中要求集装箱通关时间不超过30分钟；按照国际标准实行电子化清关，减少清关手续，降低清关费用。与此同时，各海关加强与行业协会和商会的合作，加强和提高海关的工作水平，促进东盟各成员国按照时间表实现关税减免的承诺。

表5-5 东南亚十一国海关管理规定

国别	海关管理规定
东帝汶	东帝汶海关管理方面的法律法规包括2003年颁布的《受海关管控的旅客携带入境物品的法律和税收适用规定》（Decree Law No.10/2003）、2006年颁布的《关税条例》（Decree Law No.6/2006）等。 东帝汶政府鼓励进出口贸易，只要持有合法证明文件，必须支付的税有： 【进口关税】进口商品或货物到东帝汶，办理海关清关等手续都比较方便。 （1）进口关税：货物海关完税价的2.5%； （2）销售税：货物海关完税价的2.5%； （3）消费税：见国家引消费税和税率的货物清单。 【进口和清关的要求】进口和清关的要求如下： （1）获得证书和税号：须自东帝汶设立、工业和环境部取得营业税税号(税务识别号)。 （2）通过海关代理进行申报。根据第15/200号法令第一条规定，货物的所有人或收货人，必须授予海关足够的权利，代表其通过海关汶海关数字自动化电子系统进行海关申报。 （3）纳税义务。海关根据进口货物的估价和适用的税率来确定应付税款。见消费税、销售税和进口税。 【特殊要求的货物】当进口或携带以下商品到东帝汶时，必须满足额外的要求： （1）活的动物、活的植物以及动植物的产品。如果要进口活的动物，活的植物和动植物产品，必须在进口之前获得一个检疫局颁发的许可证。详见东帝汶植物检疫要求。 （2）机动车辆。进口机动车，必须从国家交通运输局获得许可证。详见进口汽车和机动车辆要求。 （3）其他许可证。其他一些商品在清关之前，需要从国有机构获得相关的许可和授权，如卫生、健康和枪支类。 【注意事项】关于进口免税项关税征序需要注意事项如下： （1）海关对于集装箱的港口免税口堆期是5个工作日，一旦逾期，将根据集装箱大小超出天数收取每天的滞港费，一般情况下大柜60美元一天，小柜25美元时间非常重要。如果是冷冻柜，则在滞港费的基础上每柜增加100美元的发电机费用。因此，合理安排清关时间非常重要。一般来说，在得到相关的官方货运提货公司）的到货通知后应立即办理清关手续。 办理清关一般有两种方式：自己办理和找技货代公司办理。自己办理需要利用相当多的人脉，包括海关、发票、采购司、财政部等等。货代公司办理则比较方便，取得东帝汶外交部的免税许可证、发票、装箱单、原件货物提单、当地货代，就可以连同原有相关当地货代，办理中国驻东帝汶大使馆用物资、外交物资和其他商用物资的清关(Ariana)，而其他商用物资和外交物资则不受此限制。 （3）清关手续完成后，主要问题是安排运输出港的问题。当地有数家集装箱运输公司，值得推荐的是水升货运公司(新加坡)、JL Transport、York Transport、TOP1 Transport以及一家本地公司。这些公司各自拥有平板车、自卸平板车等不同数量的运输设备。如何安排对通关速度有较大影响。需要注意的是当地政府部门下午办公时间很短，基本在下午4点钟结束办公，而且海关的办事效率本仍有待提高，因此，在东帝汶办理相关手续时应对此做好充分准备。 （4）海关对通关速度对通关速度有较大影响，因此，企业在东帝汶办理相关手续时非常重要。一般来说，在得到相应船公司的到货通知前就要把东帝汶外交部出具的免税手续办理好。在得到相应船公司的到货通知后应立即办理清关手续。

续表

国别	海关管理规定
菲律宾	菲律宾进出口关税的主要法律是《菲律宾关税与海关法》，进口关税税率由菲律宾关税委员会确定公布，出口关税税率由海关总署确定，并由海关通过有授权的菲律宾中央银行征收。 菲律宾对大部分进口产品征收从价关税，但对酒精饮料、烟花爆竹、烟草制品、手表、矿物燃料、卡通、糖精、扑克等产品征收从量关税。海关对汽车、烟草、汽油、酒精以及其他非必要商品征收进口消费税。进口产品还应向菲律宾海关当局缴纳12%的增值税，征税基础为海关估价加上所征的关税和消费税。 菲律宾还对进口货物征收印花税，该税一般用于提货单、接受单、汇票、其他交易单、保险单、抵押契据、委托书及其他文件。从2010年1月1日起，中国与包括菲律宾在内的东盟6个老成员国之间，对7000多种商品的平均关税此前的12.8%降到0.6%。2012年1月1日起，中国对与菲律宾的6个老成员国对二轨正常产品实施零关税，5月起菲律宾对一般敏感产品调整至20%以下。东盟平均关税在内的6个东盟老成员国此前的9.8%降到0.1%，东盟6个老成员国对中国的平均关税从2010年初的12.8%降到0.6%。中国对与菲律宾之间双方服务部门的开放水平也有进一步的提升，投资政策和环境得到法律制度的保障，更加稳定和透明。随着中国与东盟之间经济一体化程度将会达到前所未有的水平，资金、资源、技术和人才生产要素的流动效率会显著提高，双方之间经济一体化程度将会达到前所未有的水平。 【进口关税】《菲律宾关税与海关法》将应税进口商品分为21类，进口关税税率一般为3%~30%。具体商品的税率可从关税委员会的网页查阅。 【进口配额】菲律宾对部分农产品实行关税与配额并用的措施，对配额内的产品征收正常关税，对配额外的商品则征收高关税。如活动物及其产品、新鲜蔬菜等。 【东盟内部零关税】根据东盟内部协议规定，菲律宾对东盟成员国全部的产品进口实行零关税。 【出口关税】菲律宾对以下出口商品征收关税，且关税税率均为20%。圆木、木材、饰面用薄板和胶合板、金属矿砂及其精矿、金、矿渣水泥、硅酸盐水泥、石油沥青、银、未加工的ABACA（一种产纤维的植物，产于菲律宾）、香蕉、椰子及椰子产品、菠萝及其成品、糖及糖制品、烟草、小虾和对虾。 【出口退税】《菲律宾关税和海关法》规定，用于从事对外贸易的产品（包括包装、标签等）出口时，对所用原材料进口时征收的关税将予以退还或给予税收抵免；用进口原材料生产或制造的产品，可退还不超过99%的已征关税或给予税收抵免。财政部根据海关总署的建议可发布对本法规定的商品实行部分退税的许可。退税将由海关总署在收到正确、完整的文件后60天内支付。

续表

国别	海关管理规定
柬埔寨	【管理制度】柬埔寨政府近年来不断改进海关管理制度，致力于实现简洁、高效、透明和可预测的海关管理。为简化海关程序，政府决定推行使用"海关一站式服务系统"，并计划在西哈努克港务兑港安装自动海关数据系统终端。 【关税税率】除天然橡胶、宝石、半成品或成品木材、海产品、沙石等5类产品外，一般出口货物不需缴纳关税。进口关税主要由四种汇率组成：7%、15%、35%和50%。所有货物在进入柬埔寨时均应缴纳进口税。在东盟自由贸易协定的共同有效关税体制下，从东盟其他成员国进口、满足原产地规则规定的产品可享受较低的关税税率。
老挝	【管理制度】老挝政府于1994年12月颁布实施《商品进出口管理法令》等法律法规，对海关管理及报关复核作了系列规定。其中《关税法》对进出口商品限制、禁止种类，纳税、报关、仓储、提货、出关、协定关税、优惠关税、减让关税和零关税等5种不同的税率作了相关规定。 【关税税率】老挝关税分自主关税、协定关税、优惠关税、减让关税、零关税等5种税率。2005年5月颁布实施《统一制度和进口关税商品目录条令》及有关关税调整通知等文件。详情可参看《统一制度和进口关税商品目录条令》。 【报关流程】货物进入仓库→过磅→做仓库临时报关单→报海关审核→报海关领导签字→打税单上税→海关检验货物→付仓库费→海关作记录、进关。 【报关所需材料】老挝计划投资部批文、企业投资许可证、企业申请报告、企业营业执照（复印件）、企业税务登记（复印件）和货物老挝清单（含数量、价格、重量、规格等）。
马来西亚	【管理制度】马来西亚关税有两种归类系统：一种用于东盟内部贸易，税则号为6位数字；另一种用于与其他国家贸易。国际贸易及工业部下属关税特别顾问委员会负责对关税进行评审，每年在政府预算中公布。 【关税水平】马来西亚关税99.3%是从价税，0.7%是从量税、混合税和选择税。世界贸易组织公布数据显示，马来西亚最惠国平均简单关税率为8.4%，农产品最惠国平均简单关税为8.8%，非农产品该税率为5.4%。2016年，马来西亚最惠国简单平均关税率为5.8%。 【金融管制】无论是马来西亚居民还是非居民，每次出入马来西亚所携行支票不得超过10000美元。无论是马来西亚居民还是非居民，非居民携带外币或旅行支票出境，不受限制；如需携带超过数额限制的现金或旅行支票出境，需事先向马来西亚国家银行取得书面许可。

续表

国别	海关管理规定
缅甸	【管理规章】《缅甸海关进出口程序》（1991年）对禁止进出口的物品做了详细规定，《缅甸海关计征制度及通关程序》对进出口关税、通关程序做了详细规定。与海关管理相关的法规还有：《海洋关税法》（1978年）、《陆地海关法》（1924年）、《关税法》（1953年）、《国家治安建设委员会1989年第4号令》（1990年）、《商业税法》（1990年）、《进出口管制暂行条例》（1947年）和《外汇管制法》（1974年）。 【海关申报】所有进出口商品，不管其是否免税都应按照规定的表格填写申报，进口要填进口报关单，出口要填关运单。所有申请的商品都要按照表格逐项如实填写，如数量、价值、重量、尺寸、品质等。进口商品要填写商品国家的原产地，出口商品则要填写清运达目的地。必须在指定的进出境口岸的海关进行申报。 【关税】应税进口商品入境前，须支付关税；同样，应税出口商品离境前也须支付关税。应税的进口商品所交关税有三种：进口商品税、商品税、执照费。 （1）进口商品税。不同的商品所交的关税税率有所不同。缅甸海关关税税率表中对此有详细规定。 （2）商业税。1990年的商业税法中有详细规定。 （3）执照费。按照每件商品到岸价的5%征收执照费，与私人和个人使用所征详细规定。 （4）出口税。出口商品的关税税率，在缅甸海关关税表第二栏有详细规定，适用于正规贸易。 涉及物资进出口的企业与个体工商户可从海关处购买关税，适用《缅甸海关关税税率手册》。 【关税减免】各种部分或全部减免关税的商品，财政部和税务部于1961年9月15日已签发了370号通知，通知中有明确规定，并有相应的限制和条件。 目前，中国海关与缅甸海关正在推动输华产品零关税待遇，若此项协议达成，缅甸97%的输华产品将享受零关税待遇。目前，缅甸95%的输华产品享受零关税待遇。
泰国	【管理制度】《海关法》是泰国实施海关管理的根本法律制度。目前，泰国海关进出口商品代码和关税管理体系是根据1987年修订的《海关关税法令》制定的。泰国政府根据管理需要会对商品代码分类和海关关税进行不定期调整，有关法令和公告可在泰国海关厅网站上查询。 【关税】在泰国，大部分进口商品都需要缴纳两部分税。一是海关税，二是增值税（VAT）。关税计税方法一般为按价计税，也有部分商品按照特定单位税率的方式征税。一般情况下，进口商品关税额计算公式为按该项商品到岸价（CIF）乘以该项商品需缴纳关税和消费税（部分商品需缴纳）后的进口税率，绝大部分商品的进口关税在0~80%之间；增值税的计算公式为进口商品缴纳关税和消费税（部分商品需缴纳）后的总价值乘以7%。

续表

国别	海关管理规定
文莱	【管理制度】2006年新《海关条例》对特别关税、关税返还、处罚方式等做了规定。2017年3月16日，文莱财政部正式发布《2012年海关进口税和消费税修正法案》修正法案。该法案旨在通过对部分进口关税和消费税的调整，改变民众的消费习惯，提高民众的安全、健康、幸福指数。其中包括大幅降低汽车零配件、新轮胎进口关税，以减轻民众养车成本并提高汽车安全性；对含高量糖份、味精的食品饮料新征收消费税，同时调高塑料商品的消费税。引导民众选择更加健康的生活方式。该修正案已于2017年4月1日正式实施。 【关税税率】文莱总体关税税率很低，对极少税商品如香烟等商品的进口关税略高于对东盟成员国的关税。自2010年自贸区正式启动以来，文莱对中国商品的进口关税逐年下降，部分非敏感产品关税在2012年已至0。一般敏感产品关税已降至20%以下。
新加坡	【管理制度】新加坡海关管理的主要法律法规包括《海关法》、《货物和服务税收条例》、《进出口管理条例》、《自由贸易区条例》、《战略物品管制法》、《禁止化学物品法》等。 【关税税率】新加坡《海关法》规定，进口商品分为应税货物和非应税货物两种。应税货物包括石油、酒类、烟类和机动车辆等4大类商品，非应税货物为上述4大类商品之外的所有商品。应税货物进口到新加坡都要征收7%的消费税，应税货物除征收消费税外，还需征收国内货物税和关税。 根据2008年10月中新签署的《自由贸易协议》，新加坡对从中国进口的应税货物税率给予了优惠安排。根据协定，新加坡已于2009年1月1日起取消全部自中国进口商品关税；中国也于2010年1月1日前对97.1%的自新加坡进口产品实现零关税。
印度尼西亚	【管理制度】印尼关税制度的基本法律是1973年颁布的《海关法》和经济管制。现行的进口关税率由印尼财政部于1988年制定。自1988年起，财政部每年以部长令的方式发布一揽子"放松工业和经济管制"计划。现行的进口关税率由印尼财政部下属的关税总局。为促进进出口贸易，改善投资环境，印尼关税制度的执行机构每周7日每日24小时的海关和港口服务。印尼财政部关税2009年宣布，决定在部分港口推行和提供每周7日每日24小时的海关和港口服务。 【关税税率】根据世界贸易组织统计，印尼2009年简单平均约束关税维持在37.1%，简单平均最惠国适用关税率为6.8%，其中农产品为8.4%，非农产品为6.6%，基本与2008年持平。印尼对汽车、钢铁以及部分化学产品不征收零关税，并将大多数的关税约束在40%左右。根据印尼《2009—2012年协定关税表》，印尼对绝大多数的中国进口产品实行零关税。2010年，印尼将草药、化妆品和节能灯列为特种进口品，到目前为止，已有41种产品被列在该清单内。这些产品只能通过印尼国内5个码头进口，即槟榔屿的勿老湾、雅加达的丹绒布绿、三宝垄的丹戎埃玛斯、泗水的丹绒贝拉克及棉兰的勿拉湾诺哈塔码头。其中，巴布亚的查雅布拉码头只为可能进口食品和饮料的码头。同时，提高4种香烟关税，将4种香烟关税平均提高6%，这4种烟草产品为机器卷白烟/白烟，机器卷白烟/白烟，手卷丁香烟/白烟，手卷和滤嘴丁香/白烟。

续表

国别	海关管理规定
印度尼西亚	2013年4月，世贸组织秘书处对印度尼西亚做出第六次贸易政策审议报告。印尼的关税税率从2006年至2012年有所下降。印度尼西亚的简单平均最惠国适用关税税率从9.5%降到7.8%；农产品的简单平均最惠国适用关税税率从11.4%降到9.5%；非农产品的简单平均最惠国适用关税税率从9.5%降到7.5%。印尼对属于非基本需求的国内生产和进口的产品征收奢侈品税，该税在进口环节根据海关估价加上进口关税征收。2012年该奢侈税的收入占印尼总税收收入的1.7%。出口环节对属于基本需求的国内生产和进口的产品免征此类税。2012年该奢侈税的收入占印尼总税收收入的1.7%。 根据《中国—东盟全面经济合作框架协议货物贸易协议》，中国和印尼逐步削减货物贸易关税水平。中国—东盟自贸区在2010年初建成后，中国和印尼90%以上的进出口产品实现零关税。 【贸易限制政策】2012年以来，印尼贸易部、工业部、农业部等相继发布了一系列限制进出口贸易的政策值得关注。（1）出口限制。印尼政府2012年5月施行关于提炼和加工原矿产品出口值和税率的第7号条例，对65种矿产品出口加征20%出口税并实行了其他限制措施，并再次明确在2014年禁止原矿产品出口，鼓励外国投资者在境内从事精炼加工活动。从2014年1月12日起印尼政府将禁止矿产公司出口矿产石矿产品，届时矿产公司将会被要求在境内从事精炼加工的方式进口的条例。（2）进口禁令。2012年5月，印尼政府颁布了2012年第30号关于进一步规范蔬果进口的条例，将进口上述产品规定的8个航空运港和海运港缩减至4个，6月初开始对进口新鲜蔬果采取贸易保护措施，并要求更多种类的产品应符合印尼强制性国家标准的要求，且生产商需持有SNI标志，并对出口商增设限制。（3）技术性贸易壁垒。由于印尼SNI认证流程复杂，所需资料繁多，且认证周期较长，对贸易带来不必要的障碍。印尼相继发布了关于幼儿婴幼儿玩具及纺织服装的技术贸易壁垒，否则不能进入印尼市场。
越南	越南现行关税制度包括4种税率：普通税率、最惠国关税率、东盟自由贸易区税率及中国—东盟自由贸易区优惠税率。普通税率比最惠国关税率高50%，适用于未与越南建立正常贸易关系国家的进口产品。原产于中国的商品享受中国—东盟自贸区优惠税率。根据中国—东盟货物贸易协议，越南2018年前对90%的商品实现零关税，2020年前对其余商品削减5%~50%的关税。中国2011年实现95%的商品零关税，2018年对其余商品削减5%~50%关税。申报中国—东盟自贸区优惠关税应满足原产地规则和直接运输规则。根据东盟规定，2018年起，越南与东盟成员国之间汽车、摩托车、食品等多数商品将实现零关税。

资料来源：对外投资合作国别（地区）指南

二　外资法规

进入20世纪80年代后，全球经济出现了新的产业结构调整，发达工业国把部分资本密集型产业、甚至部分高科技产业如电子、精密仪器仪表等，在对外直接投资的带动下，向政局稳定、经济增长较快的发展中国家转移，而自己则把发展重点放在由于科技革命取得重大进展而勃兴的新领域。在这次机遇面前，因积极吸引外资而大获其力的新加坡、泰国等东盟国家多次修改外资法，进一步放宽对外国投资限制，更热情地接受外资，原来闭关锁国的缅甸和对外经济主要依靠苏联的中南半岛各国也观念大变、打开国门、制定政策、欢迎外资。吸引和利用外资作为发展本国经济的重要手段，已成为东南亚国家的共识。本章将阐述东南亚十一国外资法规相关内容。

（一）投资主管部门

东南亚十一国都设立有独立的投资主管部门，但由于外国直接投资会涉及外汇、贸易、垄断等相关经济活动，管理投资的部门相对较多。如印度尼西亚的投资主管部门涉及投资协调委员会、财政部、能矿部三个部门，分管不同领域的投资活动。

表5-6　东南亚十一国投资主管部门

国家名称	投资主管部门	主要职能
东帝汶	东帝汶贸易投资局（TradeInvest Timor-Lest）	支持和鼓励来东帝汶的潜在投资者，帮助外国公司对东帝汶出现的商机予以引导并建立项目，提供一站式服务
菲律宾	贸工部下设的投资署（BOI）	负责投资政策实施和协调、促进投资便利化
柬埔寨	柬埔寨发展理事会	该机构负责对全部重建、发展工作和投资项目活动进行评估和决策，批准投资人注册申请的合格投资项目，并颁发最终注册证书
老挝	老挝工贸部、计划投资部	分别负责外国投资中的一般投资、特许经营投资和经济特区投资
马来西亚	1.制造业领域投资：马来西亚投资发展局 2.其他行业投资：马来西亚总理府经济计划署（EPU）及国内贸易、合作与消费者事务部（MDTCC）等有关政府部门	1.制定工业发展规划；促进制造业和相关服务业领域的国内外投资；审批制造业执照、外籍员工职位以及企业税务优惠；协助企业落实和执行投资项目 2. EPU负责审批涉及外资与土著（Bumiputra）持股比例变化的投资申请，而其他相关政府部门则负责业务有关事宜的审批

国家名称	投资主管部门	主要职能
缅甸	缅甸投资委员会（Myanmar Investment Commission）	根据《缅甸投资法》的规定，投资委对申报项目的资信情况、项目核算、工业技术等进行审批、核准并颁发项目许可证，在项目实施过程中提供必要帮助、监督和指导，同时也受理许可证协定时限的延长、缩短或变更的申请等
泰国	泰国投资促进委员会（BOI）	负责根据1977年颁布的《投资促进法（Investment Promotion Act）》及1991年第二次修正和2001年第三次修正的版本制定投资政策。投资促进委员会办公室具体负责审核和批准享受泰国投资优惠政策的项目、提供投资咨询和服务等
文莱	1. "利用外资及下游产业投资指导委员会"及其常设办事机构"外资行动与支持中心"（FAST）； 2. "达鲁萨兰企业"（DARe）； 3.文莱经济发展局（BEDB）。	1.负责外资项目审批及协调落实工作； 2.负责提供外资项目用地及落地后的管理服务工作； 3.负责对外招商引资
新加坡	经济发展局（EDB）	专门负责吸引外资的机构，具体制订和实施各种吸引外资的优惠政策并提供高效的行政服务
印度尼西亚	投资协调委员会、财政部、能矿部。	他们的职责分工是：印尼投资协调委员会负责促进外商投资，管理工业及服务部门的投资活动，但不包括金融服务部门；财政部负责管理包括银行和保险部门在内的金融服务投资活动；能矿部负责批准能源项目，而与矿业有关的项目则由能矿部的下属机构负责
越南	计划投资部	主要负责对全国"计划和投资"的管理，为制定全国经济社会发展规划和经济管理政策提供综合参考，负责管理国内外投资，负责管理工业区和出口加工区建设，牵头管理对官方发展援助（ODA）的使用，负责管理部分项目的招投标、各个经济区、企业的成立和发展、集体经济和合作社及部分统计职责等

资料来源：本文作者整理

（二）主要外资法规

东南亚十一国主要外资法规如下：

表5-7　东南亚十一国主要外资法规

国别	主要相关法律
东帝汶	东帝汶与投资合作相关的主要法律有《外商投资程序管理条例》、《石油法》、《私有投资法》、《经济发展促进机构》、《商业企业法》、《外商投资程序管理条例》、《商业注册法》、《税法》等。
菲律宾	菲律宾外国投资政策的主要依据是《1987外国投资法》和《1991年共和国法》。在此基础上，菲律宾国家投资署每年公布一项旨在鼓励国内外投资的"投资优先计划（IPP）"及其优惠待遇，单独管理各类经济区、出口加工区和保税区的国内外投资。
柬埔寨	柬埔寨无专门的外商投资法，对外资与内资基本给予同等待遇，其政策主要体现在《投资法》及其修正法等相关法律规定中。此外，关于公司设立及运作的《商业管理与商业注册法》，关于合同的订立及履行的《商业合同法》也同样适用于外商投资。
老挝	《关于促进和管理外国在老挝人民民主共和国投资法》及其实施细为外商在老挝投资所依据的主要法律。
马来西亚	马来西亚没有专门针对外商投资的法律法规，也无类似我国的《外商投资产业指导目录》等规定，对于外商投资项目散见于不同的行业/产业规定。
缅甸	《外国投资法》及其实施细则为外商在缅甸投资所依据的主要法律。
泰国	《投资促进法》（1977年）和《外商经营企业法》（1999）为外商在泰国投资所依据的主要法律。
文莱	文莱没有专门的外商投资法律法规，外商投资主要依据《投资促进法》（2001）和《公司法》（1957），前者系关于投资产业及产品认定、税收减免、企业贷款等投资领域的规定，后者系关于公司注册，两项法律既适用于境内实体，也适用于外商投资。
新加坡	外商在新加坡投资所依据的主要法律为：企业注册法、公司法、合伙企业法、合同法、国内货物买卖法、进出口管理法、竞争法等。
印度尼西亚	外商在泰国投资所依据的主要法律为：《关于禁止和限制投资领域的条例》（2010年第36号总统令）、《关于在特定行业和特定地区实行所得税优惠的规定》（2007第1号政府条例）、《投资法》（2007年第25号）。
越南	外商在越南投资所依据的主要法律为：民法、投资法、海关法、竞争法、企业法、证券法、企业所得税法。

资料来源：本文作者整理

(三)外资准入领域

东南亚十一国对于外商投资采取积极和开放的政策，政府大多会制定吸引外资的政策来促进当地出口、增加就业以及帮助本国经济转型升级。东道国鼓励政策主要是指能够吸引外国企业前来投资的各项政策措施。吸引外国投资的鼓励政策大体分为财政优惠政策、金融鼓励措施和其他鼓励措施三大类。一般来说，东南亚十一国倾向于使用财政优惠政策，通过税收减免、关税优惠等措施鼓励外国直接投资。东南亚十一国通常会通过明确的清单目录告诉外国投资者哪些行业鼓励外国直接投资，鼓励措施是什么。还有一些国家，不仅有针对行业的鼓励投资措施，还有针对当地个别地区的鼓励措施。如果外国直接投资能够带动当地中小企业的发展、促进当地民众就业，一些东道国也会鼓励这样的投资。东南亚十一国在国防和国家安全具有战略性意义行业对外国投资者都有或多或少的限制，也会对本国一些产业进行投资保护。从发展情况来看，各国都在逐步对外资开放部分领域。

东帝汶

【鼓励投资领域】东帝汶鼓励外商投资于基础经济领域和商品进出口，对投资于部分农村地区、欧库西（Oecussi）和阿陶罗（Atauro）等地区的投资者给予时间长短不一的免税待遇，包括免除进口关税待遇。但外国投资若要获得上述投资激励，最低投资须在150万美元以上，其中现金投入部分要占50%以上。

【限制/禁止投资领域】根据规定，外国投资者可投资于除邮政服务、公共通信、受保护的自然保护区、武器生产与销售等由国家控制的领域以及法律禁止的其他活动（如犯罪活动和不道德的活动）以外的任何领域。

东帝汶总理府

菲律宾

【鼓励投资领域】对于鼓励投资领域，菲律宾政府每年制定一个《投资优先计划》，列出政府鼓励投资的领域和可以享受的优惠条件，引导内外资向国家指定行业投资。优惠条件包括减免所得税、免除进口设备及零部件的进口关税、免除进口码头税、免除出口税费等财政优惠，以及无限制使用托运设备、简化进出口通关程序等非财政优惠。

2017年3月，菲律宾政府批准了由菲律宾投资署制定的《2017–2019年投资优先计划》（IPP），该计划与杜特尔特的经济社会发展十点计划和国家工业综合战略相一致。计划中所列项目将获得所得税减免等税收优惠政策。计划中所列的优先经济活动包括农产品加工业、农业和渔业；战略性服务业；基础设施和物流（包括由地方政府部门参与的PPP项目）；包容性商业模式；与环境或气候变化有关的项目。除制造业以外，基础设施项目、电力和能源等也是投资热点。

【限制投资领域】菲律宾政府每两年更新一次限制外资项目清单，迄今仍沿用2012年由前总统阿基诺三世签署的第九版。其中规定，11种行业不允许外资进入，部分领域外国人权益不得超过25%，绝大多数领域外国人权益不得超过40%。

柬埔寨

柬埔寨政府视外国直接投资为经济发展的主要动力。柬埔寨无专门的外商投资法，对外资与内资基本给予同等待遇，其政策主要体现在《投资法》及其《修正法》等相关法律规定中。

【鼓励投资领域】柬埔寨政府鼓励投资的重点领域包括：创新和高科技产业；创造就业机会；出口导向型；旅游业；农工业及加工业；基础设施及能源；各省及农村发展；环境保护；在依法设立的特别开发区投资。投资优惠包括免征全部或部分关税和赋税。

【限制投资领域】外商在柬投资，用于投资活动的土地，其所有权须由柬埔寨籍自然人或柬埔寨籍自然人或法人直接持有51%以上股份的法人所有；允许外商以特许、无限期长期租赁和可续期短期租赁等方式使用土地；外商有权拥有地上的不动产和私人财产，并以之作为抵押品。

【禁止投资领域】《投资法修正法实施细则》（2005年9月27日颁布）列出了禁止柬埔寨和外籍实体从事的投资活动，包括：神经及麻醉物质生产及加工；使用国际规则或世界卫生组织禁止使用、影响公众健康及环境的化学物质生产有毒化学品、农药、杀虫剂及其他产品；使用外国进口废料加工发电；森林法禁止的森林开发业务；法律禁止的其他投资活动。

老挝

老挝国家主席在2016年11月的国民议会上颁布了新修订的《投资促进法》。修改后的法案共有12部分，109个条款。新的法规旨在为投资者扩大特许权范围，最大限度刺激老挝的投资效益。

【鼓励投资领域】出口商品生产；农林、农林加工和手工业；加工、使用先进工艺和技术、研究科学和发展、生态环境和生物保护；人力资源开发、劳动者素质提高、医疗保健；基础设施建设；重要工业用原料及设备生产；旅游及过境服务。

【禁止投资领域】各种武器的生产和销售；各种毒品的种植、加工及销售；兴奋剂的生产及销售（由卫生部专门规定）；生产及销售腐蚀、破坏良好民族风俗习惯的文化用品；生产及销售对人类和环境有危害的化学品和工业废料；色情服务；为外国人提供导游。

【政府专控领域】石油、能源、自来水、邮电和交通、原木及木材制品、矿藏及矿产、化学品、粮食、药品、食用酒、烟草、建材、交通工具、文化制品、贵重金属和教育。

马来西亚

马来西亚的投资项目及对于外商投资的专门政策，具体如下：

【鼓励投资领域】马来西亚政府鼓励外国投资进入其出口导向型的生产企业和高科技领域，可享受优惠政策的行业主要包括：农业生产、农产品加工、橡胶制品、石油化工、医药、木材、纸浆制品、纺织、钢铁、有色金属、机械设备及零部件、电子电器、医疗器械、科学测量仪器制造、塑料制品、防护设备仪器、可再生能源、研发、食品加工、冷链设备、酒店旅游及其他与制造业相关的服务业等。在制造业领域，从2003年6月开始，外商投资者投资新项目可以持有100%的股权。

【新开放领域】2009年4月，马来西亚政府为了进一步吸引外资，刺激本国经济发展，开放了八个服务业领域的27个分支行业，允许外商独资，不设股权限制，包括：

（1）计算机相关服务领域：电脑硬件咨询；软件应用（包括软件系统

咨询、系统分析、系统设计、电脑程序、系统维护）；资料处理（包括资料输入、资料处理与制表、共享服务等）；数据库服务；电脑维修服务；其他（包括资料准备、训练、资料修复、内容开发等）。

（2）保健与社会服务领域：兽医；老人院及残疾中心；孤儿院；育儿服务（包括残疾儿童中心）；为残疾人士提供的职业培训。

（3）旅游服务领域：主题公园；会展中心（超过5000个座位）；旅行社（仅限国内旅游部分）；酒店与餐馆（仅限4星级及5星级酒店）；食品（仅限4星级及5星级酒店）；饮品（仅限4星级及5星级酒店）。

（4）运输服务领域：C级交通运输（私营运输执照——仅限自用货物运输）。

（5）体育及休闲服务领域：体育服务（体育赛事承办与促销）。

（6）商业服务领域：区域分销中心；国际采购中心；科学检验与分析服务（包括成分与纯度化验分析、固体物检验分析、机械与电子系统检验分析、科技监督等）；管理咨询服务［包括常规服务、金融（商业税收除外）、市场、人力资源、产品与公关等］。

（7）租赁服务领域：船只租赁（不包括沿海及岸外贸易）；国际货轮租赁（光船租赁）。

（8）运输救援服务领域：海事机构；船只救护。

为了进一步刺激外资流入，马来西亚政府在2012年逐步开放17个服务业分支行业的外资股权限制，包括：电讯领域的服务供应商执照申请、电讯领域的网络设备供应与网络服务供应商执照申请、快递服务、私立大学、国际学校、技工及职业学校、特殊技术与职业教育、技能培训、私立医院、独立医疗门诊、独立牙医门诊、百货商场与专卖店、焚化服务、会计与税务服务、建筑业、工程服务以及法律服务。

【限制投资领域】外商投资下述行业会在股权方面受到严格限制：金融、保险、法律服务、电信、直销及分销等。

银行业：（除伊斯兰教金融外）外资在投资银行股份不得超过49%，商业银行不得超过30%。

保险业：（除伊斯兰教金融外）外资股份超过49%时，必须政府批准；现有的合资保险公司的外资股份经批准后允许提高到51%，但是新进入的外资公司只能与本地保险公司合作，且股权不能超过30%。

基础电信业：外资在固定电话业务和增值业务方面的股份不得超过30%。

法律服务：外资在律师事务所的股份不得超过30%。

房地产业：外资在房地产开发企业的股份不得超过30%。

直销业：直销公司必须要包含30%的马来人股份。

缅甸

【鼓励投资领域】2017年6月，缅甸投资委员会公布了鼓励投资的10个行业，欢迎国内及外国投资者在这些领域投资，缅甸投资委及地方政府部门将对投资者提供必要协助。这10个领域包括：（1）农业及相关服务行业，包括农产品加工业；（2）畜牧业及渔业养殖；（3）有助于增加出口的行业；（4）进口替代行业；（5）电力行业；（6）物流行业；（7）教育服务；（8）健康产业；（9）廉价房建设；（10）工业园区建设。

【限制投资领域】根据《缅甸投资法》有关规定，缅甸投资委将制定并及时修订限制投资的行业。2017年4月发布的限制投资行业分为四类：只允许国营的行业、禁止外商经营的行业、外商只能与本地企业合资经营的行业、必须经相关部门批准才能经营的行业。

【禁止投资领域】《缅甸投资法》禁止对以下项目进行投资：

（1）可能带入或导致危险或有毒废弃物进入联邦的投资项目；

（2）除以研发为目的的投资外，可能带入境外处于试验阶段或未取得使用、种植和培育批准的技术、药物和动植物的投资项目；

（3）可能影响国内民族地方传统文化和习俗的投资项目；

（4）可能危及公众的投资项目；

（5）可能对自然环境和生态系统带来重大影响的投资项目；

（6）现行法律禁止的产品制造或服务相关项目。

泰国

【鼓励投资领域】泰国投资促进委员会（BOI）将鼓励投资的行业分为七大类：农业及农产品加工业，矿业、陶瓷及基础金属工业，轻工业，金属产品，机械设备和运输工具制造业，电子与电气工业，化工产品，塑料及造纸业，服务业及公用事业等。

每个大类下还细分为许多小类，BOI对一些重点鼓励投资的行业都规定了特别的优惠条件，如经济树木种植（不包括桉树）、研发、软件开发、生物科技、互联网云服务、创意产品及电子产品的开发设计、替代能源、工程设计、产品和包装设计、高等技术培训及专业培训机构等都属于特别重视的项目。

【限制投资领域】根据《外籍人经商法》（1999）有关规定，泰国限制外国人投资的行业有以下3类：

因特殊理由禁止外国人投资的业务。包括：报业、广播电台、电视台；种稻、旱地种植、果园种植；牧业；林业、原木加工；在泰国领海、泰国经济特区的捕鱼；泰国药材炮制；涉及泰国古董或具有历史价值之文物的经营和拍卖；佛像、钵盂制作或铸造；土地交易等。

须经商业部长批准的项目。包括：涉及国家安全稳定或对艺术文化、风俗习惯、民间手工业、自然资源、生态环境造成不良影响的投资业务，须经商业部长根据内阁的决定批准后外国投资者方可从事的行业：（1）涉及国家安全稳定的投资业务；（2）对艺术文化、风俗习惯、民间手工业、自然资料、生态环境造成不良影响的投资业务；（3）对自然资源、生态环境造成不良影响的投资业务。

本国人对外国人未具竞争能力的投资业务。须经商业部商业注册厅长根据外籍人经商营业委员会决定批准后可以从事的行业：碾米业、米粉和其他植物粉加工；水产养殖业；营造林木的开发与经营；胶合板、饰面板、刨木板、硬木板制造；石灰生产；会计、法律、建筑、工程服务业；工程建设。

文莱

【鼓励投资领域】包括化工、制药、制铝、建筑材料及金融业等行业。2001投资促进法将部分产业纳入先锋行业，投资享受税收优惠，以吸引外来投资。申请先锋产业资格需满足以下条件：（1）符合公众利益；（2）该产业在文莱未达到饱和程度；（3）具有良好的发展前景，产品应具有该产业的领先性。

新加坡

【鼓励投资领域】根据新加坡政府公布的2010年长期战略发展计划，电子、石化、生命科学、工程、物流、教育、通信及媒体、医疗中心等9个产业部门为其策略发展产业，系奖励投资产业类别。另外，信息通信21计划及基因工程计划也将信息通信及遗传因子相关产业列入投资奖励对象。

【限制/禁止投资领域】（1）兵器制造；（2）公共事业（水电、瓦斯等）、新闻、广播业、金融及部分制造业必须先取得主管机关投资许可，如金融须经金融管理局(MAS)许可；（3）部分制造业（爆竹、钢材、啤酒、光盘、香烟等）须经新加坡经济发展局 (EDB) 的许可。

印度尼西亚

【鼓励、限制、禁止投资的领域】根据2007年第25号《投资法》，国内外投资者可自由投资任何营业部门，除非已为法令所限制与禁止。法令限制与禁止投资的部门包括生产武器、火药、爆炸工具与战争设备的部门。另外，根据该法规定，基于健康、道德、文化、环境、国家安全和其他国家利益的标准，政府可依据总统令对国内与国外投资者规定禁止行业。相关禁止行业或有条件开放行业的标准及必要条件，均由总统令确定。

2007年7月4日，印尼颁布第25号《投资法》的衍生规定，即《2007年关于有条件的封闭式和开放式投资行业的标准与条件的第76号总统决定》和《2007年关于有条件的封闭式和开放式行业名单的第77号总统决定》。根据这两个决定，25个行业被宣布为禁止投资行业，仅能由政府从事经营。禁止投资的行业包括：毒品种植交易业、受保护鱼类捕捞业、以珊瑚或珊瑚礁制造建筑材料，含酒精饮料工业、水银氯碱业、污染环境的化学工业、生化武器工业，机动车型号和定期检验、海运通讯或支持设施、舰载交通通讯系统、空中导航服务、无线电与卫星轨道电波指挥系统、地磅站，公立博物馆、历史文化遗产和古迹、纪念碑以及赌博业。

此外，外国投资者可投资绝大部分营业部门。依照印尼《投资法》的规定，外国直接投资可以设立独资企业，但须参照《禁止类、限制类投资产业目录》规定，属于没有被该《目录》禁止或限制外资持股比例的行业。外国投资者也可在规定范围内与印尼的个人、公司成立合资企业，还可通过公开市场操作，购买上市公司的股票，但受到投资法律关于对外资开放行业相关规定的限制。该目录在2016年5月进行了调整，对外资开放了更多行业。

越南

【鼓励投资领域】

（1）新材料、新能源的生产；高科技产品的生产；生物技术；信息技术；机械制造；配套工业。

（2）种、养及加工农林水产；制盐；培育新的植物和畜禽种子。

（3）应用高科技、现代技术；保护生态环境；高科技研发与培育。

（4）使用5000人以上劳动密集型产业。

（5）工业区、出口加工区、高新技术区、经济区及由政府总理批准重要项目的基础设施建设。

（6）发展教育、培训、医疗、体育和民族文化事业的项目。

（7）发展民间传统手工业。

（8）其他需鼓励的生产和服务项目：25%以上的纯利润用于研究与发展。

【限制投资领域】

（1）对国防、国家安全、社会秩序有影响的项目；

（2）财政、金融项目；

（3）影响大众健康的项目；

（4）文化、通信、报纸、出版等项目；

（5）娱乐项目；

（6）房地产项目；

（7）自然资源的考察、寻找、勘探、开采及生态环境项目；

（8）教育和培训项目，法律规定的其他项目。

【禁止投资领域】

（1）危害国防、国家安全和公共利益的项目；

（2）危害越南文化历史以及道德和风俗的项目；

（3）危害人民身体健康、破坏资源和环境的项目；

（4）处理从国外输入越南的有毒废弃物、生产有毒化学品或使用国际条约禁用毒素的项目。

（四）投资方式的规定

东南亚十一国允许外资以合资或独资方式设立公司、工厂或开设办事处（无经营权限）。在允许和鼓励投资的行业，各国对外国公司实施平等保护，外国公司普遍能够享受国民待遇。如果外国投资涉及到生产产品的垄断问题，还会受到当地反垄断法律法规的限制。外国投资者并购本国企业，还会受到相关部门的并购审查或登记。

东帝汶

无论是本土公司还是外商投资公司，均可以普通合伙、有限合伙、有限责任或股份公司形式存在。外国企业也可以注册成立本土分支机构。东帝汶政府鼓励外资与当地人合资（不是硬性规定），但大部分外国人在东帝汶都采用独资方式。政府对外国人在东帝汶建设开发区、出口加工区或工业园区暂无特殊规定，也暂无有关外资并购安全审查、国有企业投资并购、反垄断、经营者集中审查等方面的法律；外资收并购的主要手续及操作流程，当地无此类咨询的专业机构。

菲律宾

【股权限制】对于绝大多数公司，菲律宾公民须拥有至少60%的股份以及表决权，不少于60%的董事会成员是菲律宾公民。如果公司不能满足上述关于菲律宾公民所占比例的要求，则必须满足以下条件：

（1）经投资署批准，属于先进项目，菲律宾公民无法承担，且至少70%的产品用于出口。

（2）从注册之日起30年内，必须成为菲律宾本国企业，但是产品100%出口的公司无须满足该要求。

（3）公司涉及的先进项目领域不属于宪法或其他法律规定应由菲律宾公民所有或控制的领域。

马尼拉中菲友谊门

【跨国并购】菲律宾关于并购等商业行为有一系列法律法规，其中《公司法》对并购的手续和流程进行了相关规定，《反垄断和限制贸易的合并法》（Republic Act 3247）明确了由于并购等行为造成的垄断或贸易阻碍的情形及相关处罚措施。

如无法律明文禁止，外资企业可按菲律宾国内企业收并购流程并购菲律宾企业，具体做法如下：

（1）首先由双方董事会各自通过并购方案，并至少在专门召开的股东或成员大会两周前提交方案。股东大会上，2/3以上股权票或2/3以上成员票赞成即为方案通过（并购方案如需修改，亦须在股东大会上获得相同比例的赞成票）。

（2）方案获股东大会通过后，合并双方总裁或副总裁在注明合并方案、投票情况的合并书上签字，由董事会秘书或秘书助理认证后，提交至证券交易委员会（SEC）批准（如合并涉及银行、银行业金融机构、信托公司、保险公司、公用事业、教育机构或其他由特别法律规范的特别行业，需先由相关政府机构出具推荐函）。

（3）SEC认定并购行为不与《公司法》或其他相关法律抵触后，出具并购许可，并购行为自此生效。

柬埔寨

【外国直接投资】在柬埔寨进行投资活动比较宽松，不受国籍限制（土地法有关土地产权的规定除外）。除禁止或限制外国人介入的领域外，外国投资人可以个人、合伙、公司等商业组织形式在商业部注册并取得相关营业许可，即可自由实施投资项目。但拟享受投资优惠的项目，需向柬埔寨发展理事会申请投资注册并获得最终注册证书后方可实施。获投资许可的投资项目称为"合格投资项目"。

【合资企业】合格投资项目可以合资企业形式设立。合资企业可由柬埔寨实体、柬埔寨及外籍实体或外籍实体组成。王国政府机构亦可作为合资方。股东国籍或持股比例不受限制，但合资企业拥有或拟拥有柬埔寨王国土地或土地权益的除外。在此情况下，非柬埔寨籍实体的自然人或法人合计最高持股比例不得超过49%。

【合格投资项目合并】两个或以上投资人，或投资人与其他自然人或法人约定合并组成新实体，且新实体拟实施投资人合格投资项目，并享受合格投资项目最终注册证书规定投资优惠及投资保障的，新实体需向投资委员会书面申请注册为投资人，并申请将合格投资项目最终注册证书转让新实体。

【收购合格投资项目】投资人或其他自然人或法人收购合格投资项目所

有权，且拟享受合格投资项目最终注册证书规定投资优惠及投资保障的，应向投资委员会提出收购申请，将合格投资项目最终注册证书转让新实体。收购人为未注册自然人或法人的，需先申请注册为投资人。

投资人股份转让造成受让方取得投资人控制权的，投资人须向投资委员会提出转让申请，并提供受让人名称和地址。

老挝

外国投资者可以按照"协议联合经营"、与老挝投资者成立"混合企业"和"外国独资企业"等3种方式到老挝投资。

"协议联合经营"是指老挝投资法人与外方在不成立新法人的基础上联合经营。

"混合企业"是指由外国投资者和老挝投资者依照老挝法律成立、注册并共同经营、共同拥有所有权的企业。外国投资者所持股份不得低于注册资金的30%。

"外国独资企业"是指由外国投资者独立在老挝成立的企业，形式可以是新法人或者分公司。

矿产、水电行业为外资在老挝主要投资领域。资金来源地主要为周边国家。中国、越南、泰国分别为老挝前三大投资国。

马来西亚

【直接投资】外商可直接在马来西亚投资设立各类企业，开展业务。直接投资包括现金投入、设备入股、技术合作以及特许权等。

【跨国并购】马来西亚允许外资收购本地注册企业股份，并购当地企业。一般而言，在制造业、采矿业、超级多媒体地位公司、伊斯兰银行等领域，以及鼓励外商投资的五大经济发展走廊，外资可获得100%股份；马来西亚政府还先后撤销了27个服务业分支领域和上市公司30%的股权配额限制，进一步开放了服务业和金融业。

外资在马来西亚开展并购，不同领域由相关政府主管部门决定，例如制造业由贸工部批准，国内贸消部负责直销、零售批发业，国家银行及财政部负责金融业，包括银行、保险等，通讯及多媒体部负责电讯业。并购价值超过2000万令吉的，还需要经过经济计划署（EPU）批准。2012年实施的《竞争法令2010》是马来西亚维护公平竞争、防止垄断的法令，该法令由马来西亚竞争委员会执行，在马来西亚开展的相关并购活动也受该法律的制约。

【股权收购】马来西亚股票市场向外国投资者开放，允许外国企业或投资者收购本地企业上市，2009年，马来西亚政府宣布取消外资公司在马来西亚上市必须分配30%土著股权的限制，变为规定的25%公众认购的股份中，要求有50%分配给土著，即强制分配给土著的股份实际只有12.5%；此外，拥有多媒体超级走廊地位、生物科技公司地位以及主要在海外运营的公司可不受土著股权需占公众股份50%的限制。同时废除外资委员会（FIC）的审批权，拟在马上市的外资公司直接将申请递交给马来西亚证券委员会。

缅甸

【投资方式】2016年《缅甸投资法》将原有的《缅甸外国投资法》与《缅甸公民投资法》进行了合并。根据现行的缅甸土地相关法规，任何外国的个人和公司不得拥有土地，但可以长期租用土地用于其投资活动。新投资法规定，土地使用期限为50年并视情延长2个10年。

缅甸于2014年颁布《缅甸经济特区法》，2015年颁布《缅甸经济特区法细则》。缅甸资本市场并不完善，仅在仰光有一家证券交易市场，但根据规定，外商无法通过并购上市的方式进行投资。

为提高审批效率，加快审批进程，2017年缅甸投资委员会公布了10个优先批准的投资领域。此外，缅甸投资委员会设在各省邦的分支机构将有权审批投资额低于60亿缅币或500万美元的项目。

泰国

【股权投资】外籍人对泰国开展投资经营活动的方式可分为以下两类：一是按照泰国法律在泰国注册为某种法人实体，具体形式有独资企业、合伙企业、私人有限公司和大众有限公司等；二是成立合资公司，通常指一些自然人或法人根据协议为从事某项商业活动而组建的实体。根据泰国《民商法典》，合资公司不是法人实体，但是根据《税法典》，合资公司在缴纳企业所得税时被视为单一实体。

【上市】泰国法律规定，只有大众有限公司才有资格申请登记加入证券交易市场。根据1992年颁布的《大众有限公司法》的有关规定，有限公司可以转为大众有限公司。泰国没有关于外资公司在泰国上市的特殊限制，在泰国注册成立的大众有限公司，符合泰国证券交易委员会（SEC）和股票交易所（SET）的有关规定，即可申请上市。

【并购】泰国没有关于跨国并购的专门法律法规，规范收购行为的法律法规包括《民商法典》《大众有限公司法》和1992年颁布的《证券交易法》。收购行为通常有全资并购、股票收购和资产收购等三种方式。收购私人有限公司，须符合《民商法典》有关规定。而收购上市公司，必须符合《证券交易法》和泰国证券交易委员会的有关规定。

文莱

文莱对大部分行业外资企业投资没有明确的本地股份占比规定，对外国自然人投资亦无特殊限制，仅要求公司董事至少1人为当地居民。外资在文莱投资可成立私人有限公司、公众公司或办事处，但文莱本地小型工程一般仅向本地私人有限公司开放。

文莱经济以油气资源产业为支柱，其他产业尚不发达。因此，外国直接投资以绿地投资为主，外资并购案例极少，政府没有出台专门针对外资并购的法律法规，具体操作时应向有关主管部门充分咨询过户手续及审批期限。

新加坡

【投资方式限制】新加坡对外资进入新加坡的方式无限制。除银行、金融、保险、证券等特殊领域需向主管部门报备外，绝大多数产业领域对外资的股权比例等无限制性措施。

【个人投资】给予外资国民待遇，外国自然人依照法律，可申请设立独资企业或合伙企业。

【外资并购】外资进入新加坡的方式无限制。除银行、金融、保险、证券等特殊领域需向主管部门报备外，绝大多数产业领域对外资的股权比例等无限制性措施。

【投资方式】外国投资者可以通过以下形式在新加坡开展业务活动：

（1）公司；

（2）分公司；

（3）代表处；

（4）合伙；

（5）有限合伙；

（6）有限责任合伙；

（7）独资经营。

所有上述企业结构必须在会计与企业管制局（ACRA）注册，并符合以下要求：

（1）如果是公司，必须至少委任一名新加坡普通居民为董事；

（2）如果是分公司，必须至少委任一名新加坡普通居民为授权代表；

（3）如果是独资经营或合伙，当外国投资者一直居住在新加坡境外，必须至少委任一名新加坡普通居民为授权代表。

在新加坡法律下，没有禁止外国投资者在新加坡开展建筑项目的特别法规。但是，在建筑物管制法令下，未分别持有一般承建商许可证或特殊承建商许可证的人不得在新加坡开展一般或特殊建筑施工。在新加坡的建筑公司中，虽然对外国股权没有限制，但是一般承建商许可证或特殊承建商许可证的一个条件是申请许可证的公司必须在新加坡成立。

兼并和收购所有在新加坡成立、注册或开展业务的公司必须遵守合同法、公司法令及其附属法规的原则。此外，上市公司、商业信托及房地产投资信托（"REITs"）还必须遵守证券和期货法令及新加坡收购和兼并守则的相关规则，及其上市的相关证券交易所的规则，如新交所。当进行兼并和收购交易时，也应考虑竞争法令。该法令禁止意图或实际在新加坡防止、限制或扭曲竞争的协议、构成在新加坡任何市场滥用支配地位的行为以及导致或预期可能导致大幅度减少新加坡任何商品或服务市场竞争的并购。

通常，关于收购兼并的主要手续及操作流程，并没有固定的格式与要求。但是，在公司法令下进行的兼并和收购，如安排或合并方案应按照公司法令规定的程序进行。此外，守则也规定了涉及上市公司、商业信托和REITs的收购的某些程序。

建议企业在进行收购兼并之前，委托当地具有一定影响力和公信度的会计师事务所、律师事务所及相关的行业机构，例如环保部门等就收购兼并目标的财务、法律、行业合规性等进行尽职调查，矿业及资源类的企业应对矿业、资源的储量、拥有权、开采权等进行相应调查。

印度尼西亚

【合资企业】根据2007年第25号《投资法》及相关规定，在规定范围内，外国投资者可与印尼的个人、公司成立合资企业。

【独资企业】依照印尼《投资法》的规定，外国直接投资可以设立独资企业，但须参照《非鼓励投资目录》规定，属于没有被该《目录》禁止或限制外资持股比例的行业。

【外资并购】外国投资者可以通过公开市场操作，购买上市公司的股票，但受到投资法律关于对外资开放行业相关规定的限制。印尼市场中多数律师事务所和咨询公司提供此项服务。

越南

根据越南《投资法》，外国投资者可选择投资领域、投资形式、融资渠道、投资地点和规模、投资伙伴及投资项目活动期限。外国投资者可登记注册经营一个或多个行业；根据法律规定成立企业；自主决定已登记注册的投资经营活动。

【直接投资】直接投资方式包括：外商独资企业；成立与当地投资商合资的企业；按BOO、BOT、BTO和BT合同方式进行投资；通过购买股份或融资方式参与投资活动管理；通过合并、并购当地企业的方式投资；其他直接投资方式。

【间接投资】间接投资方式包括：购买股份、股票、债券和其他有价证券；通过证券投资基金进行投资；通过其他中介金融机构进行投资；通过对当地企业和个人的股份、股票、债券和其他有价证券进行买卖的方式投资。间接投资的手续根据证券法和其他相关法律的规定办理。从2015年9月份开始外资可以100%持有越南企业股份（银行业依旧维持30%的外资持股上限）。

【外资并购】根据越南总理2016年12月28日批准的第58/2016号决定，越南政府计划在2016-2020年间完成137家国有企业的股份制改革，包括银行、航空、通信、造船、汽车、电力、水泥、交通等重要行业，鼓励外商参与，允许外商购买股份和参与管理，仅保留103家国有全资企业（未包括农林业、国防、安全等领域企业）。外商可通过购买上市企业的股票，或购买股份制企业的股权等方式进行并购。

外资并购登记材料包括：企业并购书面申请（含并购及被并企业的名称、地址及法人代表信息、企业并购活动简况）、被并购企业董事会及企业所有者关于出售企业的决定、并购合同、合并后企业的规章草案、外资法律资格的确认书。提交上述材料一式两份，办理手续者需提供介绍信或居民身份证、护照，越南主管职能部门确认材料合规后，将在15个工作日内予以反馈。

三 劳工法规

外籍劳动力进入东南亚十一国工作都有限制，大多数国家需要在本国就业与外国劳动力之间做出平衡。各国在外籍劳动力就业政策上大多采取一个分化的态度，即限制低端劳动力就业同时鼓励高技能以及高级管理人员来当地就业。各国对普通劳务需求呈下降趋势，高技术劳务需求普遍提高。各国在劳务市场向高层次方向发展，同时一些国家又出现底层岗位的大量空缺和第三产业服务型劳务的迅速增长。

（一）各国劳工法相关内容

东帝汶

东帝汶现行的《劳动法》由东帝汶过渡政府制定并于2002年5月1日颁布。2011年12月20日国民议会通过新版《劳动法》并于2012年2月2日由时任总统奥尔塔颁布。

【最低工资标准】无特殊技能的工人，每月不低于115美元。劳动者最低工作年龄为15岁，13至15岁的未成年人可从事轻量工作。任何未成年人不得从事有损健康或危险的工作以及要求重体力的工作。

【工作时间】通常的工作时间为8小时一天，每周工作时间44小时，雇主要求超时劳动的，超时部分应该按1.5倍工资支付，每天总工作小时不超过12小时。每周加班不得超过16小时。连续工作6天后，需要休息一天，通常安排在星期日。法定休息假日加班，需要支付2倍的工资。每年需要有12天的带薪休假。

菲律宾

菲律宾《劳动法》对于工资标准和雇佣关系进行了规定。

【工作时间】雇员的工作时间为每天工作不超过8小时或每周工作不超过48小时，这段工作期间应支付雇员正常工资。雇员在连续工作6天后应享受连续24小时的休息。该要求不适用于政府雇员、管理人员、野外作业人员、提供私人服务者及根据工作成果领取工资者。

【最低工资】农业和非农业工人的最低工资由各地区的三方工资委员会决定。1990年7月生效的共和国第6727号法令对最低工资进行了合理化调整，以显示地区间或地区内生活成本的不同。工资或薪水必须两周支付一次，且不能以发票、代币等形式发放。

【雇员保险与福利】私人雇员适用社会保险系统（SSS），政府雇员适用政府服务保险系统（GSIS），该计划是强制性的，适用于每一个拥有一个或更多雇员的雇主、国家政府及其具有政府职能的分支机构，包括政府拥有和控制的公司。他们每月须向国家健康保险计划（NHIP）支付贡献金，相当于其雇员工资的1%。

所有菲律宾公民均可享受国家健康保险计划，该计划由菲律宾健康保险公司（PHIC）管理，为非强制性。所有该计划的成员要根据PHIC制定的理性、公平和递增的费用表支付国家健康保险基金。保险计划受益范围包括：房间和食物；专业的健康服务；医疗检查服务；处方药及生物制剂；急救、医疗和牙科服务。

劳动和就业部要求每个雇主都要提供紧急救助药物和设备。如果是危险工作，必须配备兼职的内科医生或牙医。如果雇员人数达到一定标准，则要求配备全职的内科医生。如果工作不是危险性的，内科医生和牙医应随叫随到。

如果女性雇员是SSS的成员，并在12个月的期限内已交满3个月的贡献金，即可享受60天的带薪产假，或78天的剖腹产假。

已婚男性雇员，如其合法妻子生产前4个孩子，则有权在每次生产时享受7天的带薪假期。

【终止雇用】政府保证工人在职的安全性，保护工人不被任意剥夺工作。因此，所有的雇主不得终止雇员的服务，除非有特殊原因或得到劳动法的授权。这些特殊原因包括：犯了一系列的错误或故意不听从命令，明显的和经常性的对工作忽视，欺骗、犯罪或冒犯其雇主，或类似的行为。如果开除是基于上述任何原因，雇主必须给雇员2次书面通知和1次听取申诉的机会。

另外，在以下情况雇主也可中止对雇员的雇用：雇主安装了节约劳动力的设备，存在很多冗员，为了节省费用以避免损失，或关闭、终止经营。在这种情况下，法律规定雇主必须提前1个月向雇员和劳动部出示书面通知。

柬埔寨

1997年颁布的柬埔寨《劳工法》，是完全参照西方发达国家劳动标准制定的，要求较为严格，现实执行中更强调保护劳工权益，积极实施技术人才本地化战略，千方百计地解决其国内劳动力大量过剩的问题，努力寻找国外就业市场；严格控制外劳输入，只有柬埔寨缺乏的技术、管理人才，才能获准在柬工作。

【原则规定】《劳工法》为劳动者权益提供全面保护。该法主要原则性规定如下：（1）严格禁止强迫或强制劳动；（2）雇主雇用或解雇工人时，应在雇用或解雇之日起15日内向劳动主管部门书面申报；（3）雇主用工人数超过8个的，应制定企业内部规章制度；（4）允许就业的最低年龄为15岁，工作性质涉及危害健康、安全或道德的，最低就业年龄为18岁。

【签订劳动合同】劳工与雇主通过劳动合同建立工作关系。劳动合同受普通法管辖，以书面或口头形式订立。雇主签订或存续雇佣合同时，不得要求交纳抵押金或任何形式保证金。工作合同分为试用（一般雇员不得超过3个月，专业工人不得超过2个月，非专业工人不得超过1个月），定期（不得超过2年，可一次或多次续签，续签期限也不得超过2年）和不定期三种。

【终止劳动合同】固定期限劳动合同通常在指定截止日终止。但经双方达成协议，也可提前终止合同。该协议需以书面形式订立，劳动监察员在场见证，由合同双方签署。合同双方未达成协议的，除非因严重不当行为或不可抗力，不得提前终止。合同一方因上述以外原因提前终止合同的，另一方有权获得至少与其合同终止日期应得报酬或遭受损失相当的赔偿金。合同一方拟不予续签时，应提前通知另一方（合同期限超过6个月的，提前10天；合同期限超过1年的，提前15天），未提前通知的，合同应按其原始合同相等期限予以延期。

不定期劳动合同可由合同任一方自由中止（例外情况除外）。拟终止合同的一方应书面提前通知另一方。

【劳工报酬】《劳动法》对劳动者工资作出如下规定：劳动主管部门制定最低保障工资标准，劳工工资至少应与最低保障工资相同。工资应以硬币或纸币形式直接支付工人本人，工人同意以其他方式支付的除外。工人工资每月应至少支付2次，间隔最多不得超过16天，雇员工资每月至少支付1次。

【工作时间】工人工作时间（不论性别）每天不得超过8小时，或每周不得超过48小时，严禁安排同一劳工每周工作六天以上。因特殊和紧急工作需工人加班的，加班工资应为正常工资的150%，在夜间或每周休息日加班的，加班工资为正常工资的200%。工作计划需进行轮班的，正常情况下企业仅可安排两班（早班和下午班），夜间工作须按照上述加班工资标准支付（"夜间"是指包含22点至凌晨5点，且至少连续11小时的一段时间）。

【假期】同一工人每周工作时间不得超过6天，周歇班应至少持续24小时，且原则上安排在星期日。全部工人均有权享受带薪假，按每连续工作1个月休假1天半计算，在此基础上劳工资历每增加3年，带薪假增加1天。发生直接影响工人直系亲属的事件，雇主应准予该工人特别假（最多不超过7天）。女工有权享受90天产假，产假期间，应发放其一半的工资和津贴；产假后返厂工作的2个月内，应指派其从事轻微劳动。

【工会】劳工或雇主均有权不需预先核准，自主组建专业组织，以集体或个人方式研究、促进组织章程所涉及人员的权益、保护其精神和物质利益。劳工组建的专业组织称为"劳工工会"，雇主组建的专业组织称为"雇主协会"。禁止组建雇主及劳工同为会员的行业工会或协会。

【社会保障】柬埔寨政府发布了《2016-2025年社会保障国家政策战略》，旨在进一步发展柬埔寨全国性的社会保障系统，以造福全体百姓，尤其是贫困及弱势群体。该战略将为国家社会的长远发展保驾护航，并列明了两大机构的职责：一是应对紧急事件、发展人力资源、提供技能培训和保护弱势群体；二是注重工人保障金和医疗、工伤、失业风险。

老挝

老挝国会于2006年12月通过《劳动法》（修改稿），有关工时、加班、工休、年休、解聘、工资或工薪及加班费、社保待遇等内容简介如下：

【工时】普通工作，每周6天，每天不超过8小时，或者一个星期不超过48小时；特殊工作，如辐射性或疾病传染性工作、接触有毒烟雾或气味和危险化学物品的工作、在地下或隧道或水底或天上的工作、冷热不正常的场所工作、振动性作业等每天不能超过6小时或每周不超过36小时。

【加班】用工者在征得工会或劳工代表及本人同意后可以要求工人加班，加班时间每月不超过45小时或每天不超过3小时，非紧急情况下（如灾害或者对劳动单位造成巨大损失等）则禁止连续加班。

【工休】劳动者有权每周休息1天，时间可协商确定；法定休息日休息；劳动者在出具医院证明情况下有权申请病假，但每年不得超过30天，病假期间有权获得正常工资；按天数、时数或承包量计算者，必须做满90天后才能按个人投保情况获得劳动报酬。

【年休】工作满1年及以上者，可以申请休15天年假；从事重体力劳动或有害身体健康工作者可以申请休18天年假，休假期间获得正常工资。年假时间不能将每周休息日、法定休息日计算在内。

【解聘】雇用双方需解除劳动合同时，体力劳动者需提前至少30天、专业技术劳动者需提前15天告知对方。有规定期限的劳动合同须在期限结束前至少35天告知对方，需继续合作者，合同双方需重新签订劳动合同；按工作量规定的劳动合同须在工作完成后才终止，如果受雇期间死亡，雇用者须按实际完成工作量支付受雇者工资及其他相关补助。

【工资或工薪】老挝政府按不同工作种类制定不同的最低工资标准。加班费分两种情况，正常工作日加班者，白天以日常工资的150%计算，晚上以200%计算；法定节假日、公休日加班者，白天以日常工资的250%计算，晚上以300%计算；晚上（22:00–次日5:00）轮值班补贴是日常工资的15%。

【社保待遇】任何劳动单位必须参加强制性社会保险。

马来西亚

马来西亚劳工法令包括《1955年雇佣法》《1967年劳资关系法》《1991年雇员公积金法》和《1969年雇员社会保险法》。

【1955年雇佣法】适用于所有月薪不超过2000马币的雇员及所有体力劳动者。规定：每个雇员必须有书面合约；工资须在受薪期结束后的7天内支付；正常工作时数，每天不得超过8小时，或每周48小时；超时加班工作的补贴为平时工作的1.5倍，假日及假期为2倍；女性工人不得在晚上10点至早上5点之间从事农业或工业类工作。

【1991年雇员公积金法】雇主必须为雇员缴纳公积金，比例不少于雇员月薪的11%。2008年10月马来西亚政府宣布，自2009年1月起，雇员缴纳的公积金比例可降低到8%，为期2年；自2011年起，雇主为雇员缴纳的公积金比例不得少于雇员月薪的12%，雇员缴纳的公积金比例上调至11%。

【1969年雇员社会保险法】包括职业伤害保险计划与养老金计划，职业伤害保险缴纳比例为雇员月薪的1.25%，养老金缴纳比例为雇员月薪的1%。

【1967年劳资关系法】调整资方、劳方与工会之间关系，包括预防和解决劳资争端；员工复职的机制；规定工会的权利、集体谈判的范围及程序、通过仲裁公平迅速解决争端等。

缅甸

缅甸劳动法的核心内容包括：

【签订劳动合同】雇主和员工之间须签订劳动合同，方能确立雇佣关系。劳动合同分为有固定期限劳动合同和无固定期限劳动合同，合同类型以及合同期长短由劳资双方协商确定。劳动合同中通常会规定员工的试用期，一般不超过3个月。劳动合同签订后，副本要交镇区劳动办备案。雇佣超过5名雇员的雇主需使用政府提供的劳动合同模板或使用比模板对劳动者更为有利的劳动合同。

【解除劳动合同】如果雇佣双方任何一方提前解除劳动合同，须提前一个月通知对方。雇主提前解除固定期限劳动合同时，雇主需要支付离职补偿，补偿金额的计算以员工在该雇主处的工作期限为依据。

【劳动条件及报酬】雇主须为员工提供安全、环保的工作环境，保证员工身心健康。公司、商店、贸易中心、服务型企业、娱乐场所的员工每天工作8小时，每周48小时；工厂工人每天工作8小时，每周44小时，但对于因技术原因必须保持生产持续24小时不得间断的工作，工人每周可工作48小时。

为私人企业工作的员工每年可以享受6天临时请假，30天病假、10天带薪假期，21天公共假期。

劳动者的薪金根据工作的不同可分为计件制、计时制、日薪制和月薪制。缅甸政府于2012年将实行月薪制的劳动者最低工资标准定为2美元/日，2013年增加至3美元/日。2018年5月起，缅甸最低工资从日薪3600缅币提升至日薪4800缅币。

【职工社会保险及福利】根据缅甸议会通过的《社会保险法（2012年）》，聘用5名员工以上的缅甸及外国公司，须按照员工工资比例向社保理事会缴纳社会保险。社会保险的缴存比例和受益金额将根据企业所处行业不同而有所区别，在发生工伤事故时，社保有助于雇主降低赔偿风险。对于未被纳入社会保险及福利计划的劳动者，如劳动者因公受伤或患有职业病，雇主有责任向劳动者支付补偿金。

泰国

泰国目前实施的《劳动保护法（Labour Protection Act）》制定于1998年，其中明确了雇主和雇员的权利及义务，建立了关于一般劳动、雇用女工和童工、工资报酬、解除雇佣关系和雇员救济基金等方面的最低标准。同时，

《劳动保护法》也赋予了政府干预管理的权利以确保雇主和雇员双方关系的公平、健康发展。此外，相关立法还有《劳动关系法》（1975年）、《工会法》（1979年）、《社会保险法》（1990年）和《工人抚恤金法》（1994年）等。

上述法律法规的主要内容有：

【最低工资】泰国按照地区的不同规定了不同的最低工资水平。根据最新设施的标准，泰国77个府的最低工资标准从每天151泰铢至206泰铢不等。这个标准会不定期调整。

【工作时间和请假】工作时间标准为每日不超过8小时，每周不超过48小时，特殊行业每日工作时间可能延长，但是每周工作总时长不得超过48小时。对于有害雇员健康的工作和危险工作，每日不得超过7小时，每周不得超过42小时。雇员每周至少应休假一天，雇主不得要求雇员加班，除非雇员同意，且超过最高工作时间必须付给雇员补偿金，补偿金为正常工作时间工资的1.5至3倍。雇员每周工作时间不得超过最长工作时间36小时。

雇员请病假没有限制，但是每年带薪休病假的总天数不得超过30个工作日，雇员请3天病假以上，雇主可以要求提供医生证明。为同一雇主连续工作1年以上的雇员，每年在国家13个法定假日之外还可以享受6天的带薪假期。女雇员可以享受包括假日在内共90天的孕产假，但是其中只有45日为带薪假。

【雇员记录】雇用10人及以上的雇主自雇员达到10人之日起15天内必须制定劳动管理章程并公示，管理章程应在宣布或公示之日起7天内提交给劳工部劳动福利保护厅。雇用10人及以上的雇主还必须建立雇员记录，包括雇员工资发放、加班和假日工作等情况，上述雇员记录和证明材料在雇员离职后还要保存至少两年。

【女工的使用】规定了雇主不得使用女工从事劳动的工作种类，以及雇主不得使用孕妇从事劳动的工作种类。规定雇主不得因女工怀孕而对其解雇。

【童工的使用】规定了雇主不得使用童工（15-18岁）从事劳动的工作种类。雇主只允许雇用15岁以上的童工，且要向劳动检查部门申报雇用童工情况。雇主不得使用童工加班或在假日工作，一般也不得使用童工在晚上10点至次日6点工作。

【工人抚恤金】雇主必须向因工作原因或在工作过程中受伤、生病和死亡的雇员提供抚恤，具体可分为抚恤金、医药费、复原费和丧葬费四类。抚恤标准根据事件的严重程度而定，一般情况下雇主必须每月支付给雇员原工资的60%作为抚恤金，但不低于每月2000铢或高于每月9000铢，对于失去器官、致残或致死的情况，雇主要依法支付抚恤金达到一定时间段。所有雇主都要于每年1月31日前向社会保险办公室管理的工人抚恤基金缴款，缴款标准由劳工部规定。

【社会保险】所有雇主必须依法在雇员每月工资中代扣社保基金，目前规定的社保基金缴纳标准为雇员月工资的5%（月工资最高基准为15000铢），雇主也必须为雇员缴纳同样金额的社保基金。雇主和雇员必须于次月的15日前向将社保基金汇给社会保险办公室。在社保基金注册的雇员非因公受伤、患病、残疾或死亡可以申请补偿，还可以享受儿童福利、养老金和失业金。

【解除雇佣关系】对于没有时限的雇用合同，雇主和雇员双方都可以在发薪日当天或之前通知对方，然后在下一个发薪日前解除雇佣关系。雇员出现违法犯罪、因故意或疏忽给雇主带来巨大损失、连续旷工三日以上等情况，雇主不需事先通知即可解雇雇员并停发工资。没有任何过错而被解雇的雇员，有权取得离职费，具体金额根据雇员为雇主工作的年限而定。

雇主因为部门和业务调整、设备技术改造等原因裁员，应提前60天通知雇员或者支付给雇员60天的工资作为离职费。此外，对于为同一雇主连续工作年满6年的雇员，还需增发离职费，计算方法为自工作的第七年起每增加一年工龄增发15天工资，最多不超过360天工资。

文莱

在文莱，劳工受到法律的保护。雇主支付雇员薪金的时间不得超过当月10日，如延期支付被检举，雇主会受到不高于1500文元的罚款；如无法支付薪金给雇员，雇主将面临不超过六个月的监禁；如雇主在未获得许可的情况下雇用外来劳工，会受到10000文元或入狱6个月至3年的惩罚。

现有的劳动法针对终止雇佣、医疗、产假及工伤补偿等提供了足够的法律依据。政府目前实行了工人准备基金以保护所有的工人。

新加坡

新加坡主要通过《移民法案》《雇佣法案》《外国人力雇佣法案》《职

业安全与健康法案》《工伤赔偿法案》《雇佣代理法案》等法律规范工作准证、劳动关系、外国工人管理、工伤赔偿及职业安全与健康等方面的问题。

【劳动合同】只要是雇佣双方以书面、口头、明示或暗示等形式共同达成的协议均构成劳动合同。当劳动合同中列明的具体工作被完成或达到规定的期限，该合同自动解除。无具体期限的劳动合同，签约双方均有权给予提前通知，予以终止。

【工作时间】对于在雇佣法令第四部分保护范围内的雇员，正常工作时间每天不超过8小时，每周不超过5天半（44小时）。若在劳动合同中约定，一周工作时间可以超过44小时，但不得超过48小时或每两周不超过88小时。工人在雇主的要求下在超过规定的时间以外工作，雇主应该支付工人至少正常工资的1.5倍（非劳力工人工资最高按2250新元计算）。雇员每月加班时间不得超过72小时。

雇佣法令第四部分适用于月工资不超过4500新元的劳力工人和月工资不超过2500新元的雇员（非劳力工人）。

【给付薪水】依据劳动合同确定工资，包括工人根据合同完成的超时工作奖金，不包括住宿、水电费、医疗及其他生活福利等。雇主应及时给付工人工资，每一工资周期的工资应该在该周期最后一日后7日内支付，每一工资周期的加班费应该在有加班的工资周期最后一日后14日内支付。雇主支付工人工资时，可扣除工人未做工日薪、明确托付工人保管的物品的损坏和损失或工人所须负责的钱财损失（若该等损坏或损失可直接归责于该工人的过失或过错）、向工人提供的食宿费用、提前支付工人的预付款或贷款或多支付的工资以及须由工人支付的所得税。上述扣款一般不得超过该工资周期工资的50%。

【中央公积金】新加坡通过建立中央公积金来为雇员提供全面的社会福利保障。中央公积金制度始于1955年，由新加坡人力资源部下属的中央公积金局负责管理运行，新加坡雇主和雇员均有义务将收入的一部分缴存会员的公积金个人账户，雇主和雇员缴纳的比例根据雇员的年龄而定。目前，私营领域雇主的缴纳比例介于7.5%至17%，雇员缴纳比例介于5%至20%。个人账户分为三部分：普通账户，用于购房、投资、教育支出；保健账户，用于支付住院医疗费用和重症医疗保险；特别账户，用于养老和特殊情况下的紧急支付，一般在退休前不能动用。只有新加坡公民和新加坡永久居民才需缴纳公积金。因此，外籍雇员（非新加坡永久居民）无需缴纳公积金。

印度尼西亚

印尼国会于2003年2月25日通过第13/2003号《劳工法》，对劳工提供相当完善的保护，但因部分规定过于偏袒劳工方，大幅提高了劳工成本，影响印尼产品之竞争力，2006年，印尼政府决定修订该法，但因劳方强烈示威抗议，劳工法修订工作无果而终。印尼的第13/2003号劳工法的要点如下：

【离职金】由原来薪水的7个月，调高到9个月。

【罢工】劳工因反对公司相关政策而举行罢工，雇主仍需支付罢工劳工工资，但劳工必须事先通知雇主与主管机关，且必须在公司厂房范围内进行罢工。如劳工违反罢工程序，罢工即属非法，雇主可暂时禁止劳工进入工厂并可不必支付罢工工资。

【工作时限】每星期工作时间为40小时。

【离职补偿】对于自愿离职与触犯刑法的劳工，雇主可不必支付补偿金，但需支付劳工累积的福利金。

【童工】准许雇用14周岁以上童工，工作时间每日以3小时为上限。

【临时工】合同临时工以3年为限。

【休假】连续雇用工作满6年的劳工可享有2个月的特别休假（但服务满第7年及第8年时，开始享有每年休假1个月，但在此两年期间不得享有原有每年12天的年假，另特别休假的2个月休假期间只能支领半薪）。

此外，依印尼政府规定，外国人投资工厂应允许外国人自由筹组工会组织。全国性的工会联盟有全印尼劳工联盟（SPSI）和印尼工人福利联盟（SBSI）。

越南

1995年1月1日越南《劳动法》实施。2012年6月18日越南颁布新《劳动法》。《劳动法》规定雇主和劳动者之间必须以书面形式签订劳动合同，一式两份，双方各执一份。《劳动法》规定劳务合同应包括工种、工作时间、工作场所、休息时间、薪资、合同期限、劳动安全、劳动卫生、社会保险等内容。

【规定试用期期限】要求高等及以上专业和技术水平工作的试用期不超过60天，技术和专业要求一般性水平的工作试用期不超过30天，其他类型工作试用期不超过6天。试用期薪资不少于正式录用薪资的85%，试用期内，双方可对合同进行修改和补充。

【社会保险】工作时间超过3个月和无期限合同，须办理强制性社会保险。劳工因工伤残，雇主须支付医疗费，如未投保，亦按社会保险条件支付赔偿。根据越南社会保险局595/QD-BHXH号通知，自2017年6月1日起执行最新的社会保险缴纳标准，其中社会保险项目，用工单位和雇员缴纳标准分别相当于雇员月基本工资的17.5%和8%；医疗保险项目分别是3%和1.5%；失业保险项目均为1%。

根据2014年《越南社会保险法》，从2018年1月1日起，在越南工作一个月以上的外国劳动者必需参加强制社会保险。外国劳动者可享受社会保险待遇，包括疾病险、生育险、职业病险、工伤险、退休与死亡金。外国劳动者应当按月工资标准缴纳8%的退休与死亡金。用人单位按月工资标准最高缴纳18%的强制社会保险，包括3%疾病险和生育险，1%工伤险和职业病险；14%退休和死亡金。与越南政府达成政府间避免劳动者双重征收社会保险的国家的劳动者除外。

【雇主终止合同】雇主单方终止劳务合同时，应事先通报劳动者，通报时间要求如下：无期限合同，提前45天；1至3年合同，提前30天通报；1年以下期限合同，提前3天通报。辞退劳动者时，雇主须按每年半个月工资及奖金支付补偿。

【外资企业雇用当地劳务的规定】根据越南《投资法》和《关于驻越公司越南的外资企业的劳动法》有关规定，外资企业可以通过中介机构录用当地劳动力，并可根据生产需要及有关法律规定增减劳动力数量；劳资双方需签署劳动合同。合同内容应包括工作内容、工作地点、工作时间、休息时间、薪金、合同期限、劳动卫生、社会保障、保险等；企业因变更生产经营而裁减已工作12个月以上的工人，应组织相关培训，以便被裁减工人寻求新的工作岗位。如无法安排培训，则应支付不低于2个月薪水的遣散费；若企业被并购，则新的企业主应根据劳动合同继续履行相关义务；在劳动合同执行过程中，任何一方需修改合同内容，应提前3天告知另一方；企业要求员工加班，应根据规定支付加班工资；企业应根据生产效益情况给员工发放奖金；员工社会基金来源包括：企业交纳工资总额的15%、员工交纳工资额的5%、政府补贴、基金本身收入及其他来源；劳资双方出现纠纷时，由双方通过协商解决。如无法协商解决，则提交法院处理；企业应为工会的成立创造便利条件。

(二)外国人在当地工作的规定

东帝汶

根据东帝汶有关法律规定，外国公民不得以旅游签证在东帝汶务工、经商。在东帝汶合法务工、经商者，需持有工作签证。

2014年12月，东帝汶政府对工作签证规定进行了微调，要求申请者提前在国籍所在国办妥部分申请文件的公证和领事认证。2017年5月24日，东帝汶公布新《移民与避难法》，计划于2017年8月24日生效。但由于第七届宪法政府不稳定，只改变了部分措施，并未在严格意义上实施该新法律。

【所需文件及证明】拟赴东及在东工作的中国公民及时按东外交部要求申请工作签证，并提前在国籍所在国办理以下文书的公证及领事认证：

（1）无犯罪记录（国籍所在国户籍地开具）；

（2）健康证明（由国籍所在国医疗单位开具）；

（3）职业技能证明或学历证明，以及工作经历证明。

上述文书需先由涉外公证处办理涉外公证，再经中国外交部领事司领事认证后，方可在东帝汶使用。目前，办理工作签证的周期较长，平均耗时大致5-6个月。

菲律宾

外国人在菲律宾工作需获得劳动和就业部颁发的外国人就业许可和移民局的工作签证，并办理I-CARD身份证。

就业许可由劳动和就业部签发给欲在菲律宾就业的外国人（离岸银行和地区总部的执行官不包括在内）。劳动和就业部评估的主要标准是：没有本国人可以、有能力且愿意从事该工作岗位。在获得许可后，非经劳动和就业部批准，不得更换雇主。若外国承包商雇佣的员工是外国人，这些员工还必须通过菲律宾劳动和就业部和专业管理委员会组织的劳动市场测试。

柬埔寨

柬埔寨于1997年颁布的《劳工法》，2002年1月18日颁布了关于雇用外国人在柬埔寨就业的申请办法及相关规定。根据有关法规，任何企业雇用外国劳工必须向柬埔寨劳动与职业培训部申请，并遵守以下规定：

（1）需要雇用外籍专业技术和管理人员的企业，必须在每年11月底前向劳工部申请下一年度雇用外劳的指标，每个企业所雇用的外劳不得超过企业职工总数的10%。未申请年度用工指标，将不被允许雇用外劳。

（2）雇用外劳必须满足以下条件：雇主必须提前取得在柬工作的合法就业证；必须合法进入柬埔寨；必须持有有效护照；必须持有有效的居留许可证；必须有足够的适应企业需要的技能，且无传染病。

【外籍劳工审查】2016年3月，柬埔寨内政部与劳动与职业培训部发布《关于加强审查在柬外国劳工的联合通告》，包括11项条款，主要内容是对在柬埔寨投资运营的外国企业的劳工审查工作进行法律上的规范，要求任何来柬投资企业或务工人员都必须严格遵守柬埔寨《移民法》和《劳工法》，并且办理由劳动与职业培训部颁发的劳工证和雇佣卡。当外国劳工联合检查组对企业进行检查时，企业主或企业负责人须配合联合检查组出示公司章程、商业部登记注册证书、雇佣通知、解雇通知、雇用外国劳工授权及指标、劳工部颁发的柬文外国劳工雇佣合同、所有劳工护照及照片、入境签证和外国人就业延期签证、劳工证和雇佣卡、劳工法和移民法文书等十项文件的原件或复印件。外国人运营的小型商业店铺须持有主管部门颁发的营业许可并办理劳工证、雇佣卡等相关手续。

老挝

老挝劳动社会福利部于1999年3月颁布实施《外籍劳工引进和使用管理决定》。该决定规定，进入老挝务工人员必须身体健康并具有一定技能；需要引进外籍劳工的单位和个人必须向老挝劳动社会福利部劳务司递交引进申请并注明所需数量、专业、时间等内容；获得批准后，用工单位须持相关材料到劳务司进行劳工登记（材料含：登记申请、引进批准书、护照、健康证、学历证或技能证明、简历、劳动合同、2张相片）；外籍劳工在老挝工作的期限为半年或一年。需要延期者须办理延期手续（需递交的材料有：延期申请、用工者评价及推荐信、工作证、完税证明等）。另外，按老挝《外国投资促进管理法》规定，外国投资者使用外籍劳工，长期工作者、体力劳动者不能超过本企业劳工总人数的10%，脑力劳动者不能超过20%；临时工作者根据相关部门批准确定。

近年来老挝劳务市场出现"两增一减"的趋势，即对高新技术人才、高级经营管理人才、新兴产业和特殊专业技能人才的需求明显在增加；对脏、苦、险行业工种需求增加；对普通工人、简单技工、低层次经营管理人才需求减少。如建筑业中工程规划设计人员、项目管理人员、工程师、监理工程师等供不应求，需从中、日、韩等国家输入。普通建筑工人则多数是老挝人和越南籍工人。这类工人由于技能和劳动生产效率低下，供给过剩，导致工资待遇不断下降。外国人在当地工作应及时了解相关信息，正确评估赴老挝务工的收益与风险，并根据实际情况对个人的工作及生活适时作出调整与安排。

马来西亚

马来西亚政府鼓励各类公司培训和使用本地员工，但因其国内劳动力短缺，允许在部分行业雇用外国劳工。这些行业包括建筑业、种植业、服务业、制造业。外国人在马来西亚工作必须获得工作许可。

外资公司可雇用外籍员工担任公司管理职务，也可将某些主要职位永久保留给外国人。相关规定如下：外国公司缴足资本在200万美元以上者，可自动获得最多10个外籍员工职位，包括5个关键性职位；经理职位的外籍员工雇佣期最长可达10年，非经理人员的可达5年。外国公司缴足资本超过20万美元但少于200万美元者，可自动获得最多5个外籍员工职位，包括至少1个关键性职位；经理职位的外籍员工雇佣期最长可达10年，非经理职位的可达5年。

外国公司缴足资本少于20万美元者，外籍职位核定将依据以下原则考虑：缴足资本达到14万美元（约50万马币），可考虑给予关键性职位；具备专业资格及实际经验的经理职位可考虑获得10年雇佣期，具备专业资格及实际经验的非经理人员可达5年，但是公司必须培训马来西亚国民使其最终能接任该职位；关键性职位及时限的数目依据个案而定。

马来西亚公民拥有的制造业公司，可依要求自动获得所需的技术性外籍职员位置，包括研发职位。马来西亚投资发展局负责制造业公司外籍职位的审批工作。

【建筑业工作准证】马来西亚外劳工作准证延长5年的措施，已在2011年4月正式生效，在新措施下，建筑业外劳可无条件申请准证延期5年，不必缴费370令吉接受马来西亚建筑发展局（CIDB）重新评估及考取熟练技术文凭。

缅甸

目前缅甸尚未出台外籍劳务可就业的岗位、市场需求等方面的规定。缅甸整体劳动力水平较低，缅政府鼓励外国在缅投资企业引进管理和技术人员，指导缅甸当地雇员提高技术水平，但同时也鼓励外资企业优先雇用缅甸工人。外国人赴缅甸工作主要需解决签证延期及居留许可等方面的问题。另外，缅甸整体医疗条件较弱，来缅甸工作人员应注意饮食卫生，采取措施减少蚊虫叮咬，防范疟疾、登革热等疾病。

【商务签证】外国人赴缅甸工作，须持有效护照及商务/工作签证进入缅甸或提前准备好相关资料到达缅甸后办理落地签证。办理商务签证需要缅甸政府有关部门或企业出具的邀请函。中国公民可在缅甸驻华使馆以及缅甸驻昆明总领馆办理商务签证。缅甸商务签证有效期为70天，可办理延期。

【暂住证】外国人连续在缅甸居留90天以上者须到移民局办理暂住证（FRC）。未办理暂住证的外国人，缅甸政府将不予办理签证延期。

【签证及居留许可延期】凡属在缅正式注册的中资企业人员或缅甸本地、在缅甸注册的第三国外资企业中方员工，可向缅甸投资委员会申请协助办理中国劳务人员的签证以及居留许可延期。

泰国

【法律依据】《外籍人工作法》是泰国政府管理外籍人在泰国工作的基本法，于1978年制定，2008年修订。劳工部就业厅于1979年颁布的《外籍人工作从业限制工种规定》和2004年颁布的《外籍人工作申请批准规定》是泰国官方受理、审批外籍人在泰国工作申请的主要依据。泰国劳工部就业厅是外籍人在泰国工作许可的归口管理部门。该厅下属外籍人工作许可证管理局，直接负责外籍人在泰国工作许可申请的受理与审批。此外，劳工部外籍劳工监察局与泰国警察总署下属移民局、旅游警察局共同协调处理非法外籍劳工问题。劳工部劳动稽查管理局负责受理公众对外籍人非法打工的申诉和举报，并进行调查取证和最终的处理。

【外籍人员就业规定】泰国关于外籍人在泰国就业有如下要求：（1）泰国雇主欲雇用外籍人士在泰国境内工作，均须向泰国劳工管理部门申请工作许可。（2）工作许可有效期限为一年，到期前须及时提出续延申请。（3）劳工证持有者须随身携带劳工证。（4）在劳工管理部门官员（挂有身份证件）到业主住地履行公务时，向被检查者查验证件时，雇主要予以适当协助。（5）许可证不能异地使用，在申请工作场所时要将总公司、分公司场所分别加以注明。分公司以总公司名义申请时，要在分公司所在地申请。

2017年1月，泰国总理巴育在巡视劳工部时签署了一项总理特赦令，将全面放开在泰国外籍劳工从业工种限制。即在泰国外籍劳工今后将和泰国人享受同等的择业机会，但外籍劳工流动性方面仍未全面放开，须就近选择就业。

【申请工作许可】泰国政府对外国人在泰投资、经商、从教等申请工作许可基本持积极态度，鼓励在泰外国人通过合法程序申请工作许可，但对于一般性劳务到泰国工作持消极态度，并限制外籍人涉足以下39类工种：普通劳工；农、林、牧、渔业（农产管理人员除外）工人；制砖、木匠或其他建筑工种；木雕工；驾驶员（航空器飞行员、机械师除外）；固定摊贩；市场传销；会计管理；珠宝加工；理发、美容；手工织布；制席；手工造纸；漆器；泰式乐器；乌银镶嵌器；金银器皿制作；泰式嵌石制品；泰式玩具制作；床单、被褥制作；制钵；手工泰丝制品；佛像制作；刀具制作；纸伞、布伞制作；制鞋；制帽；除国际贸易代理外的其他代理；建筑规划设计（专业技术专家除外）；手工艺品制造、设计、估价；首饰设计；泥制品加工；手工卷烟；导游；流动摊贩；泰文打印；手工抽丝；文秘；法律咨询等。任何外籍人违法打工，将视情节轻重被处以不超过5年的监禁，或处以2000至10万泰铢的罚款，或两者并罚。

文莱

外国人到文莱就业需要得到2-3年有效的工作准证。2016年9月28日起，文莱内政部宣布施行简化的外籍员工准证制度，以替代现行的外籍员工配额准证制度。简化后的申请流程所需时间将从原来的41个工作日缩短至9个工作日，在劳工局申请的程序步骤由12个减少至7个。新制度从2016年10月1日首先实施于准备雇用外籍员工的新注册公司。对申请增加外籍员工的现有公司，新程序于2017年1月生效。2017年4月起，外籍员工的准证更新采用新制度。同时为协助新程序的实行，文莱人力培训机构、就业局和移民局等相关政府部门都会在劳工局柜台派驻工作人员，提供一站式便利服务。

目前，外国人在文莱的普通劳工、家政、司机、厨师、餐厅服务生、工程师等岗位就业较多，医生、律师等专业性较强行业须取得当地就业执照，银行业外籍工作人员不得超过员工总数的一半。为避免过多外籍劳工对本地就业市场造成冲击，进一步提高本地居民就业率，文莱开始分阶段推行"文莱化"的政策，鼓励本地私营部门优先聘请本地人。2014年5月，文莱政府开始收紧外籍劳工准入政策，取消所有已批准但尚未使用的劳工配额，企业雇用外籍劳工必须遵守新的劳工雇佣政策。

新加坡

与中国对新加坡开展劳务输出业务最为相关的法律是《外国工人雇佣法

案》。该法案列明了雇用外国工人的条款和条件，规定了对雇主或工人违法行为的处罚，有利于维护新加坡特别针对外籍工人所建立的工作准证系统并保护外籍工人的福利。2007年5月22日，新加坡国会审议通过了该法案的修订稿，并将法案更名为《外国人力雇佣法案》。新法案的立法权限较旧法案更为清晰，所规范的内容也更加全面。2012年11月，新加坡对《外国人力雇佣法案》进行第一轮修订，加大对违法行为的处罚力度。

外国人赴新加坡工作总体环境较好，但劳务人员也要提前做好心理准备，将各种可能发生的情况考虑清楚，出国前要和新加坡劳务中介协商清楚，以免上当受骗。新加坡主管当局或雇主有权取消外籍工人的工作准证，从准证取消之日起7天内外籍工人必须离开新加坡，否则会受到新加坡《移民法令》的惩罚。为此，到新加坡务工人员必须增强防范风险意识，出国前与派出企业签约规定中介费用可以退还。

2012年，新加坡推出了新的就业政策，即个人化就业准证（PEP）。个人化就业准证规定：外国专业人员在外国的最近一期固定工资至少为1.8万新元，或就业准证持有人固定月工资至少1.2万新元，可以申请个人化就业准证。持此证者在五年有效期内不必因变换工作而重新申请就业准证。此外，若失去工作，仍可继续在新加坡居留六个月，以有机会寻找新工作；而在此前，在新加坡失去工作机会的外籍人士必须在短时间内离境。

印度尼西亚

印尼劳工总政策旨在保护印尼本国的劳动力，解决本国就业问题。根据这一总政策，印尼目前只允许引进外籍专业人员，普通劳务人员不许引进。对于印尼经济建设和国家发展需要的外籍专业人员，在保证优先录用本国专业人员的前提下，允许外籍专业人员依合法途径进入印尼，并获工作许可。受聘的外国技术人员，可以申请居留签证和工作准证。

【手续】受聘的外籍专业人员到达印尼前必须履行下列手续：印尼公司聘用的外籍专业人员向印尼政府主管技术部门提出申请；取得劳工部批准；到移民厅申请签证。

【申请】外国合资公司聘用的外籍人员须向印尼投资协调委员会提出申请，需要提供的信息内容包括：

（1）雇主的姓名和在印尼的地址；

（2）聘用人员的姓名和地址；

（3）简述拟聘用人员就任的职位、聘用期限、工资及其他福利待遇；

（4）雇主拟议或执行中的培训印尼人未来胜任该职位的计划；

（5）有关部门的介绍信。

越南

在越南工作3个月以上的外籍劳务人员须向所在省（直辖市）劳动部门申请劳动许可证。

【外籍人员在越南工作条件】

（1）年满18岁；

（2）身体状况符合工作要求，提供健康证明；

（3）具有高技术水平、在行业及管理方面具有丰富经验。此类人员的技术水平、管理经验等资质须有该人员所在国主管部门颁发的认证书；

（4）无犯罪记录，由所在国当地公安部门开具证明；

（5）有越南职能部门颁发的3个月以上劳动许可证。

申办劳动许可证时，申请人须向当地劳动伤兵社会厅提交经国内公证机关公证、中国外交部及越南驻华使馆认证的健康证明、专业技术证书及无犯罪记录证明等资料。

【无须办理劳动证的人员】

（1）工作期在3个月以下；

（2）公司董事会成员、总经理、副总经理、经理、副经理；

（3）驻越南代表处代表、分公司领导；

（4）已取得越南司法部颁发行业许可的律师。

【外籍人员在越就业规定实施细则】2014年，越南劳动伤兵与社会部颁发《关于外国人在越南就业管理规定实施细则》第03/2014/TT-BLDTBXH号通知。按要求，雇主（承包商除外）应按102/2013/ND-CP号议定第4条第1款规定在拟雇用外国人前至少30天向雇主公司所在地劳动伤兵与社会厅提交外籍劳务雇佣需求书面报告，报告内容包括工作岗位、外国人聘用人数、专业水平、工作经验、工资水平、工作期限等。若有变化，雇主应在拟招聘或聘用新人替代前至少30天向雇主公司所在地劳动伤兵与社会厅提交外籍劳务雇佣需求调整（书面）报告。劳动伤兵与社会厅应在收到雇主的外籍劳务雇佣需求报告或外籍劳务雇佣需求调整报告后15天内将其决定向雇主反馈。该通知从2014年3月10日生效。

四 环保法规

近年来，东南亚十一国越来越注重对外国投资者的环境保护要求，设立专门部门加强对环境保护的监管力度。

(一)环保管理部门

表5-8　东南亚十一国环保管理部门及其主要职责

国别	主管部门	主要职责
东帝汶	贸易工业、环境与旅游部的环境司	制定环境保护相关政策
菲律宾	环境与自然资源部内设的环境管理局	执行国家环境法；制定计划和政策，制定适当的环境质量标准（水，空气和噪音），以预防，控制污染和保护环境；对区域办事处实施计划和方案进行直接监督；促进公共信息和教育，鼓励知情的公民参与环境质量规划和监测等
柬埔寨	环境保护部	通过防止、减少及控制污染，保护并提升环境质量和公共卫生水平；在王国政府决策前，评估项目对环境造成的影响；保障合理及有序的保护、开发、管理及使用柬埔寨王国自然资源；鼓励并为公众提供机会参与环境和自然资源保护；制止影响环境的行为
老挝	自然资源环境部、部派驻处、省/直辖市自然资源环境厅、县以及村委会等5级机构	制定和实施环保法律法规；研究、分析和处理项目环保问题；颁发或没收环保许可证；指导环评工作；开展环保国际合作等
马来西亚	自然资源和环境部下属的环境局	环境政策的制定及环境保护措施的监督和执行
缅甸	资源与环境保护部	制定环境保护相关政策
泰国	自然资源和环境部	制定政策和规划，提出自然资源和环境管理的措施并协调实施
文莱	环境、园林及公共娱乐局	开展环境管理和保护，以提高民众生活质量，推动国家经济发展和繁荣
新加坡	环境与水资源部	构建和保障清洁、健康的环境以及水源供应
印度尼西亚	环境国务部	依据《环境保护法》履行政府环境保护的义务，制定环境保护政策，惩罚违反环境保护的行为
越南	资源环境部	管理全国土地、水资源、地质矿产资源、环境、水文气象、气候变化、地图测绘以及海洋和海岛资源环境保护和综合管理等工作

资料来源：本文作者整理

(二)主要法律法规

表5-9 东南亚十一国环境保护法律法规

国别	主要法律法规
东帝汶	《环境许可法》和《环境基本法》
菲律宾	《污染控制法》《菲律宾环境法典》《洁净空气法》《洁净水法》《森林法修订案》
柬埔寨	《环境保护法》及相关环保规章
老挝	《环境保护法》《环境保护法实施令》《水和水资源法》《水和水资源法实施令》
马来西亚	《1974年环境质量法》《1987年环境质量法令》《1990年马来西亚环境影响评估程序》《1994年环境影响评估准则》
缅甸	《缅甸动物健康和发展法》《缅甸植物检验检疫法》《缅甸肥料法》《缅甸森林法》《缅甸野生动植物和自然区域保护法》和《环境保护法》
泰国	《国家环境质量促进和保护法》
文莱	《环境保护与管理法2016》《有害废弃物（出口与转运控制）法2013》《文莱工业发展污染控制准则》《文莱环境影响评估准则》
新加坡	《环境保护和管理法》《公共环境卫生法》《危险废物（控制出口、进口和传播）法》《辐射防护法》《公共环境卫生（有毒工业废物）法令》《环境保护和管理（施工场地噪音限制）法令》《环境保护和管理（大气污染物）法令》等
印度尼西亚	《环境保护法》
越南	《环境保护法》《关于环保规划、战略环境评估、环境影响评估和环保计划的规定的议定》《环境保护法部分条款实施细则的规定的议定》《关于环保领域行政违法处罚的规定的议定》等

资料来源：本文作者整理

(三)环保法律法规基本要点

东帝汶

东帝汶环保法规定了管理环境事务的中央机构及其职能、社区的环保职责、战略环境评估制度、环境标准、环评方法与许可证发放制度、环境监测、土地规划及环境保护与发展各产业的关系等内容。

菲律宾

菲律宾环保法律法规主要为：

（1）菲律宾宪法中有关于保护环境的有关条款。

（2）984号总统令《污染控制法》

（3）1152号总统令《菲律宾环境法典》，主要内容包括：空气质量管理、水质量管理、土地利用管理、自然资源管理及保护、废弃物管理等。

（4）8794号共和国法案《洁净空气法》，该法案颁布了空气污染物标准（初版），并规定处罚方式如下：固定源污染超标的，根据偿付能力、是否疏忽、污染历史处以每污染持续日10万比索以下罚金（每三年增长10%，起自1999年），至污染消除为止，此外还可处停止或中止施工、营业等处罚措施，如三次违反该法，将永久停业；机动车污染超标的，将扣留机动车直至交清罚款（初犯不2000比索以下，再犯2000以上4000比索以下，累犯4000以上6000比索以下并处吊销驾照一年）并修理车辆直至符合标准；其他污染源的，处每污染持续日1万比索以上10万比索以下罚金，或6个月以上6年以下监禁，或两者皆有。

（5）9275号共和国法案《洁净水法》，该法案界定构成水体污染行为的要件，并规定处罚方式如下：对每污染持续日处以1万比索以上20万比索以下的罚金（每两年增长10%，起自2004年），此外还可处停止或中止施工、营业、减少工程量、暂停水供给等处罚措施，直至污染方改进相应的排放保护机制和设备，直到排放达到该法标准为止。因重大疏忽或故意不采取清理措施的，处以2年以上4年以下监禁并处每污染持续日5万比索以上10万比索以下罚金；如造成人员因污染重大伤亡或死亡，则处以6年零1日以上12年以下监禁，并处每污染持续日50万比索罚金。严重违法行为可提起刑事诉讼，包括以下情形：一是故意排放6969号共和国法案规定标准以上的有毒污染物的；二是2年内发生5次或以上侵权行为的；三是无视相关部门处罚，拒交罚金或继续营业的。上述三种情形下，处以每污染日50万比索以上300万比索以下的罚金，或判处6年以上、10年以下监禁，或两者皆有。内湖区水体污染的参照4850号共和国法执行。

（6）705号总统令《森林法修订案》，该法案第四章规定了刑事案件及处罚的情形，如偷伐按盗窃罪判处等。此外，非法占有或毁坏林区的，在处以定额罚金并处6个月以上2年以下监禁的基础上，按合法占有林区价格（租金等）的10倍缴纳额外罚金；烧荒的，处2年以上4年以下监禁并处所毁木材价值8倍的罚金。

柬埔寨

根据柬埔寨《环境保护法》，任何私人或公共项目均需要进行环境影响评估；在项目提交柬埔寨王国政府审定前，由环境保护部予以检查评估；未经环境影响评估的现有项目及待办项目均需进行评估。环境保护部与有关部门有权要求任何工厂、污染源、工业区或自然资源开发项目所在区域的所有人或负责人安装或使用监测设备，提供样品，编制档案，并提交记录及报告供审核。环境保护部应依据公众建议，提供其相关作为信息，并鼓励公众参与环境保护和自然资源管理。企业不得拒绝或阻止检查人员进入有关场所进行检查，否则将处以罚款，有关责任人还可能被处以监禁。

老挝

老挝环保法规定，个人或组织在实施项目中必须负责预防和控制水、土地、空气、垃圾、有毒化学物品、辐射性物品、振动、声音、光线、颜色和气味等污染；禁止随意向沟渠、水源等倾倒、排放超标污水和废水；禁止排放超出空气质量指标的烟雾、气体、气味、有毒性化学品和尘土；生产、进口、使用、运输、储藏和处理有毒化学物品或辐射性物品必须按照相关规定执行；禁止随意倒放垃圾，必须在扔弃、燃烧、埋藏或销毁前进行划定或区分垃圾倒放区域；禁止进口、运输、移动危险物品通过老挝水源区、境内或领空。

个人或组织违反环保法的，情节较轻者处以教育、罚金；情节重者可按相关民事法律和刑事法律进行处罚。

马来西亚

根据《1974年环境质量法》，投资者必须在提交投资方案时考虑到环境因素，进行投资环境评估，在生产过程中控制污染，尽量减少废物的排放，把预防污染作为生产的一部分。根据《1987年环境质量法令》，必须进行环评的项目包括：将土地面积500公顷以上的森林地改为农业生产地、水面面积200公顷以上的水库/人工湖的建造、50公顷以上住宅地开发、石化与钢铁项目以及电站项目等。

根据《1974年环境质量法》，马来西亚污染事故处理或赔偿的标准主要根据污染事故的性质、影响以及造成的后果来加以判定。空气污染、噪音污染、土壤污染、内陆水污染，视情况处以10万马币以下罚款或5年以下监禁，或二者并施；污水排放、油污排放、公开焚烧、使用有毒物质或特定设备进行生产，处以50万马币以下罚款或5年以下监禁，或二者并施。

缅甸

缅甸主要环保法律法规的要点如下：

【缅甸环境保护法】规定环保部职责，并要求对涉及自然资源开发、工业等领域的项目需提前办理项目许可，在工业区、经济特区企业或环保部指定的企业需履行相应的责任。环保部具体职责如下：（1）落实环保政策；（2）制定全国及地方环境管理工作计划；（3）制定、实施和监管环境保护及改善，防止、控制和减少污染的相关工作措施；（4）为维护和提高环境质量，规定烟雾排放、污水排放、废弃固体、生产环节及产品等环境质量标准；（5）向委员会提出与环境相关的法律法规建议，为实现可持续发展，提出最佳的经济活动环保方案及制约方案等意见；（6）协助调解环境纠纷，并视情成立工作组；（7）负责规定工业、农业、矿业、排污等领域的化学废弃危险品的分级分类；（8）规定对环境具有现实及中长期影响的物品种类；（9）进一步加强包括有毒物质在内的废弃固体、污水、烟雾等处理设施建设；（10）规定工业区、建筑物等地的污水处理工作要求及机器、车辆等排放指标；（11）开展与环境事务相关的国际、地区及国家间协议方案的讨论、合作和落实工作；（12）按照联邦政府及委员会的工作意见，落实被缅甸认可的国际、地区及国家间协议；（13）针对政府部门、组织或个体从事的生产经营活动，制定环境监测制度和社会影响评估规范；（14）为保护臭氧层、生物多样性、海滩环境，减缓全球变暖、气候异常，治理沙漠化及管理持续污染物，制定环境管理、维护工作要求；（15）管理处理环境污染赔付，环境服务机构盈利缴纳及自然资源开采经营企业的部分利润的归口缴纳工作；（16）完成联邦政府交办的其他环保工作。

【缅甸动物健康和发展法】在单独规范动物健康和发展工作的同时，就促进家畜发展、防止和控制动物传染性疾病、规范兽医行医资格、规范动物及动物产品和饲料的国际贸易、对动物及动物产品和饲料进行进出境检验检疫，以及防止虐待动物等作了综合性规定。

【缅甸植物检验检疫法】进出境植物检验检疫主要针对植物及植物产品等货物进出口进行检验检疫，同时对进出境旅客携带的物品如水果、花卉等植物进行检验检疫。该法规定，植物及植物产品进口需要获得缅甸农业服务局批准发放的进口许可证和检疫证书，并规定了申领许可和申请检疫的程序。

【缅甸森林法】为了环境保护的需要，保证林产品的产量，经政府批准，林业部可以建立以下类型的储备林：（1）商业采伐储备林；（2）供应当地储备林；（3）分水或集水储备林；（4）保护环境和生物差异储备林；（5）其他类型储备林。同时，为保护水资源和森林资源，保护旱地森林和红树森林，运输林产品应当持有有效的运输通行证，并接受林业局设立的税务站的检查和收费。违反森林法相关规定者，将会受到一定金额的罚款和6-36个月的监禁。

【缅甸野生动植物和自然区域保护法】规定，自然区域是指为保护野生动植物、生态系统或者重要的自然风景区以及有代表性的地理、地貌特征而划定并加以保护的专门区域。分为科学研究保护区、自然保护区、国家森林公园、国家海洋公园、鸟兽禁猎区、意义重大的地球物理保护区等。该法律规定：（1）除了科学研究、环境调查和环境改造外，禁止在自然区域开展其他活动；（2）科学研究在自然区得到保护；（3）在不对自然生态造成损害的前提下，允许公众以休闲娱乐为目的参观国家公园；（4）保护区内野生动植物资源及其可持续发展；（5）与国际组织开展交流合作，保障禁猎区内野生动植物的生存和繁衍，保护候鸟栖息地和湿地；（6）在地球物理保护区内，保护并保存独特地理地貌特征和传统风俗习惯；（7）受保护的濒危野生动物分为三类：即完全受保护的野生动物物种、正常受保护的野生动物物种、季节性受保护的野生动物物种，未经林业部部长批准和相关部门核准，捕猎、杀死、饲养、保管、销售、运输、转让、出口野生动物，将处以一定金额的罚款和相应时间的监禁。

泰国

泰国有关环保法律法规对于空气和噪音污染、水污染、土壤污染、废弃物和危险物质排放等标准都有明确的规定，对于违法违规行为有相应的处罚，有关各项标准的详细规定请参照泰国自然资源和环境部环境质量促进厅网站有关公告（www.deqp.go.th/website/52/）。此外，泰国1975年第一次提出关于环境影响评估（EIA）的强制要求，目前，相关规定详见1992年《国家环境质量促进和保护法》第46条。在泰国自然环境委员会的批准下，泰国自然资源和环境部有权规定必须进行EIA的项目规模和类型。可能对自然环境造成影响的大型项目，必须向自然资源和环境政策规划办公室提交EIAs报告，接受审核和修改。EIAs报告必须由在自然资源和环境政策规划办公室注册认可的咨询公司出具。

文莱

（1）投资商应在项目计划初期对环境因素予以考虑，考虑因素包括项目位置、采用清洁技术、污染控制措施、废物监管等。

（2）项目发展商需提供以下说明材料：①将在项目场地上开展的贸易及加工；②申请人将为控制土地、空气、水及噪音污染采取的措施；③废料的管理和处理等；④全面的环境影响评估报告。

新加坡

工业和机动车气体排放是新加坡国内空气污染的两个主要来源。周边土地和森林焚烧产生的跨境烟霾也是在8月至10月西南季风期间间歇性影响新加坡空气质量的问题之一。城市和工业的综合规划和开发控制已使政府在规划阶段可以采取保护性的空气污染控制措施。此外，立法、严格的实施措施和空气质量监测已有助于新加坡政府在密集的城市开发和存在大规模工业区的情况下保证优良的空气质量。因此，新加坡的空气质量比亚洲很多国家好，而且比得上美国和欧洲一些城市的空气质量。新加坡的空气污染指标在2014年97%的时间里是"良"和"中"。

鉴于国际空气质量标准如《世界卫生组织空气质量指引》（World Health Organisation Air Quality Guidelines）在被持续审阅，新加坡国家环境局于2010年7月成立了环境空气质量咨询委员会，为新加坡确保公共卫生所需的一系列空气质量指标提供建议。该委员会于2011年7月完成工作且其建议是基于对《世界卫生组织空气质量指引》为国际认可且严格的评价。

因此，在空气中散布污染物的工业必须安装特别设备以确保散发出来的气体符合国家标准。在工业污水处置方面，规定对工业废水的排放进行污染控制的方法有两种：（1）制定工业废水排放标准，允许自行处理后达标排放；（2）监测排水口，防止污染。在生产废水排放口安装自动监测装置，超标排放时，闸门自动关闭，非新加坡国家环境局人员无法启动闸门。

水污染和水质关乎新加坡污水系统、内陆水体和沿海区域。由于新加坡水资源有限，水污染和水质的严格监控和规制至关重要。由于土壤污染物可能流入或通过地下水进入水系统，因此土壤污染控制也很重要。新加坡的土壤污染控制主要关注对抗土壤中昆虫的已批准杀虫剂的正确使用。

新加坡有毒工业废物的处理、运输和处置依据1988年的《公共环境卫生

（有毒工业废物）法令》进行。根据该法令，所有有毒工业废物的收集方需要取得许可。运输超过该法令规定量的有毒工业废物需要取得运输许可。新加坡国家环境局控制的危险物质一般是指可能引发大规模灾难的，具有高度毒性和污染性和/或产生需要通过很大困难才可以处理的毒性废物的物质。此外，新加坡国家环境局依据《环境保护和管理法》《环境保护和管理（危险物质）法令》和《环境保护和管理（破坏臭氧层物质）法令》对有害环境的化学品进行管控。

任何企业和个人违反《环境保护和管理法》等法规和规定，都视为犯罪。环保部门有权根据违法的严重程度对责任人处以2万新元至10万新元的罚款，逮捕责任人并处以1年以内监禁，或逮捕责任人并提起诉讼。

此外，新加坡标准、生产力与创新局（简称"标新局"）作为国家标准认证机构，推出SS 530建筑服务与设备能源效率标准。采用该标准，电费可节省1/3。在SS 530标准里，对冷气空调设备的要求更严格，符合国际标准和最新科技。和以往标准相比，达到SS 530标准的冷气空调设备能节省30%能源。近年来，由于化工产业和柴油车辆导致二氧化硫和PM2.5浓度超标，新加坡政府决定逐步收紧车辆和燃油的排放标准,国家环境局从2012年8月24日起，每天3次公布PM2.5浓度。新加坡也是东南亚首个每天公布PM2.5的国家。

印度尼西亚

1997年的《环境保护法》是印尼环境保护的基本法，其对环境保护的重大问题作出原则规定，是制定和执行其他单项法律法规的依据，其他环境单项法律法规不得与本法相冲突和抵触。

本法较注重对生态和环境的保护，明确规定："环境可持续发展是指在经济发展中充分考虑到环境的有限容量和资源，使发展既满足现代人又满足后代人生存需要的发展模式。"这表明，印尼在发展经济的同时，对自然资源的利用采取优化合理的方式，关注到环境的承载能力，力求使人民获得最大利益，形成人与环境之间的平衡和谐关系。

印尼森林、动植物等生物保护的法律制度以《生物保护法》和《森林法》为基础。法律中明确规定了用语定义、限制行为及罚则等，结构完善，但条文的细节解释有模糊之处，且缺少对详细事项的规定，当前法律明确禁止的保护种捕获及森林刀耕火种等问题仍然存在。

越南

越南现行《环境保护法》鼓励保护、合理使用和节约自然资源，严禁破坏和非法开发自然资源；严禁采用毁灭性的工具和方式开发生物资源；严禁不按环保技术规程运输、掩埋有毒物质、放射性物质、垃圾和其他有害物质；严禁排放未处理达标的垃圾、有毒物质、放射性物质和其他有害物质；严禁将有毒的烟、尘、气体排放到空气中；严禁进口或过境运输垃圾；严禁进口未经检疫的动植物；严禁进口不符合环保标准的机械设备。

越南政府对环境保护日益重视，其国内工程开工前，都必须经过严格的环保核查，环保部门定期对企业的环保情况进行检查，不达标的企业须马上进行停工整顿并接受处罚。所有生产企业须安装污染控制和处理设备，以确保符合相关的环境标准。2016年11月18日，越南政府出台关于环保行政处罚规定的第155/2016/ND-CP号议定，提高了违反环保法规的行政处罚力度。根据该法令，个人环保违规行为最高将被罚以10亿越南盾，机构组织罚金最高为20亿越南盾。个人违反工业区、出口加工区、贸易区和贸易镇的环保法规，将被处以500万至5亿越南盾的罚款。个人违规排污，特别是排放有毒污染物的，将被处以30万到10亿越南盾的罚款；个人违法海洋环境保护法规的，将被处以2.5亿至10亿越南盾。如为机构或组织实施上述行为，则罚款为个人罚款的2倍。

越南对部分行业征收环保费。根据2016年2月越南政府颁布的关于矿产资源开发环境保护费的第12号决定（12/2016/ND-CP），原油环境保护费收取的幅度为10万越盾/吨；天然气、煤气收费幅度为50越盾/立方米，开发原油（天然气）过程中的天然气收费为35越盾/立方米。石油和天然气、煤气开发环境保护费归国家财政所有，100%上缴中央；矿产资源开发环境保护费（原油、天然气和煤气除外）100%归地方财政所有，以扶持对环境的保护和投资。

越南法律规定，所有在越南境内从事经营活动的企业，都必须遵守越南关于环境保护的国家标准（TCVN）和相关技术规范（QCVN）。标准由相关组织以文件形式公布，自愿采用，而技术规范由国家职能部门以文件形式发布，是强制实施的。

越南关于环境保护的国家标准体系主要包括周边环境质量和废弃物质排放环保标准。周边环境质量标准包括：各种用途的土地环保标准；各种用途的地表水和地下水环保标准；服务于水产养殖和娱乐项目的沿海水域环保标准；城市和农村居民区空气标准；居民区噪音环保标准。废弃物质排放环保标准包括：工农业生产废水排放、工业气体和固定排放及有毒物质排放环保标准。

越南关于环境保护的技术规范体系主要包括废水排放技术规范（21项）、废气和噪音技术规范（8项）、危害性污泥（土）污染度技术规范（6项）、水源和生活用水技术规范（6项）等。

（四）环保评估的相关规定

东帝汶

根据环保法，东帝汶制定了环境评估与许可制度。任何可能对环境、国土、公民的生命与健康等造成影响的计划或项目未经环评、未获得许可证照，不得实施。

菲律宾

【环评法规】根据菲律宾1586号总统令要求，如果投资项目或其执行有可能影响到环境质量，项目计划内容中要包含"环境影响评估"，以确保项目可能带来的环境影响问题得以解决，使其与国家可持续发展目标协调一致。根据项目地点和性质的不同，项目执行单位要准备一份"环境影响声明"或"初始环境检测报告"。最终报告将递交至菲律宾环境与自然资源部，附带文件还包括其他政府部门的批准文件和地方政府对项目的批准文件。复核后，菲律宾环境与自然资源部决定发放或拒发"环境合格证"。如无此证，项目就不能合法执行。

1586号总统令同时列出了项目可能对环境产生影响的领域：一是自然环境，包括土地、水、空气、地上生命、水中生命和生态平衡；二是社会经济，包括人口、生活方式、建筑、少数民族文化、名胜古迹、健康和当地经济。

该总统令还举例说明有能对环境造成的负面影响：（1）水和空气污染；（2）历史和考古遗迹的破坏；（3）野生动物栖息地的破坏；（4）城市拥挤程度上升；（5）对健康的威胁；（6）土地的不当使用。

"环境合格证"包括了所有项目的实施应该遵守的环境法律、法规和规章，确保项目连续执行。如果被拒发"环境合格证"，项目方应该递交一份新的"环境影响声明"，选择另外的项目地点或变更设计及执行。

【环评主管部门】菲律宾负责环保评估的机构是环境管理局。

【申请手续】投资者须向环境管理局提出要求取得"环境合格证"的申请，并随申请附上项目介绍。项目介绍应包括项目将使用的基础材料、项目建设的程序和应用的科技、项目完工后的产量和（废水、废气等）排放量、投资人资产证明、项目所在区域地图、人力资源要求等内容。

【环评时间】环境管理局委员会每月召开两次会议，接受申请书，并进行讨论。如申请书满足所有程序要求，且项目对周边环境无严重影响，委员会在会上批准申请，并由环境与自然资源部发放"环境合格证"。根据项目不同，整个审批周期在2-6个月之间。

老埔寨

柬埔寨日益重视环境问题，并正在努力建立其环评体系。柬埔寨于1999年颁布了有关环境影响评价的法令，规定项目须在其环评报告经柬埔寨发展理事会（CDC）批准后方可实施。柬埔寨环境保护和资源管理法（EPNRM）中规定了环境影响评价的具体适用范围，主要集中在工业、农业、旅游业以及基础设施建设4个领域内。环境保护部是环境影响评价的主要管理部门，其他各部门如水利、能源、交通等，为其所负责领域内的项目环境影响评价提供相关意见。同时，各级环境部门须负责同级政府部门之间的协调合作，保证环评的顺利施行。

在环评初期，申请人须将项目方案递交至环境影响管理机构，并公布项目方案中的详细计划。法令还对其公示方式进行了严格规定，公众有权在公示期30天内对项目方案提出书面异议并提交环境影响管理机构，同时抄送项目申请人。收到公众的书面异议后，项目申请人须在确定环境影响评价的具体范围时进行公众咨询，并将咨询结果和相关文件连同环评职责书（ToR）一并交由EIA（环境影响评价）专门委员会审查。在专委会正式确定职责范围之前，公众还可以通过在专委会中的代表对项目方案提出二次异议。

柬埔寨虽然1999年就颁布实施了环评法令，但由于条件所限，直到2004年才有部分建设项目开展环评工作。柬埔寨环评人员和法律法规尚处起步阶段。柬埔寨国家环评法令规定，项目在获得审批和动工之前，必须完成环境影响评估工作，并向环保部送交环评报告书。

老挝

2010年2月16日老挝对《环境评价条例》进行了修订。此次修订严格了环评程序，进一步完善了公众参与制度。新修订的《环境评价条例》将所有项目分成两大类，一类包括小规模投资项目和对环境与社会影响小的项目，这类只要求初步检验报告（IEE）；另一类是大规模投资的项目，包括复杂的和显著影响环境与社会的项目，要求提交环境评估报告（EIA）。

环评机构：自然资源和环境部；

费用：根据项目类型、规模收取，没有统一收费标准，需要双方洽谈；

时间：环评报告上交自然资源和环境部环境监察中心后在半年内给予答复，如未通过则需重新评估。

马来西亚

马来西亚环境评估程序分两种：

【初步环境评估】要求初步环境评估的项目主要包括农业；机场；水库及灌溉；土地开垦；渔业；林业；住宅开发；石化、钢铁、纸浆，基础设施；港口；矿产；油气行业；电站；铁路；交通；垃圾废物处理；供水等。

具体申请程序为：将符合政府整体规划的初步环评报告提交给环境局（12份报告提交州环境局，3份报告和电子版的摘要提交国家环境局总部）→州环境局召开初期环境评估技术委员会审核（若要求另行提供有关材料，需在两周内提交），若符合《1974年环境质量法》，则批准该项目。

初步环境评估由州环境局牵头审核，审批时间为5周。

【详细环境评估】要求详细环境评估的项目主要包括钢铁厂；纸浆厂；水泥厂；煤电站；水坝；土地开垦；垃圾废物处理；伐木；化工产业；炼油；辐射危害行业等。

具体申请程序为：将详细环评报告提交给环境局（50份报告和电子版的摘要提交国家环境局总部），国家环境局将报告公示，征求公众意见，国家环境局召开临时委员会审核（若要求另行提供有关材料，需在两周内提交），若符合《1974年环境质量法》，则批准该项目。

详细环境评估由国家环境局总部牵头审核，审批时间为12周。

缅甸

2015年12月，缅甸自然资源与环境保护部发布了《环境影响评估程序》。该文件规定，经缅甸自然资源与环境保护部认定，对环境有潜在负面影响的投资项目，须事先提交环境评估报告（EIA）；规模较小、对环境潜在影响较小的项目，只需提交初步检验报告（IEE）。共有包括能源、农业、制造业、垃圾处理、供水、基础设施、交通、矿业等领域在内的141类投资项目须提交EIA或IEE。EIA必须委托有相关资质的第三方机构开展，负责审议EIA报告的责任方由自然资源与环境保护部组建，由相关部门的专家、政府机构、专业机构和公民社会团体组成。环评费用、时间没有明确规定，但总体上环评周期较长，需要半年或更长时间。企业需与环保部门加强联系，根据环保部要求提供相关材料，完成具体审批手续。

泰国

【环评法律】根据泰国《国家环境质量促进和保护法》（1992年）有关规定，为保护和提高环境质量，经自然环境委员会批准，自然资源和环境保护部应对自然环境可能产生影响并需提交环评报告的由政府部门、国有企业和个人进行的投资或工程项目的类型和规模进行分类，并由部长签发后在政府报刊上进行公布。公布的内容还应包括所需提交的其他相关材料。针对特定投资或工程项目的环评报告如具有普遍性，经自然环境委员会批准，自然资源和环境保护部长可将之作为范本在政府报刊上予以公示，其他类似的投资或工程项目在同意此范本内容基础上，可免除提交环评报告。

【环评管理】根据上述法律规定，需提交环评报告的投资或工程项目，如由政府部门、国有企业实施或者前两者与民营企业联合实施并须报内阁最终批准的，政府部门或国有企业须在项目可研阶段准备环评报告，并征得国家环境委员会同意后报内阁审批。如有必要，内阁可请有关专家或专业机构参与项目评审。

【环评流程】如投资或工程项目根据有关法律规定须于建设或实施前准备环评报告的，负责人须将该报告同时提交给相关的项目审批机构和环境政策和计划办公室。提交的报告可以采用标准范本的形式。项目审批机构须待环境政策和计划办公室审批同意后方可发放投资或项目实施许可。如环境政策和计划办公室发现提交的环评报告不符合相关要求或材料有缺失，须于收到报告15日内反馈提交人。如各方面材料齐备并符合有关要求，应于收到报告30日内出具初步意见并转专家委员会进行进一步审核。专家委员会应自收到报告起45日内出具审核结果，如规定时间内未能出具审核意见，则视为审核通过。

【环评机构资格】经国家环境委员会批准，自然资源和环境保护部长可就环评报告编制人的资格条件提出具体要求，根据此项要求，编制人应为该项领域的专家并获得相关的资质认证。资质证书的申请及发放、成为专家的资格条件和证书换发、暂停、吊销以及有关费用标准等，均须按自然资源和环境保护部制定的有关规章执行。

目前，泰国设有很多从事环评咨询和服务工作的专业事务所，可为企业提供有关服务。

文莱

自2010年起，文莱新建工程项目必须通过环境评估（EIA）。企业需要聘请专门机构进行环境评估，并向文莱发展部环境、园林及公共娱乐局提交环境评估报告，评估费用根据项目规模而定。

目前，文莱正在考虑针对能源行业实施更高的环保标准。

新加坡

根据新加坡政府的要求，企业在新加坡开展投资项目，业主须委托有资质的第三方咨询公司进行污染控制研究分析（Polution Control Studies，PCS），相当于国内的环评。

PCS主要是对工厂产生的三废、噪声、危险化学品等情况，识别可能存在的风险，以及采取的控制措施。

开展PCS前期，业主需向咨询公司提供相关资料；咨询公司完成分析报告后，由业主提交新加坡国家环境局（NEA）审批，审批周期约为2-3个月，审批过程中，NEA可能提出问题要求进行解释和澄清；评估费用通常为2万新币。

国家环境局联系方式见：

app2.nea.gov.sg/corporate-functions/contact-nea

涉及投资环境影响评价法规的查询网址：

app2.nea.gov.sg/business.aspx

查询国家环境局认可的咨询公司名录网址：

app2.nea.gov.sg/env_plan_cbpu.aspx

印度尼西亚

印尼《环境法》要求对投资或承包工程进行环境影响评估（AMDAL），规定企业必须获得由环境部颁发的环境许可证，并详细规定了对于那些造成环境破坏的行为的处罚，包括监禁和罚款。

越南

越南负责环境评估的机构：对于国家级或跨省的投资和工程项目，环境评估委员会成员由项目审批部门、政府相关部委、有关省政府的代表以及相关行业的专家组成；对于省级投资和工程项目，环境评估委员会成员由所在省或直辖市政府和环保部门代表及相关行业专家组成。环境评估结果将作为项目审批的依据之一。

越南资源环境部负责组织对国会、政府和政府总理审批的项目进行环境评估；政府相关部委负责组织对本部门审批的项目进行环境评估；省政府负责对本省审批的项目进行环境评估。

需要提供环境报告的投资或工程项目：由国会、政府、政府总理审批的项目；使用自然保护区、国家公园、历史文化遗迹和旅游胜地部分土地的项目；建筑，建材生产，交通，电子、能源和放射性，水利和森林种植开发，矿产勘探开发和加工，油气，垃圾处理，机械冶金，食品生产加工等项目；有可能对内河流域、沿海地区和生态保护区造成不良影响的项目；工业区、经济区、高新技术区和出口加工区建设项目；新都市和居民聚集区建设项目；地下水和自然资源大规模开发和利用项目；对环境有较大潜在不良影响的项目。

环境报告主要内容包括：列明项目具体建设细节、对项目所在地环境状况总体评价、项目建成后可能对环境造成的影响及具体应对方案，承诺在项目建设和运营过程中采取环保措施，当地乡一级人民委员会和居民代表的意见等。

环境影响评估报告审批时间：由资源环境部审批的项目，环评报告审批时间不超过45天；其他项目的环评报告审批时间不超过30天。

第六章

投资合作的相关手续

一 公司注册

(一)注册主管部门

东南亚十一国中大部分国家都通过单一机构或单一窗口为外国投资者设立或注册企业提供便利。东南亚十一国对于企业的投资形式并没有严格要求，允许外国投资者设立公司、分公司、代表处等企业形态。

表6-1 东南亚十一国负责企业注册的主管部门

国家名称	负责企业注册的部门
东帝汶	商业注册认证中心
菲律宾	（1）证券交易委员会（SEC）负责注册法人企业（5人以上）和合伙企业（3人以上） （2）贸工部（DTI）负责注册商业名称（有效期5年）和注册独资企业（以个人名义办公司） （3）投资署（BOI）负责注册优先投资计划下的享受优惠企业 （4）菲律宾经济区署（PEZA）、苏比克湾管理署、克拉克发展署、卡加延经济区署、菲弗德克工业署和三宝颜经济区署负责注册其他享受优惠的投资促进代理机构 （5）菲律宾中央银行（BSP）负责外国投资注册（以资本回收和利润汇出为目的） （6）纳税人还应到对其营业所在地有管辖权的BIR地区税务办公室（RDO）注册 （7）在社会保险系统（SSS）取得雇主社会保险号，在菲律宾健康保险公司（PHIC）取得政府保健保险系统成员资格 另外，在SEC和DTI注册之后应取得公司所在地的市长批准
柬埔寨	柬埔寨商业部商业注册局
老挝	老挝工业贸易部（或省/直辖市工业贸易厅）企业注册办公室

国家名称	负责企业注册的部门
马来西亚	马来西亚公司委员会
缅甸	缅甸投资与公司管理局
泰国	泰国商业部商业发展厅企业注册处
文莱	文莱财政部公司注册和商业名称处
新加坡	新加坡国际企业发展局负责为制造业、贸易、贸易物流及与贸易有关的服务业注册代表处。新加坡金融管理局负责为银行业、金融业、和保险业注册代表处。新加坡律政部则负责为外国律师事务所注册代表处
印度尼西亚	印尼投资协调委员会
越南	越南政府已将几乎所有外资项目审批权下放至省级部门，仅维持对少数行业的审批。其中，计划投资部负责审批跨省的BOT项目；工贸部审批石油和天然气项目；国家银行审批银行等金融机构项目；财政部审批保险项目。对于国家重大项目，由国会决定项目的投资立项和项目标准，政府负责制定项目审批程序和颁发投资许可证

资料来源：本文作者整理

（二）设立企业的形式

表6-2 东南亚十一国设立企业的形式

国家名称	企业形式
东帝汶	东帝汶本国公民注册的企业为国内公司，外来投资通常需注册国际公司。无论是本土公司还是外商投资公司，均可以普通合伙、有限合伙、有限责任或股份公司形式存在。外国企业也可以注册成立本土分支机构。
菲律宾	根据菲律宾《1991年外国投资法》及其他相关法律，外国人在菲律宾可设立的企业形式包括：个人独资企业、合伙企业、公司、分公司、代表处。
柬埔寨	可以个人、合伙、公司等各种商业组织形式注册。
老挝	在老挝设立企业的形式包括私营企业、股份企业和公司。
马来西亚	外商投资设立企业的形式主要包括公司代表处（办事处）、分公司、有限责任公司和股份有限公司四种。
缅甸	外国主体可注册外资公司或外资公司分支机构，也可与缅甸国民或相关政府部门、组织共同组建合资公司。外国企业也可依照缅甸投资与公司管理局（DICA）的相关规定设立代表处、分公司等机构。
泰国	在泰国，投资设立企业的形式包括合资/合伙企业（两合公司）、私营有限责任公司、公众有限责任公司、合营/合作企业、外国公司分支机构（分公司）、外国公司代表处、跨国公司地区代表处。
文莱	在文莱可以设立以下几种形式的企业：独资经营企业、合资或合伙经营企业、公司（私人或公共）及外国公司的子公司。

国家名称	企业形式
新加坡	在新加坡投资设立企业的形式主要有：公司代表处或办事处、分公司、私人有限公司、股份有限公司和有限责任公司。
印度尼西亚	投资设立企业的形式包括有限责任公司和代表处两种。
越南	投资设立企业的形式包括：代表处、贸易公司、有限责任公司、股份公司等。

资料来源：本文作者整理

（三）注册企业的主要程序

东帝汶

主要程序具体如下：

（1）领取申请表；

（2）租办公地点（要有房屋契约和位置示意图）；

（3）契约等文件要在司法部公证；

（4）向贸易投资局提交投资计划；

（5）贸易投资局出具推荐信；

（6）到SERVE提出申请，所需文件包括：公司章程（葡语）、银行账号存款证明、股东成立公司声明、注册人证件、当地管理人员证件、申请表等，注册费为200美元（包括代理费），有限公司类别（lda）注册资本为5000美元以上；

（7）SERVE根据具体情况颁发临时经营活动许可证（LPA）或公司临时成立许可证（LPE），需时间5天到1个月。

需要注意的是，由于目前东帝汶的相关法律还不完备，以上获得的是临时经营许可证和公司成立的临时许可证，并非永久的营业执照，待将来相关法律具备后，在以上临时许可证的基础上，可以申请永久的营业执照。

因颁发的都是临时经营许可证和公司成立的临时许可证，因此需要每年审核并延期，中国在东帝汶企业均采用此方法。

每个行业需要单独的临时许可证，因此需要分别注册，注册一个行业需交一份注册金，如一个公司同时经营建筑、旅游、贸易等，需要分别申请许可证。特殊行业要有相关部门的推荐信或证明信，如在帝力开中医诊所，需要东帝汶卫生部的推荐信。

菲律宾

在证券交易委员会（SEC）的注册主要包括以下程序：

（1）投资人向SEC递交申请。

（2）SEC审核申请。

（3）如果申请批准，投资人支付登记费（相当于实收资本的1/1000），并递交相关文件。SEC审核和评估文件，如果用"快速"流程，时间为1周。如果批准，SEC发给注册证明。

（4）自2015年4月起，菲律宾央行规定外国直接投资者（FDI）必须在向菲境内实际汇入资金后一年内向菲央行登记注册。

柬埔寨

【注册申请】企业的一位董事或股东应亲自前往主管部门填写注册登记表，提出申请。柬埔寨商业注册局可为注册者提供公司章程蓝本。注册应提交的文件包括：注册登记申请表、公司章程、文件属实证明、在指定刊物上发布广告的申请、全部董事或股东的身份证或护照复印件和照片、董事无犯罪记录证明、股权分配决定（如有自然人参与）、办公地点以及其他商业部要求的文件。

【注册审批】主管部门受理注册申请后，将颁发标有注册号的注册证书。该证书自颁发之日起1个月内为临时证书，在此期间，登记员发现申报材料有误的，可提出异议并吊销注册号。注册审批时间视情而定，一般为1周。注册费用视公司的形式和规模而定。

【注册时效】注册证书从注册之日起，有效期3年。企业应在注册证书到期前30天再次申请换发新的证书。若企业延误申请新的证书，则将被视为违法，其原有证书作废，企业必须重新申请注册并缴纳有关费用。

【开立银行账户】注册的公司应在柬埔寨境内银行开立1个或以上银行账户。

老挝

（1）向老挝计划投资部及其下属省/直辖市计划投资厅或者老挝工业贸易部及其下属省/直辖市工业贸易厅申请外国投资许可证；《投资促进法》对投资许可证制度进行了较大修改，取消了对拟开展"普通经营活动"的外国投资主体应取得投资许可的规定。

（2）拟开展"普通经营活动"的外国投资者需向老挝工业贸易部（或省

/直辖市工业贸易厅）企业登记办公室递交企业设立申请材料（含企业注册申请书、企业名称许可证、成立协议、企业章程及授权书等）。

（3）递交申请后10个工作日获得批复（如未获批准将有书面说明）。

马来西亚

【注册申请】申请企业填写有关申请表格，向马来西亚公司委员会提出申请。

【注册审查】公司注册官员审查拟议中的公司名称是否被使用，如未被使用，则该名称为申请者保留3个月。

【提交材料】3个月之内，申请者依据不同的企业形式相应地向注册官提供不同的文件，具体需提供的文件清单可参见SSM网站或咨询专业秘书公司或律师事务所。

【批准申请】公司注册官审查申请材料，批准公司注册，并发出同意公司注册文书以及公司代码（主要供缴纳税务使用）。

【开设银行账户】公司注册完毕后，可凭有关文件到马来西亚当地银行开设公司银行账号。

缅甸新版《缅甸投资法》未对注册企业具体程序作出规定。按照投资委员会下属投资与公司管理局（DICA）官方网站公告，注册外资公司需进行以下步骤：

（1）由DICA核查公司名是否可用；

（2）从DICA领取公司注册相关表格；

（3）向DICA提交填写完成的注册表格等资料；

（4）支付注册费用；

（5）获得临时批文或贸易临时许可证（如需要）；

（6）转入最低资本金（服务型公司为5万美元；其他公司为15万美元）并提交相关文件；

（7）获得正式批文或贸易许可证。

DICA官方网站公布了《如何在缅甸注册公司》指导手册（英文版），可在其网站下载。

泰国

【有限公司注册程序】包括以下内容：

（1）登记和核准公司名称。在建立一个有限公司之前，首先要将选定的公司名称进行注册登记并通过商业注册厅的审核。登记的公司名称不能与其他公司的名称相似或相同。一些专门的名称不允许登记且必须遵守泰国商业部商业发展厅的公司名称登记准则。批准后的登记公司名称有效注册期为30天，不能延期。

起草一份联合备忘录（公司章程），其内容包括：已批准之公司登记名称、公司的详细注册地址、公司目标和经营范围、公司7个发起者的名字等个人详细资料。股东的股份认购情况以及公司经批准后的注册资本数据。资本信息必须包括股份数量及每股面值，资本可以分期投入，但总额应明确。

法律上没有明确规定最低资本金额，但要求投入资本应能满足业务运作和发展的需要。公司章程的登记费用为注册资本的万分之五，最低下限为500泰铢，最高上限为2.5万泰铢。

（2）召开法定会议。一旦公司股份架构确定后，在法律和公司宪章的批准下组织全体股东召开法定会议，选举出公司董事会，批准公司发起人的交易和支出，任命审计师。第一次投入的资本不应低于资本总额的25%。

（3）注册。在法定会议召开后3个月之内，公司董事会必须向商业注册厅提交公司注册申请。注册费用为注册资本的千分之五，最低下限为5000铢，最高上限为2.5万铢。

（4）税务登记。在公司正式成立开始营业后60天之内，必须向税收部门

泰中罗勇工业园

申请公司纳税登记卡和企业代码（税号），缴纳所得税。经营者如果年收益超过60万铢，必须在其销售额达到60万铢之日起30天内申请产品增值附加税（VAT）的登记，成为增值税纳税人。

【分支机构、代表处和地区办公室】外国公司如希望通过设立分支机构、代表处和地区办公室在泰国开展业务，必须提交相关的文件资料。这些文件资料必须由其公司总部提供并得到公证部门的公证或泰国在其本地的大使馆或领事部门的证明和批准。

文莱

【注册私人有限公司】的注册程序如下：

（1）按照指定格式（Form A）向文莱总检察署的企业注册部门提出申请，审核公司名称是否符合要求。

（2）公司名称获得批准后，30天内向公司注册处提供公司合作协议、章程、董事名单、情况说明、所有股东及董事的身份证或护照复印件等规定文件。按照公司资本股金比例收取注册费。最低档为资本金不超过2.5万文元的企业（法定最低注册资本），按300文元征收注册费；最高档为资本金达到1.5亿文元的企业，按3.5万文元征收注册费。

【外国公司的子公司】注册没有最低股本要求，须提供以下材料：

（1）企业章程等证明文件副本；

（2）董事会名单及详细情况；

（3）主管部门批准后，将签发证书，并征收25文币。

注册完毕后需保证以下工作顺利开展：

（1）指定在当地注册的会计师；

（2）准备年度财务表、资产负债表及董事会报告；

（3）准备分支机构账目；

（4）每年提交账目报表；

（5）逐年向公司注册处提交申报表。

新加坡

注册企业的主要程序：

在新加坡注册不同的企业形式，需到不同的机构申请。

【注册公司】可以通过在线商业注册服务注册公司和申请所需的许可证（网址：licences.business.gov.sg），也可以通过专业事务所或服务事务处代为注册。

【注册外国公司或分支机构】需聘请专业人士帮助准备所需文件并在会计与企业管理局网站（网址：www.acra.gov.sg）通过商业文件系统（Bizfile）申请注册。

【注册代表处或办事处】设立银行、金融及保险业的代表处需事先向新加坡金融管理局申请注册，外国律师事务所在新加坡设立代表处需向新加坡律政所申请注册，其他行业只需从新加坡国际企业发展局的网站下载注册表格或在roms.iesingapore.gov.sg注册。

【注意事项】需要注意的事项主要有：

（1）在注册公司之前，需要确定公司商业活动的性质。可通过会计与企业管理局网站（www.acra.gov.sg）的SSIC Search在线查找商业活动的相应新加坡标准产业分类（SSIC）代码。

（2）公司在进行某些范围的商业活动前，还需要获得许可证，如公众娱乐、食品商店、广告等。

（3）一家公司可以有一名董事，该董事必须是新加坡公民、新加坡永久居民或者持有就业准证/原则同意书/家属准证。

（4）外国公司必须在新加坡有至少一位本地代理人代表公司。代理人必须是新加坡公民、新加坡永久居民或者持有就业准证/原则同意书/家属准证。外国人也可作为外国公司在本地的代理人，需向新加坡人力资源部（MOM）工作准证署申请就业准证或原则同意书。

印度尼西亚

【查阅投资目录】投资者在印尼投资前，首先应查阅《非鼓励投资目录》（DNI），该目录包含了对国外投资者禁止和限制经营的业务范围。

【资金投资规程】如在印尼进行资金投资，投资者必须专门查阅《资金投资技术指南》（PTPPM），该《指南》中的一些章节列明了允许投资的具体经营范围，资金投资的申请和运作行为，必须按有关规定操作。

【批准机构和证书】若投资申请得到批准，投资协调委员会（BKPM）主席、印尼政府海外代表机构首席代表、或地区投资协调委员会（BKPMD）主席颁布投资批准证书。

【批准时间】从收到申请到颁布投资批准证书全过程，最多只需10个工作日。

【登记注册】在颁布投资批准证书后，外国投资公司即可按照有限责任公司的有关条款，以章程公证的形式，到税务等政府部门依法登记注册成立。

越南

【外国独资企业】注册的程序如下：

（1）申请书：成立公司之前，创办者须向省、中央直辖市人民委员会或相当于公司设立办公地点所在地一级行政单位递交成立公司申请书。

（2）经营登记：公司必须在省、中央直辖市经济仲裁组织或同级的行政单位进行经营登记。

（3）成立公告：根据相关法律法规，在越南投资的外资企业成立后，必须在中央或地方报纸连登三期公告。

关于投资许可证问题，按越南法律规定可分成二类：第一类是登记颁发投资许可证，适用对象包括投资额3000亿越盾（约合1300万美元）以内且不属于有条件经营行业类别的项目。此类项目应准备材料包括：投资登记表（按计划投资部统一表格办理）、投资者法律资格证明、投资者财务状况报告（投资者自行编制并承担责任）以及联营合同或合作经营合同。以上资料准备三份，其中正本一份，呈送计划投资管理部门。自收到合格文件之日起15天内，计划投资管理部门颁发投资许可证。第二类是审批颁发投资许可证，适用对象包括投资额3000亿越盾（折合1300万美元）以上或属于有条件经营行业类别的项目。此类项目应准备材料包括：投资许可证申请书、投资者法律资格证明、投资者财务状况报告（投资者自行编制并承担责任）、项目经济技术可研报告以及合作经营合同等。如属于有条件经营行业的项目，还需提供说明投资项目满足所需经营条件的报告。

【代表处】按照越南法律规定，企业只要根据中国法律规定已登记进行合法经营，即可获得在越南成立代表处的许可证。大致流程包括：一、代表处负责人办理好护照、无犯罪记录及国内公司营业执照等相关材料；二、到拟设立办事处地租办公场所，签订租房协议；三、到越南工贸部网站下载相关表格和须准备的资料清单，准备申请材料；四、向拟设立办事处所在地的省市工贸厅提交设立办事处的申请材料；五、省市工贸厅收到申请材料后进行审查，审查合格后出具设立许可证；六、在越南规定报纸进行公告;七、刻章、开设银行账户，之后开展正常活动。需要注意的是，外国企业在越南成立的分公司不能再设立代表处。

【分公司】成立分公司要把材料寄到越南工贸部。企业申请获得成立分公司许可证所需的文件包括：

（1）企业申请成立分公司的申请表（按越南工贸部统一规定的格式）；

（2）营业执照副本；

（3）相关文件须经中国公证机关公证，然后由中国外交部领事局（或省级外事办公室领事处）认证，之后由越南驻华使馆、领事馆进行领事认证。所有经过认证后的材料需在越有资质的认证翻译中介机构进行翻译，这样文件才有法律效力。

二　商标注册

东南亚十一国都设有专门部门负责在当地的专利、商标等注册。发明人有权获得专利，自然人、法人可单独或集体申请专利。申请需提交的文件有：专利申请书、发明的说明书、权利要求书（说明发明或实用新型的技术特征，表述请求专利保护的范围）、附图（如果说明书需要附图说明）、其他说明、专利费用交款书等文件。

（一）商标注册的主管部门

表6-3　东南亚十一国负责专利和商标注册的主管部门

国家名称	主管部门
东帝汶	贸易工业、环境与旅游部
菲律宾	菲律宾知识产权办公室（IPO）下属的商标局（BOT）
柬埔寨	柬埔寨商业部知识产权局
老挝	科技部
马来西亚	知识产权局
缅甸	缅甸注册局
泰国	商标注册署
新加坡	知识产权局
印度尼西亚	知识产权理事会
越南	知识产权局
文莱	总检察署

资料来源：本文作者整理

(二)商标注册的相关规定

东帝汶

东帝汶贸易工业、环境与旅游部负责相关的专利申请和商标注册。由于经济刚刚起步，专利申请和商标注册并不广泛。

菲律宾

商标注册的申请需要向菲律宾知识产权办公室（IPO）下属的商标局（BOT）提出，主要步骤如下：

【提出申请】提出申请时，要交送商标注册申请书；申请人姓名、地址、联系方式；商标图样（指定颜色的，应当交送着色图样）；将要运用该商标的货物或服务清单。

【查证】BOT将对商标注册申请进行查证，看是否有类似或相同的商标注册申请。

【实质审查】当商标注册申请符合所有要求时，即通过实质审查，商标才被核准；否则，申请将被拒绝。

【提出异议】对初步审定的商标，IPO将在公报上予以公告，任何人均可提出异议。

【核准注册】自公告之日起30天内，无异议或经裁定异议不能成立的，始予核准注册，发给注册证书，并在IPO的公报上予以公告。

柬埔寨

柬埔寨商业部知识产权局是负责商标事务的主管部门，企业申请商标需向知识产权局提交申请。企业申请商标需提交以下文件：注册申请书、由公证人律师认证的授权书、15份商标范本。商标权的期限10年，期满可以延续，每次10年，同时每5年应向知识产权局报告使用情况，否则商标将被取消。

柬埔寨是世界知识产权组织成员，并于1999年加入《巴黎公约》。如申请人的申请材料中能够证明其已在《巴黎公约》某一成员国提交该商标全境或区域注册申请的，可取得商标注册的优先权。

老挝

在老挝注册商标需到其主管部门科技部提交商标注册申请、授权书、商标样本、商标使用规定、优先使用权证明、缴费单等文件，受理后60日内获批。

马来西亚

马来西亚的商标分为商品商标和服务商标两类。外国商标必须在马来西亚登记才能获得合法保护，依照《1976年商标法》和《1997年商标条例》，外国商标登记必须由马来西亚商标代理人向知识产权局提出申请。

缅甸

在商标所有权问题上，缅甸坚持"在先使用"和"先到先得"的原则，并不强制要求商标注册，商标所有人自商标首次使用之日起即获得商标专用权。但是商标注册可以使商标持有人在刑事或者民事诉讼中取得表面证据，从而对抗侵权人。根据缅甸《注册法》和《注册法》第13号令的规定，可以通过向缅甸注册局发布商标商号所有权声明的方式实现商标注册。所有权声明并不是商标专用权的最终凭证，但却是初步证据，在刑事诉讼或民事诉讼过程中，当事人出具这种注册证书，将会对诉讼起到很大的帮助作用。注册一旦完成便是永久性的，不需要续展。如果商标持有人的名称、地址、商标的图案、使用商标的商品/服务等事项发生重要变更，那就需要重新进行注册。

中资企业在缅甸办理商标注册时，需要提交以下文件：授权书、企业法人的营业执照以及商标注册证书。上述文件需要办理（中英文）公证，并经中国外交部、缅甸驻中国使馆或总领馆认证。所有的文件必须真实有效，如果文件中所指的地址、法人名称等事项发生了变更，需要标注说明。此外，声明文件中还需说明：商标所有人正在以销售为目的在制造或销售的商品上使用商标；该商标是由商标所有人创造出来的；该商标不是对他人商标的假冒或模仿；据商标所有人所知，到目前为止，没有人在类似商品上使用该商标。

商标所有权声明在缅甸注册局注册后，通常要在当地的报刊上发布商标警示公告，如果是国际性商标，还应当在当地英文报刊上刊登公告。公告内容包括商标的名字、式样、细节说明、商标持有人的姓名、地址以及对侵犯商标权的简短警告。

依照缅甸《特定救济法》的规定，一旦商标专用权受到侵犯，可以向法院提起民事诉讼，授权法院对侵权人发出永久的、要求停止侵权的禁令，并可要求侵权人赔偿由此给商标持有人造成的损失。除民事诉讼外，根据缅甸

《刑法》规定，还可以对使用假冒商标、制造假冒商标、销售假冒商标的商品的侵权人处以刑事处罚，包括处以罚款、处以3年徒刑，并处没收和销毁侵权物品和商品等。

泰国

1991年颁布的商标法对商标注册和商标保护进行了规定。该法定义商标为用于说明商品所属的符号。商标必须是唯一的，不能与已注册的商标相同或相似。

【注册程序】主要包括：

（1）查询。申请前查询的作用是找出类似或相同并对申请有影响的已申请/注册的商标。查询后再分类为最多10项指定物品或服务，总共有45类。

（2）申请。商标申请由所有者或其代理负责申请，需填写由商标注册署办公室发给的正式申请表。所有者或代理人必须在泰国有确切的地址，以便商标注册署办公室与其联系。提交申请后，商标注册署审查员会对申请进行审查。如申请合乎商标法条例及没有抵触其他注册或已申请注册的商标，商标注册署会发出公告许可证及列明商标获准注册所须遵办的条件。

如商标注册署办公室认为该商标可注册，且在正式公布后90天内，没有收到反对意见，则该商标可以获得正式注册。

【商标注册期限】如在公告日期起2个月内没有人提出反对，申请人便可申领注册证书。由申请日至发出证书需时大约12到15个月。商标有效期10年。商标所有人必须在商标到期90天之前提出延长申请，再续期10年。

实际还未使用过的商标也可注册。但无权对第三者申请使用此商标的行为提出诉讼。

【处罚】商标所有人是该商标的唯一合法使用者，对侵权者可依法起诉。

【服务标志、证书标志以及集体标志】自1992年2月，服务标志、证书标志以及集体标志也被视为受商标法各款规定约束和保护的商标之中。

文莱

【申请商标注册程序】在文莱使用商标的第一人可向有关当局注册。该国的商标分类是根据国际分类法，文莱也接受服务商标的注册。文莱还提供多元分类、个别分类和综合分类的申请。

注册商标有下列情形的，有遭撤销之虞：商标于文莱无正当理由有连续5

年未使用的情形的，该5年期间系自完成注册之日起算；商标之使用结果变成通用之商品或服务名称的；商标之使用结果易于在社会大众间造成混淆误认的。依新法之规定，提出上述撤销的申请人资格，不限定为利害关系人。再者，提出未使用撤销之申请人不必提出该商标未使用调查报告，举证责任系由商标所有权人提出。

【商标注册申请流程】在文莱申请注册商标流程：

（1）查询。商标查询通常是指商标注册申请人在申请注册商标前，为了了解是否存在与其申请注册商标可能构成冲突的在先商标权利，进行的有关商标信息的查询。申请人在申请注册商标前最好进行商标查询，了解在先权利情况。虽然查询结果不等于审查结果，但是，到政府申请查询服务，可在很大程度上降低整个申请注册过程的风险。因此，建议客户选择查询服务。

（2）审查。确认费用已交齐的前提下，商标局会翻查商标记录，以确定在相同或类似的货品或服务，是否有其他商户已经注册或申请注册相同或类似的商标；同时，查核有关商标是否符合商标法律法规的注册规定。如审核通过，申请程序将进入下一阶段（登宪公告阶段）。

（3）登宪公告。商标局核准申请后，便会在商标周刊上公告，为期3个月，如无人提出异议，该商标就可以成功注册了。

（4）注册。商标注册申请被核准后，便会把该商标的详细资料记入注册记录册，并向申请人发出注册证明书。此外，商标局会在商标周刊中公布有关的注册公告。注册日期会追溯至提交申请当日，换言之，作为注册商标拥有人的权利，应由提交申请当日起计。

（5）申请时间。有关申请如没有不足之处，又没有遇到反对，则整个程序需时可短至14个月。

新加坡

新加坡保护商标的主要法律是商标法。

商标注册可通过新加坡知识产权局网站或直接到新加坡知识产权局注册。物品及服务基本上分为45个类别。

新加坡知识产权局会对商标的"特征性"进行审查。如果新加坡知识产权局没有提出反对，该商标符合注册标准，且没有任何人提出异议，其注册过程通常需要8到10个月。

商标注册以后长期有效，但须每10年更新一次。

申请专利、商标和设计，可通过新加坡知识产权局网站在线提交申请材料。

新加坡都市

印度尼西亚

按印尼《商标法》规定，商标注册申请应以印尼文书面向知识产权理事会提出。申请书应当包括以下内容：申请日期、申请人的姓名、国籍和住所、代理人的姓名和住所、商标的颜色、国家名称和首次提出商标注册申请的日期。商标注册可以个人提出，也可集体提出，还可由单位提出。相关费用包括：提出商标注册申请及续展申请、提出商标目录复印件申请、商标权转让登记、改变注册商标持有人姓名及地址、商标许可协议登记、提出商标注册申请异议、提出商标注册申请及复审等。

越南

【概述】自然人或者法人直接向越南知识产权局提出申请，允许多类申请，商品分类实行尼斯协定分为45类。商标专用权从申请日起算，有效期10年，在期满前6个月申请续展注册，每次续展注册的有效期为10年。注册商标必须使用。如果在注册后连续5年未使用，有可能会被申请撤销。

商标申请或注册商标均可转让。注册商标的转让必须登记，才有法律效力。商标申请的转让只有在注册后才能登记。只有注册商标才能许可。许可合同必须登记。

【申请资料】包括：

（1）以法人申请，附《营业执照》或有效登记证明复印件1份；以自然人申请附个人身份证明文件1份；

（2）申请人签署的经公证的授权书1份（申请时可先递交委托书复印

件，3个月内提交原件）；

（3）商标注册申请书一式两份；

（4）商标的描述：商标含义，非英文单词的英文翻译或者音译；

（5）申请人信息，地址中英文；

（6）商标图样；

（7）需要保护的类别和商品/服务名称；

（8）优先权声明（如需要）；

（9）缴费证明。

【程序和时间】

（1）接收单证：申请人可以采取直接递交申请资料或邮寄方式到越南河内国家知识产权局或知识产权局在胡志明市和岘港市代表处。

（2）形式审查：知识产权局收到注册商标申请后，进行形式审查期限是自收到申请之日起1个月。形式审查是根据申请形式、申请对象、申请权等方面对注册商标申请做出该申请是否合理的结论。

（3）合格公布：商标注册申请被确认为合格后，将自被确认合格之日起2个月内在工业产权公报上公布。商标注册申请公布内容有注册合格通知书，商标图样，商品名称和服务名称。

（4）实质审查：审查期限自合格公布之日起9个月内，审查商标是否具有显著性以及是否存在禁止注册的情况。如通过，颁发注册证，并予以登报公布；不通过，则先发出准备驳回的通知，给申请人2个月的时间做出答复或修改申请（如缩小商品范围）。如仍不能通过，则发出驳回通知书，申请人可以在3个月内对此向国家知识产权局作出上诉，之后可以向法院提出上诉。

若注册过程顺利，大约需要12个月。

三　专利注册

目前，东南亚绝大部分国家都已经建立起专利保护制度，但是各国由于政治、经济和历史原因，法律制度依然存在较大差别。从专利法的立法模式上看，新加坡只保护发明，不保护实用新型，而外观设计则另行立法保护；菲律宾和越南将专利保护的规则置于统一的知识产权法典中，提供发明、实用新型和外观设计的保护；印度尼西亚和马来西亚的专利法只保护发明和实用新型，外观设计另行立法保护；柬埔寨和老挝的专利法保护发明、实用新型和外观设计；文莱则至今没有独立的专利注册制度，延伸注册已经在英国、马来西亚和新加坡注册的专利。另外，柬埔寨、老挝、缅甸等国作为最不发达国家，仍未开始执行TRIPS协议的相关条款，与东盟其他一些国家之间的差距较大。

(一)专利主管部门

表6-4 东南亚十一国专利主管部门

国家	专利主管部门
东帝汶	暂无
菲律宾	菲律宾知识产权办公室（IPO）的专利局（BOP）
柬埔寨	工业矿产能源部
老挝	老挝国家科技部
马来西亚	马来西亚知识产权局
缅甸	在缅甸农业灌溉部设在各省、邦的注册局办理
泰国	泰国知识产权厅
文莱	文莱总检察署
新加坡	新加坡知识产权局
印度尼西亚	印尼知识产权理事会
越南	越南知识产权局

资料来源：本文作者整理

(二)东南亚十一国加入有关专利国际公约情况

在世界知识产权组织涉及专利的主要国际公约，以及世界贸易组织《与贸易有关的知识产权保护协议》中，东南亚十一国的参与情况如下表所示：

表6-5 东南亚十一国加入有关专利国际公约情况表

国家	建立世界知识产权组织公约WIPO	巴黎公约	专利合作条约	工业设计国际	注册的海牙公约	用于专利程序的微生物保存布达佩斯条约	TRIPS
东帝汶							
菲律宾	√	√	√			√	√

续表

国家	建立世界知识产权组织公约WIPO	巴黎公约	专利合作条约	工业设计国际	注册的海牙公约	用于专利程序的微生物保存布达佩斯条约	TRIPS
柬埔寨	√	√					√
老挝	√	√	√				
马来西亚	√	√	√				√
缅甸	√						√
泰国	√	√					√
文莱	√						
新加坡	√	√	√	√		√	√
印度尼西亚	√	√	√				√
越南	√	√	√				√

资料来源：中国社会科学院法学研究所《东南亚联盟国家知识产权环境研究》

（三）东南亚十一国现行专利法的基本情况

表6-6　东南亚十一国现行专利法基本情况

国家	现行专利法制定时间	修订情况	保护客体	专利审查制度
东帝汶	暂无			
文莱	外观设计法（1999）		3年内延伸注册保护英国、马来西亚、新加坡的授权专利，单立外观设计法	
柬埔寨	2002		发明、实用新型、外观设计	先申请制，延迟审查
印度尼西亚	外观设计法（1989，2000）	1997 2001	发明、实用型（"简易专利"），单立外观设计法	先申请制，延迟审查允许发明与实用新型换保护，实用新型实质审查
老挝	2002		发明、实用新型、外观设计，先申请制，延迟审查	
马来西亚	外观设计法（1983，1996）	1986 1993 2000 2002 2006	发明、实用新型（"实用革新"），单立外观设计法	先申请制，主动实审制，允许发明与实用新型转换保护，实用新型实质审查

139 >>

续表

国家	现行专利法制定时间	修订情况	保护客体	专利审查制度
缅甸	暂未施行		延伸适用印度专利法	先申请制
菲律宾	知识产权法典（1997）		发明、实用新型（形式审查）、外观设计	先申请制，延迟审查延伸保护美国授权专利实用新型形式审查
新加坡	注册外观设计法（1994，2000）	1996 2002 2005；2001	发明，单立外观设计法	先申请制，延迟审查实用艺术品不允许外观设计法和著作权法的双重保护
泰国	1979	1992 1995 1999	发明、实用新型（小专利）	先申请制，延迟审查允许发明与实用新型转换保护，实用新型形式审查
越南	《知识产权法》，（第3编 工业产权，2005）（民法典第6编知识产权与技术转让）	2009	发明、实用新型（实用专利 utility solution patent）、外观设计	先申请制，延迟审查允许发明与实用新型转换保护

资料来源：中国社会科学院法学研究所《东南亚联盟国家知识产权环境研究》

（四）部分东南亚国家申请专利的有关规定

菲律宾

申请专利需要向菲律宾知识产权办公室（IPO）的专利局（BOP）提出。

【申请材料】在提出专利申请时必须提交以下材料：

（1）专利申请请求书；

（2）申请人姓名、地址和签名；

（3）对申请专利的发明或实用新型做说明，必要时应当有附图；

（4）申请费用；

（5）申请人要求优先权的，应当在申请的时候提出书面声明，写明在外国提出申请的申请日和受理该申请的国家。

【BOP审查】在一项发明或实用新型专利被最终批准之前，BOP还要对该发明或实用新型专利进行实质审查，审查通过后，BOP将会把审查报告送达申请人。

【专利种类】申请人在收到报告2个月之内，可做以下任何一种决定：

（1）将实用新型专利申请转换为发明专利申请；

（2）撤销申请；

（3）修改申请；

（4）请求BOP出具注册可行性报告；

（5）不采取任何行动（但如果申请符合BOP的所有要求，且已付清有关费用，BOP将视为自动注册）。

【IPO专利公告】经IPO注册的发明或实用新型专利应在登记后半年内，在IPO的公报上按照目录或样图予以公告。

泰国

【专利申请的程序】专利申请者在发明或设计一个产品后，可根据其产品性质特点（如发明的复杂性和先进性）和需要来申请合适的专利保护种类。选择的种类有：专利、次要专利和专利保护。申请的种类不同，需要的申请费用和手续也相应不同。

在具备专利申请条件后，申请程序如下：

（1）填写专利申请表格（含费用），申请文件包括：专利申请表格、专利发明的法律规定描述、主张的权利、摘要、图纸（如有）、其他文件（如有，例如书面委托协议、雇佣合同、代理人权利及法人证明等）。

如填写的申请文件有明显错误，专利审批官员会通知申请人或其代理人在自通知之日起90天之内进行修改，同时视情况加收申请费用。如逾期不能完成修改则其申请作废。

（2）将专利申请进行公示，期限为90天。公示费用为500铢，必须在通知后60天内缴纳。

（3）如果申请的是发明专利，申请者须在公示之日起5年内请求对专利进行审核检查，并缴纳费用。之后，专利审核官员将进行审核是否符合条件与法律，并要求缴纳注册费用及保证金，最后发放发明专利证书。

如果申请的是产品设计专利，则不需要进行审核申请。专利审核官员将在公示90天后对提交的文件进行审核，并要求缴纳注册费用及保证金，最后发放产品设计专利证书。

【专利期限】发明的专利从申请日起有效期为20年，产品设计专利从申请日起有效期10年，法庭审议专利期间不计算在内。

在专利的有效期内，专利所有者是唯一具有使用专利发明和设计、生产和销售产品的权利人。在专利通过前，任何有关该专利的侵权案都不被视为违法。专利所有人可以将其专利授权给其他人所有或使用，但受以下条件限制：专利人不得附加任何条件或限制，或引起不良竞争；在专利的有效期过后，专利所有者不得要求被授权人付费。任何与以上相悖的授权都无效。任何协定或许可必须以书面的形式，并进行正式注册。

【专利的取消】尽管专利已获批准，任何对此有质疑的人或检察官都可上诉法庭对其提出质疑，取消其专利权。

还没有在泰国获准专利的国外专利，不受专利法的保护。但国外专利的持有者或发明、设计权的享有者可与泰国机构合作进入泰国的商务领域，同时通过在特许协定上的契约义务得到相同的保护。由于国外专利、发明和设计不受专利法的保护，泰国不受理因第三机构生产销售外国专利的持有人的产品而未付相关费用，或在泰国申请已在其他国家申请的专利而引起的纠纷。

印度尼西亚

【提出申请】按照印尼专利法规定，专利申请要由发明人或者申请人提出，申请专利需以印尼文书面向印尼知识产权理事会提出。专利代理人必须是知识产权理事会注册的知识产权法律顾问。

【申请文件】专利申请文件包括：申请日期、申请人地址、发明人姓名及国籍、专利代理人姓名及地址（通过专利代理人提出申请时）、特别授权专利代理人、专利请求书、申请发明专利名称、权利要求书、专利说明书、该专利照片、专利摘要。

【专利费用】专利申请相关的费用包括申请费、专利公告费、专利转让记录和公告费、专利许可登记和公告费、强制许可申请费及专利年费。

越南

【提出申请】自然人或者法人可直接向越南知识产权局及其分支机构提出专利申请。

【申请文件】需提交以下文件：一是专利申请书2份（越文），列明拟申请专利的产品或技术主要内容，提供申请人详细信息；二是2份拟申请专利的产品或技术的文字描述及相片，列明该产品或技术的特性；三是两份需要保护需求；四是其他有关材料（若有）；五是缴费证明。

【审查流程】知识产权局及分支机构将负责保守拟申请专利产品或技术的秘密，形式审查时间为自收到申请书之日起1个月。审批通过后，知识产权局将在《工业产权公报》上刊登相关消息，自公布之日起12个月进行实质审查。专利审查期限为18个月。

四 劳动许可

东南亚十一国的外籍劳动力主管部门将会为外籍员工颁布工作许可。大多数国家对于外籍员工的工作许可的限制日趋严格，除非属于当地亟须行业的人才。

表6-7 东南亚十一国负责为外籍劳动力办理工作证的主管部门

国家名称	负责为外籍劳动力办理工作证的主管部门
东帝汶	劳工局
菲律宾	劳动和就业部、移民局
柬埔寨	劳工部
老挝	劳动社会和福利部外国工作人员管理司
马来西亚	移民局
缅甸	外国人到缅甸工作，不需要办理工作许可，缅甸未制定外国人在缅工作许可制度
泰国	劳工部就业厅
文莱	内政部劳工局和移民局
新加坡	人力资源部
印度尼西亚	移民局
越南	越南劳动荣军社会部及各省、直辖市的劳动荣军社会厅

资料来源：本文作者整理

（一）工作许可制度

东帝汶

东帝汶的签证政策：

普通签证Ⅰ和Ⅱ类可在抵达帝力机场或任何寄宿地点时由东帝汶移民局核准并发放。其余类型的签证，来访者需持东帝汶外交部领事事务局批准的证明，由移民局发放落地签证。

【普通签证】不具备工作或永久居留的资格。

Ⅰ类：旅游或商务签证落地签证，签证费30美元，至多停留30天，一次入境（移民局不发放多次入境的30日签证），续签费35美元，可续签60日（总长不超过90日）。

Ⅱ类：过境签证

落地签证，签证费20美元，至多停留72小时，一次入境，不可续签。

Ⅲ类：学习签证

落地签证，签证费40美元，停留期1年（需有外交部领事事务局的书面授权），可多次入境，根据学业成绩、注册、资金和住宿等证明可续签，续签期限与原始签证期限相同，续签费35美元。

【文化、科技或新闻业签证】落地签证，签证费40美元，停留期限180天（需有外交部领事事务局的书面授权），可多次入境，可续签，续签费35美元，续签期限可与原始签证相同。另外，新闻工作者可凭借记者证明，续签至多可达3年。

【工作签证】落地签证，签证费50美元，停留期1年，多次入境。可续签与原始签证相同的期限。

【居留签证】落地签证，签证费50美元，停留期6个月（需有东帝汶外交部领事事务局的书面授权），多次入境，不可续签，但可在6个月内向帝力的移民局申请常驻许可证，常驻许可证办理费用40美元。

居留签证核准条件：申请人需证明需要长久留在东帝汶境内的原因、具有收入来源、有住宿保证、无犯罪记录。东帝汶移民局围绕改进各经济领域的专业工作、提高生产力和吸收技术的目标，对居留申请进行审批。居留签证最长不超过5年。

【注意事项】东帝汶法律规定，递交工作签证和居留签证申请的游客在等待核准的过程中不得从事任何职业活动，否则可处以250美元罚款，对雇主处以500美元的罚款。

2010年3月，东帝汶时任总统拉莫斯·奥尔塔签发一项法令，根据有关旅客的国籍，依法限制对访问和过境落地签证的发放。根据该法令，在东帝汶陆地边检站，仅印度尼西亚居民以及与东帝汶签署有专门协议国家的居民可以申请访问或过境的落地签证。除此之外，均须事先申办签证。在东帝汶国际空、海港，仅允许相关协议国家的居民申请访问或过境的落地签证，其余均须事先取得入境签证。

菲律宾

在菲律宾工作或提供服务的外国人可办理下列几种签证：

（1）《菲律宾移民法案》第9章（d）规定的协议商人/投资者签证

可签发给进入菲律宾并与其所属国从事贸易活动的外国人。移民局要求最初投资不低于3万美元或年贸易额不低于12万美元。目前，与菲律宾签订友好、商业和航海条约的国家有美国、德国和日本。

（2）《菲律宾移民法案》第9章（g）规定的预定雇员签证

签发给在菲律宾从事技术、管理或保密工作的外国人的正规工作签证。外国人被雇用从事的工作或提供的服务，须是本地菲律宾人或居民不愿或不能胜任的，且其录用应有益于公众利益。此类签证需经移民局理事会会议批准。

申请此类签证需向移民局提交外国人就业许可证（AEP）。一般来说，这类签证的有效期与其AEP或雇用合同的有效期中先到期的期限一致。AEP要在担保公司经过劳动力市场需求测试并提交一份替补培训计划后，由劳动和就业部批准。劳动和就业部要求在外国人监督下至少培训两名菲律宾人。

（3）第47章（a）（2）规定的特别非移民签证

此类签证可签发给在菲律宾经济区署和投资署注册企业雇用的外国人，以及被临时指派到政府项目工作的外国人。尽管这些外国雇员享有多次进入菲律宾的权利，在菲律宾经济区署注册企业的外国雇员无需在移民局留指纹和注册。但是，他们仍需从劳动和就业部获得AEP。

（4）行政令第226号规定的特别非移民签证

此类签证签发给在投资署注册或在菲律宾的跨国公司地区总部工作的外国人。他们享有多次进入菲律宾的权利，并无需支付费用、在移民局留指纹、注册及从劳动和就业部获得AEP。

（5）总统令第1034号规定的特别非移民签证

此类签证签发给在由菲律宾央行正式授权、作为一个离岸银行业务单位运作的离岸银行工作的外国人。他们也享有多次进入菲律宾的权利，并无需支付费用，或在移民局留指纹、注册及从劳动和就业部获得AEP。

（6）苏比克工作签证

此类签证签发给苏比克自由港内企业雇用的高级管理人员，以及其他拥有高级技能的外国人。

（7）其他移民政策

打算赴菲律宾的外国人，可以不用获得EO第408号规定的签证作为旅游者入境，或在任何国外的菲律宾领事馆获得第9章（a）规定的临时访客签证。第9章（a）规定签证可用于因经商、游玩或健康等原因入境，该签证通常最初允许外国人停留59天，并可延期至一年。

进入菲律宾后，移民局允许外国人将其移民身份从游客/临时访客改为另一个类别的签证，无须离开菲律宾。

当外国人变更移民身份的申请被批准时，他或她必须在菲律宾境内，否则，变更无效。如果出现申请人不在菲律宾境内的情况，需要再次提出变更申请。

申请人在菲律宾移民局申请更改移民身份期间，他或她应申请临时工作许可证（Provisional Permit to Work）。

柬埔寨

外国劳工必须持有劳工部颁发的工作许可证，该工作许可证的有效期为1年，可以延期，但延期不得超过居留许可证确定的期限。外国人的工作合同每次期限不超过2年。工作合同可以用外文，但应附有一份柬埔寨文。工作合同应明确规定符合劳动法的主要雇佣条件。外国人在合同工作期满后要在柬埔寨继续工作应重新报批。

老挝

外国人赴老挝工作，必须获得当地劳动部门签发的工作许可，并在老挝驻申请人所在国大使馆或领事馆办理B2商务签证。

马来西亚

外国人赴马来西亚工作，必须获得马来西亚移民局签发的工作许可，赴马务工前事先办理好工作准证。

缅甸

外国人到缅甸工作，不需要办理工作许可，缅甸未制定外国人在缅工作许可制度。

泰国

泰国2008年2月颁布实施的《外国人工作法》，替代了1978年颁布实施的《外国人工作法》，将"工作"定义为包括任何涉及体力工作或运用知识的活动，有报酬或没有报酬。外国人在泰国工作必须先获得泰国劳工部颁发的

吉隆坡唐人街

外国人劳动许可证，没有工作许可证的外国人禁止在泰国从事任何形式的工作。根据移民法规定，临时从事必要和紧急的工作，时间15天或之内的情况除外。申请工作许可的外国人必须是根据移民法规定，允许在泰国合法居住或持非移民签证进入泰国，持旅游或过境签证的外国人不允许申请工作证。

【豁免】该法规定从事下述职业的外国人可以不必有工作许可证：外交使节团成员；领事团成员；联合国及其特别机构的成员国代表和官员；从国外来为上述人员工作的私人服务人员；执行泰国政府与他国或国际机构协议项下公务的人员；为教育、文化、艺术或体育事业而进入泰国的外国人员；经泰国政府特别批准来泰国履行义务或执行任务的外国人。

【特别例外】尽管大多数外国人必须申请工作许可证，而且必须在许可证签发后才可开始工作，《外国人工作法》为下列情况提供了特别的待遇：

（1）紧急和重要的工作

根据《移民法》，对暂时进入泰国执行任何紧急和重要事件而且在泰停留时间不超过15天的人，可以不必取得工作许可证。但是这些人必须提交由本人签字并由其雇主背书的书面报告，并经移民局局长或其指定的委托人同意。享有此项待遇的外国人可凭任何一种签证进入泰国。所谓"紧急、重要的工作"法律上并没有明确的规定，是否给予工作证的豁免完全由管理机关决定。

（2）投资促进

根据《投资促进法》，试图在泰国得到工作许可的外国人必须在收到投资促进委员会的任职通知后30天内提交工作许可申请。这类人可以在政府处理其申请期间从事经授权的工作。

文莱

外国人赴文莱工作，必须获得当地劳动部门签发的工作准证。

文莱移民局规定，获得签证准许在文莱工作外国公民，在雇佣合同即将结束前，需由雇主凭机票和信函前往移民局注销相关签证后方能离境，但事先办理了多次入出境且在有效期内的情形除外。

新加坡

外籍人员在新加坡工作，必须取得合法工作许可。新加坡针对外籍人员的工作许可分为三类：

【就业准证】适用于担任管理、行政或专业类职务的人，固定月薪至少3300新元（经验较丰富的申请者工资要求更高），拥有可接受的资质（通常是良好的大学学位、专业资格或专业技能）。

【S准证】S准证适用于中等技能的外籍雇员（如技术人员）。持S准证在新务工的外籍劳工需要满足最低月薪2200新元（年龄较大、经验较丰富的申请者工资要求更高）、拥有大专以上学历和相关工作经验等条件。

【工作准证】适用于技能较低的外籍劳工。

印度尼西亚

外国人在印尼工作，必须向印尼大使馆申请工作签证，以及通过雇主办妥印尼劳工部工作准证，并在抵达印尼后规定时间内办理临时居留等相关手续。

越南

在越南工作3个月以上外籍劳务人员须办理由越南各省（直辖市）劳动荣军社会厅颁发的劳动许可证，劳动许可证有效期根据合同期定，但不超过2年，应用工单位的要求，可适当延长期限。

（二）劳动许可的办理程序及所需材料

东帝汶

（1）申请程序

【外交部初审】将所需材料一式3份（1份原件和2份复印件）交由东帝汶

外交部审核，外交部会根据申请签证类型的不同对申请者资质进行审核。审核通过后，将资料送交劳工部和移民局征求意见。

【劳工部和移民局复审】劳工部和移民局接收到外交部转递过来的材料之后，分别对申请人的申请居住原因、是否有固定工作、是否具有固定经济收入、是否具有宿保证、有无犯罪记录等进行审核，待所有内容审核完毕之后，送回外交部。

【外交部发证】外交部在收到劳工部和移民局对申请材料的复核意见之后，确认无误，则向申请人核发申请类型签证。

（2）提供材料

【工作签证所需材料】包括：

（1）申请人护照经核准的复印件3份，作为身份证明；

（2）3张规定尺寸的彩色照片，单色背景；

（3）无犯罪记录证明（原件和2份复印件）和健康证明（1份原件和2份复印件）以证明申请人的身体和心理均健康，由申请人所属国或申请人居住一年以上的国家主管当局出具证明；

（4）担保证明与住宿证明（原件和2份复印件）；

（5）签证申请需注明要求居住的原因及作为居民居留的时限，还有申请人提供的承诺书，表明遵守申请该签证需要的所有法律要求。

【居留签证所需材料】对于申请工作签证或申请旨在开展职业活动的居留签证，申请人还需提供：

雇员：受雇证明或合同（原件和2份复印件）；

企业家：参与某公司的证明（在东帝汶注册的营业登记原件和2份复印件）；

独立工作者：从事独立职业的专业资格证明，或任何其他与所从事的活动相关的证明文件。

以上材料除雇佣合同从劳工局领取外，其余均需要提交给东帝汶外交部，外交部将处理后的材料交劳工局。

菲律宾

（1）申请程序

申请工作许可，主要有以下两个步骤：

到菲律宾劳动和就业部（Department of Labor and Employment，DOLE）申

办劳工许可证（AEP-Alien Employment Permit）；

到菲律宾移民局（Bureau of Immigration）申办9G签证，并办理I-CARD身份证。

（2）提供资料

申请工作许可，需要提交以下材料：

（1）公司在菲律宾证券交易委员会（SEC）注册文件；

（2）公司有效营业执照；

（3）公司最近一年的税务报表或近期经过审计的财务报告，新公司提供在税务局的登记证明；

（4）申办人的护照原件；

（5）个人简历；

（6）个人税号；

（7）两寸照片八张，1寸照片六张；

（8）申办人和用人单位的劳动合同。

办理工作签证程序较烦琐，周期较长，外国员工多通过中介或代理办理，需注意甄别中介资质和诚信，比较代理费用。

柬埔寨

（1）申请程序

根据劳工法的规定：需要雇用外国专业技术和管理人员的企业，必须在每年11月底前向劳工部申请下一年度雇用外劳的指标，每个企业所雇用的外劳不得超过企业职工总数的10%。未申请年度用工指标，将不被允许雇用外劳。

（2）提供资料

申请工作准证需提供如下材料：①雇主预先获得在柬埔寨工作的合法就业证；②雇主的聘用证书；③有效护照；④有效签证；⑤健康证明。

老挝

（1）申请程序

工作许可证由在老挝的雇主（公司或个人）向所在地劳动主管部门提出申请，经审核后，14个工作日内发放工作许可证。

（2）提供资料

申请工作许可证需携带聘用单位的聘用许可证明；一张1寸照片、含B2商务签证的护照和办证费用（120美元/人/年）。

马来西亚

（1）申请程序

【制造业公司外籍管理人员职位】由外资公司向马来西亚投资发展局（MIDA）提出申请，投资发展局根据公司投资额核定名额，再交由其内部"一站式"服务部门统筹审批。外籍管理人员期限一般为5年，期满后可再延长5年。

【制造业公司雇用外籍劳务】由雇主向马来西亚投资发展局提交申请，由其内部"一站式"服务部门统筹处理。

【制造业以外其他领域雇用外籍劳务】由雇主向内政部外籍劳工处提交申请。政府对外籍劳工实行个案批准制度，并附带一定条件；雇主必须在尝试雇用本国公民未果后，才可以考虑雇用外籍劳工。

（2）提供资料

公司申请信函（申请职位及说明、工作时间、每月工资等）；已缴纳印花税的雇佣合同；公司注册文件；护照原件及复印件、学历证明或技术等级证书复印件及英文翻译件；申请人个人简历；标准护照照片；相关申请表格（一般为Form DP11）。

办理工作准证过程中应注意：根据马来西亚法律规定，雇主应该亲自向政府提出雇用外籍员工的申请，但由于马来西亚外籍人士办理工作准证手续比较复杂，建议中国企业办理手续前，向当地有经验的人力资源顾问公司咨询，请其提供有关协助。还需注意：最好亲自申请，但必须了解员工情况，熟知程序；合理控制办理准证费用；和移民局官员交涉时注意掌握技巧；委托马政府认可并批准的中介代理。

泰国

（1）申请程序

该法要求在泰国工作的外国人必须在开始工作前获得工作许可。该法第八章规定，在开始工作前雇主可代其填写申请表格。但是根据《移民法》，只有当该外国人根据《移民法》进入泰国后方给予发放工作许可证，而且必须由本人亲自领取。

工作许可开始的有效期限仅仅是根据《移民法》该外国人的非移民签证所允许他在泰国居留的时间。因此工作许可将根据签证的延期和更新而进行更新。对于持有泰国居留证的外国人，工作许可证可每年更新。劳工厅具体负责办理更新事宜，原则上工作许可的初始有效期限为1年。工作许可证必须在其到期以前更新，否则将自动失效。

（2）提供资料

申请工作许可需备齐如下文件：

（1）对于非永久性居留，要有一本非移民签证的有效护照；

（2）对于永久居留，需一本有效护照、居留证以及外国人身份证；

（3）申请人的学历证明和原雇主的推荐信（详细说明该申请人过去的职务、职责、表现、工作地点及期限），如果文件是英文，须附有泰文译文并经泰国大使馆或泰国外交部认证；

（4）近期体检证明；

（5）3张5×6厘米照片；

（6）如申请表非本人填写，须附有符合规定格式的有效的委托书及10铢税票；

（7）填写申请表"工作描述"一栏时，须详细说明申请者将从事何工作，该工作涉及何人以及工作中所需何种设备原料等；

（8）根据该法，如果申请的工作须依照一些特别的法律审批发放执照（证件），则还须附有该执照（证件）的复印件一份（如教师证、医生行医证、新闻记者证等）；

（9）如申请人已和泰国人结婚，须提交下列各项文件的原件及复印件：结婚证明、配偶身份证、子女出生证明（如有）、户口登记表以及申请人护照复印件（每页都要）；

（10）如申请的工作不在曼谷，则申请表应在相关府的劳工厅填写，如没有这样的机构，就在该府市政厅填写；

（11）其他需要的证明。

文莱

2016年10月1日起，文莱内政部对准备雇用外籍员工的新注册公司实施施行简化的外籍员工准证制度以替代原先的外籍员工配额准证制度，基本操作程序是：

（1）申请单位在文莱就业中心（JCB）和雇员信托基金（TAP）注册并取得其同意。特定行业还需取得其他政府相关部门的同意。

（2）申请单位向劳工局提交劳工准证申请，劳工局会在7天内完成审批，建筑类申请单位审批时间需要18天。

（3）审批通过后，申请单位须向劳工局缴纳安全保证金（Security Deposit）（1个工作日）。

（4）申请单位向劳工部和移民局申请工作签证（employment visa and pass）。审批通过之后，必须持移民局出具的批准函到本国出入境体检中心办理体检并取得健康证书（体检项目必须按照文莱健康部要求）。体检结束后，持批准函和体检结果到文莱驻当地大使馆申办签证。

（5）进入文莱后，外国劳工须接受文莱卫生部的体检，进行抽血和X光检查项目。

（6）申请单位与雇员在劳工局官员前证实所签劳动合同属实（1个工作日）。

（7）向移民局申请工作通行证和身份证（Green IC）（一般需一个月）。

（8）在劳工准证签发后3-6个月，劳工部将对外国劳工的安置，工资发放等情况进行检查。对建筑行业申请者，劳工部会在劳工准证审批通过前后进行检查。

另外，专业人士短期到文莱可以办理有效期3个月（可以延续三次，最长6个月）的专业签证（Professional Visit Visa），由雇佣公司持申请信函和护照、执业证书等到移民局申请，此手续办理较快，但需出具相关职业技能证书和有效公正等证明材料。关于外国劳工准证申请详细信息，可关注文莱劳工局网站：www.labour.gov.bn；联系电话：00673-2383006。

新加坡

（1）申请程序

雇主或由雇主委托的中介公司可通过新加坡人力资源部的各种网上申请网站［即工作准证网上申请网站（Work Pass Online）或就业准证网上申请网站（EP Online）］提出拟聘用外籍人员的工作许可申请，人力资源部签发相应的工作许可后，外籍人员方可入境工作。

（2）提供资料

【网上申请就业准证和S准证需提交资料】包括：

（1）申请人大专以上学历证明复印件及其认证。认证可以来自数据流（Dataflow）、中国高等教育学生信息网（China Higher Education Student Information）或中国学位与研究生教育信息网（China Academic Degrees and

Graduate Education Information）。该认证不需要英文翻译；

（2）申请人护照个人资料页复印件；

（3）雇主在会计与公司管理局登记的最新企业简况或即时信息。

（4）可能还需要提交其他文件，例如，若申请人是海外公司的区域代表、担任医护人员、律师、足球运动员或教练或其将就职于食品行业。

如申请工作准证，申请人需要在人力资源部工作准证网上申请网站（Work Pass Online）提交申请，待人力资源部初步核准后，在网站上直接打印初步核准信。外籍人员凭初步核准信入境新加坡，在完成体检、指纹登记等手续后即可获得正式的工作准证。

印度尼西亚

（1）申请程序

印尼雇主向投资协调委员会（BKPM）申请人力资源计划（RPTKA），并向印尼劳工部申请TA.01推荐表，以TA.01表格推荐为基础，移民局局长将向印尼驻外代表机构发出指示，允许为有关外国人签发限期居留签证（VITAS）。有关外国人在得到限期居留签证（VITAS）后，便到印尼相关移民局办理临时居留证（KITAS）和工作准字。

（2）提供资料

护照或旅行证件的有效期必须在18个月以上；一封海外或印尼担保人的推荐信；由外国投资公司（PMA）或国内投资公司（PMDN）雇用的申请人、作为海外技术援助专家的外国申请人必须附上行业主管部门和人力资源部、投资协调委员会（BKPM）的推荐信和使用外国人的人力资源计划（RPTKA）批准书；入境费（签证费）：限期居留签证每人40美元，限期居留准字每人125000印尼盾。

越南

（1）申请程序

【居留规定】外国人须申报入境目的、时间及居留地址，入境活动应与申报相符。外国人不得在禁区内居留；外国人在越南公安部所属出入境管理机关办理长期居留手续；越南公安部所属出入境管理机关将为获准在越南居留1年以上的外国人颁发长期居留证。居留证有效期最多2年。持证人出入境免签证；签证、签证加注、签证变更、居留证及居留许可延期申请将在受理之日起5个工作日内完成。

【工作许可】越南企业、机关、组织及个人雇用外籍劳务人员均须签署劳动合同。劳动合同内容应包括：工种、工作时间、工作场所、休息时间、薪资、合同期限、劳动安全、劳动卫生、劳动保险。劳动合同包括书面合同和口头协议两种。外籍劳动者在获得劳动许可证后，用人单位有责任将劳资双方签署的劳动合同复印件呈交给劳动许可证颁发机关，但外籍劳动者系由外方选派到越南工作除外。

【社会保险】在越南工作3个月以上外籍劳务人员取得工作许可证或有权机关出具其工作证明的，须办理强制性社会保险。劳工因工受伤残，雇主须支付医疗费，如未投保，亦按社会保险条件支付赔偿。

（2）提供资料

①按越南劳动荣军社会部规定的外国人工作许可证申请书；

②健康证或体检表（从取得体检表到申请工作许可证期间该证件不能超过1年）；

③司法履历或本人不是罪犯或被追究刑事责任的证明，若已在越南常驻的外国人可只提供越南司法履历；

④各类证明文件：证明为管理者、经理、专家、技术人员和教师等的一些专业等级证书（大学毕业或以上学历证书、国外工作经验确认书等）；

⑤2张近6个月内拍照的4cm×6cm，免冠、不戴眼镜的白底彩照；

⑥护照（复印件需有公证）；

⑦国外工作的相关证件：国外公司聘用决定书，劳动合同，执行使用劳动的文本等；所提交的材料是1本原件或一本复印件的，若文本是外国文字均视为无效，须按越南法律规定译成越文。所有材料均需公证，再经省外事部门进行认证，再由越南驻外使领馆认证，并译成越文。须有复印件与原件、翻译件与原件相符公证。

五　居住手续

东南亚十一国对外国人在当地居住、居留以及入籍均有不同规定，各国具体规定如下：

东帝汶

一、中国公民如在东帝汶工作，须办理工作签证。应提供的材料包括：

申请表（原件+2份复印件）；经我驻东使馆公证的护照复印件（原件+2份复印件）；彩色数码照片（3×4）2张；无犯罪证明（原件+2份复印件）（申请人需在中国国内办妥相关公证、认证）；健康证明（原件+2份复印件）；租房合同（原件+2份复印件）；劳动合同（德顿语/葡语/英语）（原件+2份复印件）；公司的注册登记（原件+2份复印件）；完税证明（原件+2份复印件）；职业证书或学历证书（原件+2份复印件）；有效签证复印件（3份）。

二、根据东帝汶国籍法规定，东国籍可通过血统、收养、婚姻、归化四种方式取得。与东籍公民结婚的外国人，满足以下三种条件可入籍：结婚5年以上；在东境内至少居住5年；能说一种官方语言（葡萄牙语或德顿语）。

如在东定居10年以上（定居时间起算点须早于1975年12月7日或晚于2002年5月20日），能维持正常生计、掌握一种官方语言，亦可申请加入东国籍。

注：目前东帝汶已出台新移民法，但尚未正式实施。实施后其居留和入籍政策将发生较大改变，中国驻东帝汶使馆将及时发布有关信息，请拟在东工作居留的中国公民密切关注。

菲律宾

为吸引中国公民来菲律宾投资，菲律宾移民局2008年决定给中国公民颁发永久居民签证（PRVs）。通过办理投资移民、退休移民或与菲律宾人结婚可获得永久居留签证（每年名额限50人）。

来菲律宾前，应办好相关留居手续，取得合法居留权。逾期居留、居留手续不完备、从事与签证种类不符的活动等都违反菲律宾移民法，将有可能被拘捕、罚款并遣返。

柬埔寨

签证停留期

持商务签证（E签证）入境后可通过当地旅行社向柬移民局申请半年或一年的长期居留签证。持旅游签证（T签证）入境后只能再延期一个月，且不能改变签证种类，期满必须出境。

工作居留

根据柬埔寨《劳工法》和《移民法》规定，所有在柬工作的外国人均要向柬劳工与职业培训部或各省劳工和职业培训局申办《外国人工作许可证》和《外国人就业证》。外国人申办上述两证时要符合以下要求：

（1）雇主必须拥有柬合法的工作许可证；

（2）申请的外国人必须是合法入境；

（3）申请的外国人必须持有效护照；

（4）申请的外国人必须持有效的居留许可；

（5）申请的外国人必须适合所从事的工作，身体健康，无任何传染性疾病。

《外国人工作许可证》和《外国人就业证》有效期为一年，可按规定延期。

柬移民管理部门对在柬工作的外国人依法检查，发现没有办理《外国人工作许可证》和《外国人就业证》或没有按时延期上述两证在柬工作的外国人将处以罚款或驱除出境。

老挝

2011年3月16日老挝政府出台《关于外国人以经商和雇佣劳动方式来老挝谋生问题的处理方针和办法》（以下简称《办法》）的决定称，老挝政府决定本着符合党和国家外交路线、妥善保护公民和国家利益的方针，在保证安居乐业和社会秩序以及与来老挝谋生的他国公民友善的基础上，采取依照老挝有关法律和制度，逐步严格管理的办法，解决以经商和雇佣劳动方式来老挝谋生外国人的管理问题。

对已到老挝的外国人，凡具备符合老挝各项法规的文件，拥有不低于10亿基普（约12.5万美元）的资金，有固定的批发、零售、加工店铺，或有种植、养殖场地等生产经营者，须向县级政府申请证明书，然后向工贸部门申请商业注册、向税务部门申请税务登记、向外交部申请签证、向劳动社会福利部门申请工作许可证、最后向公安部门申请居留许可证。同时，缴纳与老挝公民一样的税费。

对资金不足10亿基普（但至少不能低于2.5亿基普、约3.2万美元）者，由县政府根据《鼓励投资法》第17条规定与当事人签订严谨的合同，以便当事人在两年内将投资增加至10亿基普（约12.5万美元）。

《办法》出台后新入境的外国人，要严格执行《鼓励投资法》第17条规定，决不允许通融置业。

外国劳务在老挝工作期限为两年，可延期两年，最长不得超过4年。4年期满停止办理工作、居留证延期及劳务签证。获准引进劳务的单位，未经劳动管理机关许可无权转移外国劳务供其他单位使用。劳务人员合同期满，用工单位须负责在15日内送劳务人员回国。外国劳务人员擅自离开劳务单位到其他地方打工或置业，该用工单位应对其提出警告，并报告省、县劳动和公安机关处罚、遣送回国。如用工单位不重视管理或与该劳务人员同谋，将受到严厉处罚。

外国劳务人员必须严格执行老挝的有关法律和规定。决不允许以提篮、挑担、自行车和摩托载货等方式流动兜售商品、收购废品、流动按摩、美容、美甲、称体重及其他不雅观、违法和无序的方式随意谋生。

马来西亚

为保证经济发展所需的各类人才配备充足，并解决近年来马来西亚人才流失问题，2011年初，马来西亚总理府成立了马来西亚人才机构（Talent Corp.），专门负责协助外国人才来马来西亚的长期工作居留，同时吸引本国在海外的人才回流。马来西亚政府人才认定的标准不仅包括高学历的专业人士，也包括经验丰富的技术人员，为此，特别推出了居住准证（Residence Pass）这一机制，以便外籍人才可以在马来西亚更自由地长期工作。居住准证有效期长达十年，且直接登记在个人名下，不受雇主单位限制，配偶及未成年子女享受同等待遇，配偶持居住准证也可参加工作，成年子女及父母/岳父母均可获得为期5年的访问/探亲签证，进一步体现出马来西亚政府希望留住人才的决心。

缅甸

除旅游、过境、记者签证外，持商务、工作等其他种类签证入境人员，可在居留期到期前向缅甸移民部门申请居留延期。首次延期可居留3个月，第二次6个月，第三次1年。延期居留期间如需离境，可向移民部门申请办理一次或多次"再次入境签证（Re-entry Visa）"以便再次入境。如系首次申请延期，需同时办理"外国人登记证（Foreigner Registration Certificate，FRC）"，FRC需每年在移民部门进行年检注册。

根据缅甸移民部门2014年11月18日颁布的《外国人在缅永久居留权实施条例》规定，缅甸公民的外籍配偶及子女可申请在缅永久居留。申请人须具备非国际难民、非政治避难者、无国内外犯罪前科、身体健康等条件。获永久居留权者首次居留期限为5年，期满后可申请延期5年。

根据《缅甸公民法》规定，缅甸公民分为"正式公民（Citizen）"、"客居公民（Associate Citizen）"和"归化公民（Naturalized Citizen）"三

种。"正式公民"持粉色身份证，"客居公民"持蓝色身份证，"归化公民"持绿色身份证。"客居公民"和"归化公民"不具有参选国家或省邦议会议员资格，在出任政府部门或司法机构负责人时也受限制。加入缅甸国籍需向缅移民与人口部申请，审批较为严格，每年获批人数较少。缅政府不承认双重国籍，公民获得其他国家国籍后则自动丧失缅甸公民身份。

泰国

根据泰国促进投资法等法律申请工作的外国人，必须在入境泰国之日起30天内，或者在得知获准工作之日起30天内，提出申请工作证。违者将被处罚款最高至1000铢。

外国人如需在泰工作，不管其有无在泰居留权，都必须事先申办工作证。否则将被判处监禁最高至3个月和罚款最高至5000铢。

外国人如违反1980年《关于禁止外国人从事的职业法令》，将被判处徒刑最高至5年和罚款2000至100000铢。

工作证必须随身携带或者存放于办公室，以便检查。违者将被罚款最高至1000铢。

如需改变现有工作性质、地址或单位，须事先获得批准，否则将被判处监禁最高至1个月和罚款2000铢。

根据促进投资法等法律获准延长工作期限的外国人，必须在获知批准之日起30天内，到所属区域的劳工部就业厅劳务办公室提出申报，违反者罚款最高至500铢。

如工作证到期后还需继续工作，必须事先提出延期申请，否则将被判处监禁最高至3个月、罚款最高至5000铢。

如工作证损坏，必须在发现之日起15天内提出申请换发新本。

如外国人更改姓名、国籍、地址或公司，必须尽快提出申请更改。

如停止工作，必须在停止之日起7天内交还工作证，否则将被罚款最高至1000铢。

文莱

文莱实行严格的移民管制。对于在文工作的外国人，需要获得移民部门的居留许可和劳工部门的工作准证。除特殊需要外，年龄要求一般不超过55周岁。非工作签证持有者不得在文从事任何工作。入境后，如需延长逗留期限，可向文移民局申请签证延期。逾期居留通常会受到罚款、服刑及驱逐出境等处罚。

新加坡

准证是外国人在新加坡合法逗留、工作、学习和培训的证件，由新加坡政府根据外国人赴新的不同目的颁发，主要有社交访问准证、工作准证、就业准证、学生准证、家属准证等，详情可登陆新加坡移民局官网（www.ica.gov.sg）或新加坡人力部官网（https://www.mom.gov.sg）查询。

印度尼西亚

中国公民如需在印尼长期居住，除在赴印尼前获得与在印尼所从事工作相符的签证外，还须在抵达印尼后尽快向当地的移民管理部门办理居留证。居留证分为两种：一年有效的临时居留证（KITAS）和五年有效的长期居留证（KITAP）。根据规定，在印尼居留的外国人连续5年持临时居留证后才有资格申请长期居留证。

特别提示：持居留证人员请留意允许再次入境次数，临时出境前须根据实际情况办妥返回印尼签证；结束在印尼居留的人员出境前办妥取消居留手续。

越南

越南法律规定，外国公民入境越南后，须在48小时内向当地公安申报居留。如入住酒店，则由酒店代为申报。如在越南当地居民家中居住，本人或户主应立即前往当地街道或派出所申报。若长期居留，应办理居留证或相应种类签证。

越南国籍法规定，越南政府不承认双重国籍，如他国公民加入越南国籍必须退出原国籍，越南公民加入其他国籍同时即丧失越南国籍。

中国公民入境越南时(陆路、空港口岸)，如已在国内办妥赴越签证，不需缴纳任何费用；如需办理落地签证，则需按规定并根据所申请签证的种类交纳相应费用。

赴越旅游中国公民勿自行前往民宅居住（如居住在越南籍配偶家中除外）、到当地工厂参观或进行其他非旅游活动，如有相关需求，应提前向当地公安机关申报。根据《越南外国人出入境、过境及居住法》及第167/2013/ND-CP法令规定，如未按规定进行申报将被处以50万到200万越南盾罚金，情节严重的，将处以拘留或驱逐出境。

第七章

贸易投资风险防范

一 贸易风险

东南亚十一国市场环境整体比较复杂，部分市场风险较高。开展贸易活动必须做好充分的市场调研，结合当地特殊的贸易环境，采取有效措施拓展业务，规避风险。

东帝汶

由于中国商品价格相对便宜，东帝汶主要从中国进口生产、生活物资以及一些建设项目原料、设备等。在与东帝汶进口商开展贸易时，一定要了解进口商实力和信誉，不能因急于开拓市场而忽略了潜在的风险。

（1）做好前期调研工作，了解东帝汶相关的经贸政策法规，提高防范意识。在签订合同之前，要先对东帝汶企业进行资信验证，确保合作顺利进行。

（2）拒绝口头协议和不规范协议，务必将协议内容落实到合同中。

（3）在发生贸易纠纷时，以当地法院仲裁为主，同时尽快与中国驻东帝汶政府机构取得联系，报告具体情况。

菲律宾

近年来中菲两国贸易发展平稳，中国是菲律宾第3大贸易伙伴，菲律宾则是中国在东盟的第6大贸易伙伴。随着双边贸易额的增长，贸易纠纷也越来越多，中国企业在与菲律宾商人做生意时应该注意以下几个问题：

（1）选择安全稳妥的付款方式

在与菲律宾商人做生意时，应尽量争取采用跟单信用证（L/C）或付款交单（D/P）方式付款，对于赊账销售应慎之又慎。接受远期支票时需慎之又慎，菲一家中资企业在接受远期支票后到期未能兑现，客户提货后恶意跳票，造成巨大损失，目前被骗款尚未追回。

（2）重视产品质量

菲律宾商人进口中国商品看重的是低价，但中国企业不应以牺牲产品质量为代价片面追求低价销售，特别是食品、药品等关系到身体健康的特殊商品，企业更应该始终视产品质量为生命。一旦发生恶性事件将对整个企业，乃至中国商品的整体形象造成很大损害。同样，从菲律宾进口商品，特别是矿产品，也应该注意到货质量是否与合同规定相符。

（3）注意船运代理的选择

选择信誉好、实力强的船运代理公司也是做贸易时应积极考虑的重要一环，避免不法货代或船代与不法商人勾结骗取货物。目前国内大型船运公司都在菲律宾设有分公司。

（4）充分享受中国—东盟自由贸易协议带来的关税优惠

中国与东盟国家2004年签署了中国—东盟自贸区《货物贸易协议》，2005年启动了全面降税进程，并已于2010年与6个东盟成员国（包括菲律宾）取消大部分商品的关税，建成自由贸易区。中国企业在向菲律宾出口商品时，凭检验检疫机构签发的中国—东盟自贸区原产地证书（Form E原产地证书）就可获得减免关税的优惠待遇。同样从菲律宾进口商品出具菲律宾政府机构签署的原产地证明，也可享受优惠关税待遇。具体信息请参见：fta. mofcom.gov.cn/dongmeng/dm_hwmy.shtml

柬埔寨

在柬埔寨经商不受国籍限制，但中方企业和人员必须熟悉并适应当地的特殊贸易环境，采取有效措施拓展业务。

（1）熟悉柬埔寨贸易的主要特点

柬埔寨工业生产以两头在外的制衣业为主，因而其进出口贸易带有如下鲜明特点：①工业制成品和服装加工原料几乎全靠进口，出口产品绝大部分为服装；②外商投资的服装加工企业是外贸增长的主要力量，近年来柬埔寨服装出口占出口总额的比重一直维持在95%以上；③主要出口市场为美、欧，主要进口来源地为东盟和东亚国家，近年来自东盟国家进口增长迅速。

（2）了解柬埔寨贸易的优势和制约因素

优势：①柬埔寨于1999年加入东盟，在共同有效优惠关税体制下东盟成员国将按步骤实现关税减让目标。2002年11月，中国和东盟签署《中国—东盟全面经济合作框架协议》，2010年初全面建成中国—东盟自由贸易区，并给予柬埔寨、老挝、缅甸三国的"早期收获"减免税计划，其中，给予柬埔寨418种商品（主要是农、林、牧、渔产品）进口零关税的优惠待遇。此外，东盟与印度、韩国、日本、澳大利亚和新西兰的自贸区建设也在进行中。东盟经济一体化进程和自由贸易区建设，将在很大程度上推动柬埔寨经济和对外贸易的发展。②美国、欧盟、日本等28个国家/地区均给予柬埔寨普惠制待遇（GSP）；对于自柬埔寨进口纺织服装产品，美国给予较宽松的配额和减免征收进口关税、欧盟不设限、加拿大给予免征进口关税等优惠措施。

制约因素包括：①柬埔寨贸易结构单一，以出口成衣为主并集中于美欧市场，易受国际经济环境特别是美欧经济形势变化的影响。②柬埔寨成衣出口仍可享受优惠待遇，但今后将面临日趋平等的待遇和自由竞争的挑战。越南等周边国家的劳动力成本和专业技术与柬埔寨相比具有明显的竞争优势。撒哈拉以南非洲国家纺织品服装出口受到美国免配额免关税待遇后，出口增长迅速。③柬埔寨制衣业已趋近饱和状态，该行业越来越难以吸引新的投资，导致近年来外商投资制衣业的项目和金额逐年减少。

（3）灵活运用税务规则

柬埔寨目前主要有以下的税种和税率，分别是：所得税9%或20%、增值税10%、营业税2%。柬埔寨对私人投资企业所征收的主要税种和税率分别是：所得税9%、增值税10%、营业税2%。

（4）注重提升产品质量

质量就是信誉，是企业生存的根本。中国企业出口到柬埔寨的产品主要

金边皇宫

有纺织品及其原材料、机械、电器、食品、汽车配件、建筑材料、医药、烟草及化工产品。中国企业应注重提升出口产品质量,打造良好的国际商誉。

老挝

(1)贸易管理规定

老挝贸易管理中不同商品有不同的管理规定,例如,木材贸易中原木、锯材等禁止出口,只有木材制成品才能出口;矿产品贸易中原矿不能出口,必须半加工品才能出口;药材贸易中大黄藤需向老挝政府申请配额后方能出口等。老挝进口商品主要按中国—东盟(10+1)自贸区货物贸易协定执行,即除敏感商品外,其余商品在2015年降为零关税,逐年降低。另外,随对老援助和投资项目进入老挝的产品在实施期内可享受零关税。

(2)支付条件

由于中老银行之间没有业务往来,因此在双边贸易中不开信用证、不用定金等支付方式,主要通过现金交易,在现金交易中应注意规避汇率风险和信用风险等。

(3)商品质量和服务

由于老挝和泰国之间的文字、信仰、习俗、气候、地理条件相近,老挝公民容易接受泰国产品,而中国产品要进入老挝开展市场,必须了解泰国同类产品的质量、性能、包装等,尤其在商品包装的文字方面,以及在稳定供货及售后服务等方面要有竞争性,同时注意商品要适应老挝炎热的气候。

(4)商务礼仪

由于老挝语是特殊语种,中方熟练掌握的人不多,在投资贸易的交流合作中因语言不通或不准确,使很多商机失之交臂,一个好的老挝语翻译很重要。老挝人多信奉佛教,十分讲究礼仪,尊重当地风俗、礼节、规矩及卫生要求十分重要。

马来西亚

在马来西亚经商必须熟悉和适应当地特殊的贸易环境,采取有效措施拓展业务,规避风险。

(1)谨慎选择贸易伙伴,采用信用证交易适应当地支付条件

对于贸易伙伴的选择,企业要特别慎重,尽可能通过多种渠道查证企业背景情况,核实项目真伪。必要时,可同马来西亚本地商协会联系,获取相关信息。签订合同内容要全面、详尽,并尽可能约定采用信用证方式付款。

马来西亚进口商通常向出口商开立信用证，但曾有部分中国出口商基于彼此信任或急于成交，未坚持要求进口商开具信用证，可能最终因付款问题酿成贸易纠纷，中资企业需要注意和警惕此类情况。

（2）采用本币结算，规避汇兑风险

2009年，中马两国即签署人民币和马币互换协议。2015年4月，双方再次续签协议，有效期3年，货币互换额度1800亿人民币或900亿马币。考虑到美元汇率波动风险和货币汇兑产生的成本，中国企业应争取利用人民币作为贸易结算货币，最大限度规避或消除汇率风险，降低经商成本。

（3）坚持以质取胜，提升产品质量

马来西亚人非常注重商品的质量，认为质量代表着企业的信誉。中国的轻工产品在马来西亚市场份额较高，企业应本着"诚信经营、以质取胜"的理念，着眼长远，在产品质量和售后服务上下功夫，切忌只顾眼前利益，靠过度宣传获取订单，"以次充好"，损害中国产品的声誉。

缅甸

（1）中国公司应先确认缅方公司是否在缅甸商务部登记注册，具备取得《进口商注册证》或《出口商注册证》的资格（双方签订贸易合同后，缅方才能申请《出口许可证》或《进口许可证》）。进出口许可证未经缅甸商务部批准不得转让。如遇贸易纠纷，须按缅甸现行《仲裁法（1944）》进行解决。

（2）目前缅甸的对外贸易主要以美元或欧元结算，结算方式主要通过银行信用证和汇款结算。2016年底，美国等西方国家宣布解除对缅甸金融制裁，中国工商银行获准在缅甸设立分支机构，为第一家中资银行经营机构，结算环境较之前已有较大改善，缅甸主流银行的信用证和汇款结算都可以正常进行。之前由于受美国等西方国家的制裁，无法直接与中国内地各银行间开展直接的信用证结算，需要通过设在新加坡或中国香港等第三地的子公司或者平台来进行间接结算。

2016年12月，中国工商银行仰光分行获准办理人民币项下的兑换和结算业务，中缅之间正常贸易的人民币结算迈出了第一步。

泰国

（1）了解贸易管理体制

泰国贸易管理有关法律法规有《货物进出口控制法》《关税法》《出口

商品标准法》《反倾销和反补贴法》《外商经营企业法》《直销贸易法》《外汇管理法》和《商业竞争法》等。泰国负责贸易管理的部门有商业部和财政部海关厅。中国企业与泰国进行贸易活动需了解清楚这些法律法规,了解清楚经营商品是否受限、关税如何、有无技术性贸易壁垒等。建议与泰国投资合作前就有关问题咨询当地律师事务所。

（2）讲信誉重质量

信誉质量是企业的生命线。中国企业对所做商品要有相当细致的了解并对该商品在泰国市场的供求进行细致的调研,在和泰国人进行商品贸易时要讲信誉、重质量并注重售后服务,提升中国商品质量和形象。

（3）做好调查研究

市场调研、资信调查是企业进行贸易活动必须重视的问题之一,也是企业开展贸易活动的重要基础和依据。贸易商品的市场需求、贸易伙伴的资信情况必须要了解清楚才能保证贸易的顺利进行。货物样品和实际发货要样货一致,否则很容易引发贸易纠纷。同时,对一些中介商要小心提防,避免上当受骗。

（4）注重商务礼仪

泰国商界比较注重着装,正式场合特别是访问政府部门一般着深色西装。商界见面时也可着长袖衬衫打领带。在泰国,决策花费时间较长,因此同泰国人做生意要保持耐心。

此外,根据泰国人文环境特点,与泰国人做生意还需注意:

弄清楚合作对象所在阵营。包括身份、支持政党派别、和王室是否有联系,防止卷入政治纷争。

文莱

在文莱经商必须熟悉并适应当地特殊的贸易环境和文化背景,采取有效措施拓展业务。要认识到文莱国内市场规模不大,经营商众多,且以华人为主。同时当地支付方式比较规范,对产品品质要求较高。

新加坡

（1）慎重选择贸易伙伴

在寻找贸易伙伴和贸易机会时,应尽可能通过参加中新各种交易会以及实地考察等正式途径接触和了解客户,不要与资信不明或资信不好的客户做生意。进行业务联络的同时,可咨询新加坡工商业联合会、新加坡中华总商会、新加坡中国商会等行业协会组织或委托专业机构对客户进行资信调查。

（2）签订全面有效合同

新加坡法制环境良好，与新加坡商人开展贸易业务一定要签订全面有效的贸易合同，并尽量在合同中规定仲裁等纠纷处理条款，通过法律途径解决贸易纠纷。

实践中，许多从事大宗商品贸易的国内企业会在新加坡设立窗口公司，利用新加坡丰富的贸易融资产品和较低的融资成本使业务量迅速增长，实现跨越式发展。

印度尼西亚

印尼市场环境整体比较复杂，风险较高。在印尼开展贸易活动必须做好充分的市场调研，结合当地特殊的贸易环境，采取有效措施拓展业务，规避风险。

（1）注意合作伙伴和中介问题

在印尼华人数量众多，相同的语言和文化背景，使很多中国企业更愿意通过华人来开展经贸合作，华人中介在其中扮演了重要的角色，起到了很好的作用。但由于印尼华人中介良莠不齐，恶意欺诈等损害中国企业利益的行为时有发生。良好的合作伙伴或中介是顺利开展业务的重要保证，中国企业要广泛调查，认真研究，慎重选择。

（2）注重提升产品质量

中国产品在印尼占有广泛的市场，品类丰富，价格便宜，富有竞争力，但也存在部分产品质劣问题，对中国产品的整体形象造成一定损害。中国企业应该特别重视产品质量和售后服务，维护中国在印尼市场可持续出口的良好环境。

（3）注意言谈举止

印尼作为"一带一路"建设重点国家和中国企业"走出去"重要目的地，吸引了越来越多的中国企业和人员到印尼投资兴业。独立个体的行为也会直接影响到中国企业的整体形象，中国企业和人员应注意言行举止，与人交往要文明礼貌，讲究诚信，守法经营，共同维护企业和国家形象。

越南

（1）深入调研越南市场，认真了解越南客户需求。越南客户对高品质产品的需求和对低价格产品的需求同时存在，切勿简单地认为越南市场是一个低端市场。

（2）要坚决贯彻"以质取胜"战略，杜绝假冒伪劣商品。近年来，越南经济水平迅速提高，对产品质量要求提高很快，中国企业必须严把商品质量关，且重视外观款式，才能适应市场需求，并维护中国商品在越南市场上的声誉。一些企业忽略质量要求，既影响中国商品在越南市场上的形象，加深越南消费者对中国商品的偏见，又经常因质量问题引发纠纷，给企业造成经济损失。

（3）重视品牌建设和售后服务，要有长期经营越南市场的意识，注意建立产品和公司的口碑，而不是把竞争的焦点放在价格战上，低价必然影响售后服务的投入进而影响到品牌，虽然可能暂时占领一定的市场份额，但长久来看必然不能持续。中国摩托车产业在越南的败北充分说明了这一点。

（4）要慎重选择合作伙伴，加强风险管理，防止遭受损失。越南现有国营企业1500多家，私营企业超过20万多家，外资企业1万多家，其中国营企业主要分中央企业和地方企业。越南中央直属国有企业在各行业中占有重要地位，实力相对较强，资金较有保障，与其合作风险相对较小；私营企业数量很多，信誉不一，虽经营方式灵活、决策快，但规模较小，抗风险能力弱，甚至有个别企业在与中资企业合作过程中有恶性欺诈行为，中资企业在合作中应注意甄别，降低风险。

（5）要规范操作，对贸易流程各环节严格把关。采用稳健的付款方式，对合作伙伴的授信要规范在一定额度之内，确保公司能够承担合作伙伴违约带来的损失和风险。商谈合同应严谨，特别是对于质量、运输、交货、结算、争议等条款要认真商谈，仔细审核，避免漏洞。建议采取信用证结算方式，选择信誉较好的银行作为开证行，应特别注意防止对方在信用证条款中加入与国际惯例不符的条款。另外，应严格按合同执行，在商品质量、运输交货、制单等环节务必严谨，防止被钻空子，造成经济损失。

（6）越南企业习惯用电子邮件进行商务交流，一些商业信息容易被黑客利用来骗、盗取货款；越南企业建议选择以边贸方式进口货物时，应该注意提防越南口岸管理部门临时改变检查检验方式导致交易失败的风险；当前越南宏观经济日益困难，越南企业财务也会受到影响。因此，即使是长期合作伙伴也要通过安全的交易方式进行合作。

【案例1】浙江某公司与越南一家企业在橡胶制品方面有长期的合作关

系、平时越南企业都能按时付款。最近一次，基于以往合作积累的信任，在没有签署合同且越方尚未付订金的情况下给越方发货，越南企业收到货物后，想尽办法拖延付款，最后竟然失联，以致货款无法追回。

【案例2】越南工商股份商业银行无理拒付信用证项下应付款项。

越南工商股份商业银行（下称"开证行"）于2011年9月开出一笔金额为8458566美元的自由议付信用证，进口造纸设备，条款规定分A、B、C三期支付，受益人为中方某公司。A期款项为设备款，共交单8次，开证行均已承兑在装运日后6个月支付。应受益人申请，中方银行对已承兑未到期款项办理了福费廷，并随后转卖到另一银行，转卖事项均已告知开证行。

2012年10月31日，中方银行收到开证行电报，得知上述信用证项下全部未付余额349.6万美元（即A期项下最后两单开证已承兑款项及B、C两期设备正常运转和质量保证尾款）已被越南法院止付。从法院止付令看到，不同寻常的是法院止付令的申请人是开证行自己。中方银行与福费廷买入行以信用证项下议付行身份和承兑汇票善意持票人身份向开证行据理交涉、主张权利，要求支付已承兑款项2000993.84美元，但开证行始终以止付令为挡箭牌，消极应付，不采取措施撤销止付令。

与此同时，开证申请人为了继续推进项目进展，获得了法院对止付令的修改决定，解除了对已交付货物的两笔开证行承兑款项的止付。中方银行得知此信息后致电开证行请其确认此事并履行付款责任，然而，开证行并未立即回复，而是在收到中方银行电报8天后才回复，告知该行又收到了法院就前述止付令的第二份修改决定，法院再一次冻结了其原已承兑的款项，因而无法履行付款责任。

（7）提高知识产权意识，重视商标专利延伸保护工作。中国国内知名商标和名优产品进入越南市场前，应提前赴越南知识产权局做好商标和专利注册工作，谨防被抢注商标专利，造成产品被仿冒、难以维权的被动局面。

【案例】某电动车品牌一款车型通过贸易形式进入越南市场后，被越南厂商迅速仿制，中资企业注册外形专利时，越南知识产权局告知已不具备创新性，无法受到专利保护，造成企业每年约上亿元人民币损失。

二 投资风险

（1）严守法纪

东盟各成员国法律体系不尽相同，中资企业到东盟地区投资首先应该注意法律环境。总体来说，东盟各国法律体系整体比较完整，但也有一些法律规定模糊，可操作性不高，且不同的法律之间存在矛盾和冲突。由于法律环境复杂，中资企业到东盟开展投资合作要坚持守法经营，密切关注当地法律变动的情况，依法保护权利，履行义务。处理关键法律问题，还要聘请专业律师。

（2）充分利用优惠政策

各国政府对吸引外资有多项优惠政策，特别是设立分公司、代表处、地区总部、国际总部，具有不同程度的税收优惠。企业可根据自身条件、发展情况和设定的远景目标，选择适当的投资方式，以争取最大的优惠政策。

（3）符合国内审批条件

到境外主板上市，需符合中国发改委、商务部、证监会等有关部门制订的标准条件并经国内主管部门批准。

（4）做好企业注册及申办各类执照的充分准备

在东盟投资合作的起步阶段，投资者往往会在公司注册和申办各类执照遇到各类困难。这些执照的申请程序复杂，文件繁多，审批时间较长，需要交涉的事务头绪纷繁。中国企业要对所在国关于外国投资注册的相关法律法规有一定了解；聘请专门的公司秘书和专业律师协助处理有关申请事宜；按照要求，提前备齐所需文件，及时履行相关手续。

东帝汶

（1）做好市场调研

要充分了解所投资行业在东帝汶的需求和可行性。东帝汶百业待兴，基础设施落后，生产和生活物资缺乏，各行业都充满着商机，但也有一些不规范的地方，需要认真了解和研究，控制投资风险。同时，要考虑到东帝汶国小民少，市场容量有限。

（2）相关法律仍不健全，土地争议时有发生，与邻国边界划分尚未完成

东帝汶欢迎外来投资，但是相关法律还不健全，比如《土地法》。由于东帝汶经历过葡萄牙殖民统治和印尼统治，同一块土地，不同时代有不同的

归属文件，经常引起所属权的争议，因此投资需要使用土地时，要注意避免土地争议。东帝汶法律规定，土地不能卖给外国人，目前中国投资企业使用土地均采取长期租用的方式。

（3）注意雇用当地劳工和签证的特殊性

东帝汶政府重视当地工人就业问题，希望外国投资项目多雇用当地工人。但是，因当地劳工一般无特殊劳动技能，很多中国投资企业都从国内雇用熟练的技术工人（建筑工人），仅雇用当地工人从事简单工作。当地的村长具有很高权威，尤其是在使用当地工人方面。通常，项目所在地的村落优先使用本村工人，其他村落的工人不能参与工作。而且在本村选拔和使用工人时，当地村长有很大的权力，建议国内投资者到东帝汶投资时提前了解情况，避免用工纠纷。外国雇员赴东帝汶，需要办理工作签证。工人到东帝汶时办理落地签证，当工作签证办理完后，需要重新出境，然后以新身份入境。

（4）应重点关注的事项

以在东帝汶投资房地产项目为例，须遵守东帝汶政府的法律、法规，按当地政府的要求准备好项目的详细设计资料，做好有关部门的审批手续；考虑当地的人文、风俗、习性及建筑风格，结合实际做好项目的功能性设计，基本满足人们的需求；在项目建设、使用、管理上，要认真考虑项目的社会及经济效益，并充分考虑当地人的就业机会。

菲律宾

菲律宾对外商投资持欢迎态度，但在股份比例上对外资有较为严格的限制，加之基础设施老化、政局不稳以及恐怖威胁等不利因素制约，菲律宾吸引外资规模不大。2016年，菲律宾吸引外国直接投资总量为79亿美元。中国投资者在菲律宾开展投资合作应该注意以下问题：

（1）熟悉菲律宾有关投资的法律法规

菲律宾投资法律对于大多数产品在菲律宾境内销售的外商投资一般有不超过合资公司40%股份比例的限制，少数行业在股份比例上有一定浮动，出口型产业的外商投资可控股或独资。因此中国企业赴菲律宾投资应充分了解有关投资法律法规，积极参与菲律宾投资署公布的《投资优先计划》中鼓励投资的领域，或根据《菲律宾经济特区法案》申请经济特区企业有关优惠政策。

（2）认真进行实地考察调研

菲律宾岛屿众多，各地在语言文化、宗教信仰、基础设施、安全局势、政策优惠等方面都存在一定差异。赴菲律宾投资一定要进行认真、细致的实地调研，寻找最适宜投资的地区，切忌道听途说，盲目投资。

（3）注意合资对象的选择

菲律宾华人众多，经济实力较强，这是中国企业进入菲律宾的有利条件之一，选好合资对象将起到事半功倍的作用，但"华人骗华人"的情况同样存在。中国企业赴菲律宾投资应慎重选择合作伙伴，充分了解合作方信誉、实力、资质，避免上当受骗。

（4）合理有效利用当地人力资源

菲律宾人口众多，民风比较淳朴，英语普及面广，号称世界第三大英语国家，人力资源相对丰富。但菲律宾民众工作效率偏低，大多不愿带薪加班。如何在尊重当地文化和传统的基础上，充分有效利用当地人力资源，也是企业应积极思考的问题。

柬埔寨

（1）准确把握柬埔寨投资政策和法规

企业开展投资活动，首先要做到知法、依法。要全面掌握柬埔寨投资相关的法律法规，准确把握政府在投资保障、投资优惠和限制、外汇、土地使用、商业组织形式等方面的政策。

（2）客观分析对柬埔寨投资的比较优势

在柬埔寨投资的主要优势包括：①实行开放的自由市场经济政策，经济活动高度自由化；②政府是推动外国直接投资的主要动力，投资相关的法律法规以鼓励外国投资为基本思路，外资基本享受与内资相同的待遇；③柬埔寨具有丰富的自然资源，在矿产、水利、农产品、渔业等方面资源较为丰富，这些将为企业提供较多的投资机会。

在柬埔寨投资的主要不利因素包括：水、电、交通、通讯等基础设施条件较为落后，相关成本费用高；与周边的越南、孟加拉等纺织服装竞争对手相比，工人工资水平较高。此外，柬埔寨投资软环境有待改善。主要体现在：①政府部门办事花费时间长，工会组织的罢工、示威等活动较为频繁。②市场、经营秩序有待提高。柬埔寨无经济法庭，法律、司法对外资的保护力度有待提高。③柬埔寨经济发展主要依赖外援和外资。

（3）规避投资风险

企业可采取以下措施规避投资风险：①全面了解信息，提高决策质量。主动联系中国驻柬埔寨经商机构，通过正规渠道取得信息，深入进行国情和市场调研，在作出投资决策前全面了解投资风险，防止决策失误；②保持清醒头脑，凡事务求落实。企业不可听信一面之词，对于一切承诺均应以正式获得政府批件为准。在选择合作伙伴时，也应对其背景和实力先进行考察。

老挝

（1）客观评估投资环境

老挝的法律、法规基本齐备，但在执行过程中有时存在有法不依、执法不严的问题，需注意法律风险。老挝社会总体稳定，少有暴力、恐怖事件，但有针对外国投资企业的偷盗、抢劫案件发生，需注意人身、财物安全。老挝人口少、市场小，难以规模化生产制造，大部分物资靠进口，成本相对较高，投资经营中需注意成本调查、核算。老挝基础建设条件欠佳，工业较难配套，物流成本较高，运输时间长，煤炭严重缺乏，水电虽丰富，但电网建设跟不上，全国仍有1/6的村不通电。老挝劳动力不足，且素质和技能有待提升，当地雇员一般不愿加班加点，赶时间、工期的项目执行难度较大。

（2）适应法律环境的复杂性

近年来随着老挝对外开放力度加大，各种法律都在修改完善之中，需不断关注最新法律、法规和政策的出台和修订，可聘用律师事务所和政府部门中的资深法律专家作为法律顾问，也可随时登门或电话咨询和请教。还需特别注意两点：①在同老挝政府签订投资协议中，老方承诺的优惠政策应有法律作依据，否则在执行中仍可能会出现争议；②老挝计划投资部为老方外商投资的统一受理窗口部门，但在实际运作中仍存在内部程序多、时间长的问题，因此需要有耐心并保持沟通，及时提供补充资料和解答有关问题。

（3）全面客观了解老挝的优惠政策

老挝政府公布的外商投资优惠政策对不同行业、不同地区、不同贡献的企业有不同的标准，要全面、客观了解优惠政策申报条件、时限等，做好科研调查，规避政策风险。进入经济特区、工业园区的投资企业，虽然可享受保税、免税的政策，但企业要自行解决三通一平等基础设施的建设投入，需要统筹评估利弊关系。

马来西亚

（1）客观评估投资环境

中国投资者赴马来西亚开展投资合作首先应该客观评估其投资环境，主要注意以下问题：经济规模及产业优势；政府及各界对待外国投资的态度；投资经商的便利化措施；人文、语言及宗教环境；政府部门的执行力及工作效率；经商习惯及民商法律制度；社会治安状况。

（2）适应法律环境的复杂性

马来西亚在独立前，曾经是英国殖民地，因此其法律体系受英国影响很深，成文法与判例法在商业活动中都发挥作用。中国企业到马来西亚投资首先要注意法律环境问题，要严格遵守马来西亚各项法律规定，密切关注当地法律变动情况；聘请当地有经验、易于交流的律师作为法律顾问；处理所有与法律有关的事务，涉及投资经营重大问题和合约谈判及签署，事先一定要听取专业律师的意见。

（3）做好企业注册及申办各类执照的充分准备

在马来西亚投资合作的起步阶段最大的困难是公司注册和申办各类执照。这些执照的申请程序复杂，文件繁多，审批时间较长，需要交涉的事务头绪纷繁。中国企业要对马来西亚关于外国投资注册的相关法律法规有一定了解；聘请专门的公司秘书和专业律师协助处理有关申请事宜；按照要求，提前备齐所需文件，及时履行相关手续。马来西亚各类申请文件及公司文书均须企业董事亲自签名，并加盖公司的正式印章。

（4）适当调整优惠政策的期望值

马来西亚政府虽然制定了多项投资优惠政策和鼓励措施，但是这些政策不能自动获得，企业必须向政府主管部门提出申请，政府根据企业情况酌情给予一定优惠政策。中国企业要详细了解这些优惠政策的内容、申请条件及程序，适当调整对优惠政策的期望值，并在专业人士指导下向政府申请有关优惠政策。个别优惠政策的批准，可能涉及多个政府部门，如州政府和联邦政府，企业可享受的优惠政策取决于政府部门的最终协调结果，因此，可能存在审批时间较长、政策内容会有调整等情况。

（5）充分核算税负成本

马来西亚的税收体系比较复杂，缴纳税务专业要求高。中国投资者要认真了解当地税收政策，仔细听取专业会计和税务人员的意见，充分核算税负成本，尽量选择在能够获得所得税减免的领域或地区投资。

（6）有效控制工资成本

企业工薪支出除工资外，还包括雇员公积金（EPF）、社保基金（SCOSO）及保险和年度花红等。中国企业需要了解当地劳动法令关于正常工资和加班工资的具体规定，精心核算工资成本，提高劳动生产效率。此外，投资者也应充分考虑马来西亚就业市场薪资逐年增长的实际情况。根据马来西亚雇主联合会历年发布的数据，马来西亚就业市场每年雇员工资实际增幅平均在5%~7%左右，投资者对此须有充分认识。

缅甸

中国投资者到缅甸投资兴业应注意以下事项：

（1）法规有待完善，政策稳定性不足，给投资者带来许多不确定性。部分外国投资者为避开政策限制，借用缅甸人身份在缅开展投资经营活动。由于此类外国投资不受当地法律保护，因合作失败或与合作方利益纠纷而致外国投资者蒙受损失的现象时有发生。中国投资者对此应格外注意。

（2）基础设施落后。缅甸工业发展水平低，交通、通讯等基础设施较为落后，电力供应不足，燃料短缺，给外国投资者带来诸多不利影响。

（3）金融环境不佳。缅甸金融体制和服务相对落后，外商在缅甸当地银行融资相对困难，2015年缅甸允许外资银行进入后情况有所改善，但仍有很大的提升空间；政府宏观调控能力较弱，缺乏成熟的调控机制，汇率和利率形成机制缺乏灵活性，对严重影响外商的投资收益有一定的不利影响。

（4）部分地区有安全隐患。长期以来，缅甸中央政府和部分少数民族组织之间的关系十分微妙。中国投资者应尽可能避免擅自同缅甸地方政府以及在少数民族控制区进行投资合作，此类合作一旦有意外事件发生，两国政府将难以及时有效介入。

（5）竞争压力加大。近年缅甸进行国内改革，经济发展速度加快，各国投资者纷纷到缅考察。例如，泰国、新加坡、马来西亚等东盟国家持续对缅投资；日本计划运用日元贷款帮助其改善基础设施；美国企业拟对缅通信、电力、机场、能源等领域实施投资。由此对中国在缅甸企业投资带来的竞争压力加大。

（6）随着近年来缅甸开发程度提高，舆论环境日趋复杂，居民及劳工不理性诉求增多，对于涉及土地征用的投资项目，须充分做好调研准备工作，客观评估投资风险。对于劳动密集型投资项目,须妥善处理劳资关系,引导和管理好工会组织。

缅甸蒲甘

泰国

(1)客观评估投资环境

总体来讲,泰国拥有较好的投资环境。其地理位置优越,交通便利,基础设施较为完善,是东南亚地区经济、金融中心和航空枢纽。泰国政局虽然不够稳定,但社会秩序和治安状况良好。中泰两国地缘相近、文化相通,政治外交关系友好,是好邻居、好朋友、好亲戚、好伙伴。

然而,近几年来,泰国政局持续动荡,各派政治斗争较为激烈,对其投资环境带来一定影响。首先,政局的动荡会影响外国投资者的信心,一些投资者选择观望或停止扩大投资规模;其次,由于政府高层经常变动致使其行政效率较低,投资项目审批程序复杂,周期较长。因此,目前中国企业赴泰开展投资合作须考虑政治风险因素,不少项目特别是大型投资项目审批周期较长,有的项目历时数年尚无结果,且手续繁杂,前期投入费用较高,投资者须有心理和财力方面的充分准备。

(2)全面了解投资市场

第一,泰国投资市场的竞争相当激烈。一方面,泰国企业自身投资能力比较好;另一方面,如剔除政治因素,外资企业对赴泰国投资多数看好,在泰国的主要投资来自日本、美国、欧盟、韩国、新加坡以及中国台湾和中国香港等国家和地区。有传统优势的产业投资市场几乎均已被先期投资者占领，从市场格局、资金实力和技术水平以及国际投资经验等方面看，中国企业赴泰国投资面临的挑战较大。

第二，泰国最新发展战略。2015年泰国政府提出未来重点发展的十大产业，近期又提出发展"东部经济走廊"等战略。中国在汽车制造、农业技术、食品加工、航空物流、数字经济等方面具有比较优势，在旅游方面是泰国最大的游客来源国，在其他方面与泰国发展方向吻合，因此泰国"十大重点产业"等战略的提出对中泰深化经济合作具有较大的正面意义，可与"一带一路"和国际产能合作战略进行有效对接，如果时机把握得当可对中国产业转移和升级换代产生积极影响。

第三，泰国国情、政治制度和法律体系均与中国不同，办事方式和效率也不同，中国企业进入泰国投资前一定要将有关情况全面摸清，做好充分准备后再行投资。

第四，泰国人力资源的使用问题。人力资源成本虽低于欧美日，但高于中国，且组织纪律性、生产效率总体比中国工人低。

第五，环保问题。泰国对于环保的要求较高，社区民众及个别非政府组织（NGO）对于投资项目的影响力较大，有时甚至会产生决定性影响。如何提高技术工艺，满足泰国环保标准，同时妥善处理与周边社区及NGO组织的关系是企业在泰投资必须考虑的重要课题。

（3）注重履行社会责任

在中国深入实施"走出去"战略、不断提高开放型经济水平的新形势下，中国在泰国企业积极履行社会责任具有重要意义。企业在开展跨国经营时，承担更多的社会责任，不单是对企业自身品牌、信誉和社会形象的投资，而且也有利于平衡国家之间、企业之间、企业与社会之间的各种利益关系，并将对企业的经营产生积极影响。在泰中资企业要本着"互利共赢、共同发展"的原则对外开展业务，热心参与赈灾、济贫、环保、教育、社保、节约资源、劳动保护等各类社会公益活动，融入当地社会，树立中资企业的良好形象，营造与当地社会和谐相处、共同发展的良好氛围。

文莱

（1）妥善应对本地劳动力短缺问题

文莱劳动力短缺，招募具备合格劳动技能的本地劳工有一定难度。外资企业如果招募本地员工，往往需要开展必要的劳动技能培训；如果引进外籍劳工，则需事先向文莱劳工局申请劳工配额，并向移民局申请工作准证。

（2）适应当地政府部门工作效率

文莱生活安逸，节奏慢是普遍性社会现象。加之行政审批制度透明度不高，且缺乏对国家公务人员有效的监督、处罚机制，政府机构在处理企业行政审批事项时随意性较强、耗时较长。中资企业在文莱投资经营应做好前瞻性规划，提前启动各项行政审批工作；同时做好政府公关工作，加强与各个审批环节人员的交流沟通，增进相互了解，努力提升各项审批工作的可预期性。

（3）注意做好产业标准对接

文莱经济结构单一，产业基础薄弱，缺乏完整的产业标准体系，在评估、审查外资项目时往往倾向于参照西方发达国家的技术标准。因此，中国投资者需要加强同文莱相关部门的交流沟通，就中国产业技术标准多做增信释疑工作，以提升文方对中国技术标准、工艺流程的认可度，从而加快相关审批进度。

（4）重视宗教影响

文莱重视伊斯兰礼仪，中资企业要注意处理好宗教敏感问题，遵守宗教习俗，如投资食品加工等行业，必须得到宗教部的批准等等。

文莱大清真寺

新加坡

（1）严守法纪

新加坡是法治国家，对各种违法行为均有明确、严厉的处罚。中资企业切忌不可弄虚作假、谎报材料，更要杜绝贿赂等犯罪行为。

（2）充分利用优惠政策

新加坡政府对吸引外资有多项优惠政策，特别是在新加坡设立分公司、代表处、地区总部、国际总部，具有不同程度的税收优惠。企业可根据自身条件、发展情况和设定的远景目标，选择适当的投资方式，以争取最大的优惠政策。

（3）符合国内审批条件

到新加坡主板上市，需符合发改委、商务部、证监会等有关部门制定的标准条件并经国内主管部门批准。

印度尼西亚

中国企业到印度尼西亚开展投资合作需注意：

（1）适应法律环境的复杂性

印尼的法律体系整体比较完整，但也有很多法律规定模糊，可操作性差，且不同的法律之间存在矛盾和冲突。中国企业到印尼开展投资合作需密切关注当地法律变动的情况，要坚持守法经营，依法保护权利，履行义务。由于法律环境复杂，处理关键法律问题，还要聘请专业律师。

（2）做好企业注册的充分准备

在印尼投资设立公司注册手续繁多，审批时间较长；虽然印尼政府修订了《投资法》《公司法》，并完善了相关的配套措施，推行"一站式"审批服务，以促进和吸引外国投资，但执行效果不理想；企业注册可以聘请专业律师、公证员、投资顾问等专门人员代为办理，但要注意甄选和审核，防止法律文件及手续出现瑕疵。

（3）适当调整优惠政策期望值

印尼《投资法》明确规定平等对待内外资，为了吸引外国投资，印尼政府出台了一些投资鼓励政策，但力度并不大。中国企业要调整对优惠政策期望值，不要误以为印尼也会给予外资很多超国民待遇。

（4）充分核算税赋成本

印尼的税收体制比较复杂，企业的税赋成本比较高。印尼国会通过新的《所得税法》调低了企业所得税和个人所得税税率。印尼税法对于中小微型企业有税收优惠，还有其他产业税收优惠措施等。中国投资者要认真研究相关法律规定，用足用好优惠政策，降低税赋成本。

（5）有效控制工资成本

印尼的工资成本整体来说相对较低，但《劳工法》对于劳工保护规定比较苛刻，对资方不利。如果职工离职，企业要支付离职费或者补偿金，即使工人罢工，只要程序合法，也要支付薪水。中国企业到印尼投资要了解当地《劳工法》关于工资和保护劳工权益的具体规定，精心核算工资成本。

中国企业在印尼投资的青山工业园

越南

中国企业在越南投资经营需注意：

（1）认真进行项目调查和市场考察，避免盲目投资。

（2）充分了解越南吸收外资的法规政策和投资环境，遵守越南的法律法规和相关规定，守法经营。避免引进技术落后、污染严重等越南政府不鼓励投资的项目。

（3）尽量以独资方式投资设厂，如与越方以合资方式设厂，应对越方合作伙伴进行深入了解，寻求信誉好的合作伙伴。

（4）加强投资风险防范，按规定办理国内外投资报批许可手续。签订投资合同时，要仔细考虑合同条款，明确双方的权利与义务，以防发生纠纷时无据可依。

（5）选派能力强、素质高、外语好（越语或英语）的业务人员赴越开展工作。

（6）处理好与合作方以及当地有关部门的关系，注意内部协调。

（7）项目投产后，要注意履行企业社会责任，与当地政府和民众搞好关系。

（8）搞好生产经营管理，树立以质取胜的经营理念。

（9）保持与中国驻越南使（领）馆经商参处（室）的联系，定期向经商参处（室）汇报企业生产经营和管理情况。遇到重大问题要及时向使（领）馆报告。

【成功案例】中国某民营企业2007年投资建设的龙江工业园项目，总面积600公顷，总投资额1.05亿美元。目前，园区共吸引来自中国、新加坡、日本、韩国等国家和地区的36家企业，投资总额超过12亿美元。其中，21家企业已实现投产。近年来，园区积极融入当地社会，主动履行社会责任，累计捐助各项公益事业资金总额超过140亿越南盾（约65万美元），包括维修民生路桥、疏浚当地民生河道、赞助橙剂受害者协会、捐建情谊屋等。上述举措使园区与周边百姓关系更为紧密，实现了园区、企业与当地社会经济效益的共赢发展。

三 人身安全

东帝汶

【自然风险】东帝汶系热带雨林气候，12月到次年4月为雨季，雨季多山洪泥石流，应注意安全防范，远离滑坡带。

【食品卫生风险】当地食品卫生状况不佳，无相关卫生检验检疫，本地猪肉、空心菜等食品不推荐食用，购买鸡蛋等食品应注意其保质期。东帝汶水中有害物质含量高，水质较差，不宜直接饮用。

【治安风险】目前，东帝汶总体社会治安形势较为稳定，但由于当地经济发展落后、人民生活贫困、民众受教育程度较低、武术团体流行等原因，偷盗、抢劫等案件时有发生。

菲律宾

【自然风险】菲律宾是受自然灾害侵袭较多的国家，地震、台风、火山喷发是菲律宾的主要自然灾害。统计显示，菲律宾年均遭受数十次台风袭击，地震、火山喷发灾害也时有发生，每年由此造成的人员和财产损失惊人。此外，登革热等热带疾病是当地威胁生命健康的主要疾病。在菲律宾和拟赴菲的中国公民和机构应切实提高灾害防范意识，采取有效措施予以应对。

【治安风险】菲律宾社会整体治安状况较差，主要呈现以下突出问题：治安刑事案件高发，枪支泛滥、枪杀案件层出不穷，绑架及恐怖袭击不断，涉赌非法拘禁十分严重。近年来，菲律宾地方势力争斗激烈，社会贫困化加剧，绑架、凶杀、盗抢等案件呈快速上升趋势，涉及华侨华人的恶性案件也逐渐增多。南部棉兰老地区治安形势恶劣，"摩伊解""人民军"和"阿布沙耶夫"等反政府武装多出没于此，绑架、爆炸、凶杀等暴力犯罪和恐怖袭击时有发生。在菲律宾和拟赴菲的中国公民和机构务须加强自我保护意识，遇紧急情况及时报警，并与中国驻菲律宾大使馆联系。

【劳动援助机构】在菲律宾，如发生劳务纠纷，可通过法律手段进行维权，或通过菲律宾劳工部及其下属的工作环境局、有特殊关切工人局以及员工补偿委员会等机构寻求救济。

柬埔寨

【治安风险】柬国家政局总体稳定，社会治安逐步好转，但偷窃、抢劫、诈骗等案件时有发生（特别是骑摩托车抢劫事件频发）。外出办事、旅游，最好乘出租车，在路边行走要远离骑摩托车的人，等车或乘摩托车时，要注意保管好自己的钱、物、护照等，以免被偷抢。夜间如需外出，应结伴而行。

【自然灾害】柬埔寨无地震、海啸、台风等自然灾害。每年5—10月为柬雨季，天气变化大，参加涉水活动前应提前查询天气预报及官方预警。

【食品卫生风险】柬埔寨餐饮店众多，多以路边小摊的形式存在，卫生条件难以保证，建议尽量避免在路边摊档就餐。胃肠道疾病是当地常见病，建议提前做好防范，备好药物，饮用瓶装纯净水。

老挝

【自然风险】老挝自然灾害较少，个别年份可能发生旱灾、洪灾及洪灾引发的泥石流，南部曾于2009年遭受台风影响。2018年7月因降雨较大，造成阿速坡省一在建电站大坝决堤，多人死伤，数百人失踪，六千多人受灾。

【食品卫生风险】市售的家畜等肉类产品未经过检验检疫，蔬菜水果等食品比较安全。餐馆卫生状况普遍较差，外出就餐应注意避免吃生食。

【治安风险】据媒体报道，近年来老挝开设较多赌场，以传销或网上招赌方式诱骗外国公民，并以提供高额赌资、允许签单赊账为诱饵吸引包括中国人在内的外国公民参赌。参赌人员一旦欠下赌债，赌场即予扣留并威逼、殴打，逼迫其通知国内亲属偿还赌债。为此，中国政府已多次要求老挝官方关闭邻近中国地区的赌场，并协调国内有关外事、公安部门解救中国部分参赌被扣人员回国。在此提醒中方务工人员遵纪守法，避免此类风险。

马来西亚

【自然风险】马来西亚因处于环太平洋地震带之外而免受地震、海啸和火山爆发等特大自然灾害的侵袭，但不时受到雨季洪水、山体塌方以及浓雾等灾害的侵扰。

【治安风险】在马来西亚旅行、学习、工作和生活总体比较方便、安全，但社会治安事件仍时有发生。在马中国公民特别应该注意以下几个方面：

（1）避免独自前往偏僻地区。女士夜间外出最好结伴而行，经过人迹较少的地下通道、车库或过街天桥时要保持警觉。

（2）沙巴东海岸曾发生数起绑架事件，到上述地区旅游时，请注意人身安全，提高风险意识，加强安全防范，注意了解当地安全形势，尽量避免夜间单独出行或前往偏僻海岛及其他人迹罕至地区。

【交通安全】马来西亚交通规则为车辆左行。行人过马路时先看右后看左，注意行驶车辆。驾车时需时刻遵守交通法规，按交通信号行驶，不要右转抢行，绝不疲劳驾驶、酒后驾驶、超速驾驶。无论乘坐何种交通工具，务必系好安全带。

缅甸

【治安风险】缅甸民风较为淳朴，治安状况总体良好，重大刑事犯罪案件较少发生。但近年来仰光、曼德勒等大城市盗窃、抢劫、人身伤害案件数量有所上升，特别是在泼水节等重要节日期间，发案率较高。缅甸北部少数民族地方武装控制地区战事时有发生，近年来克钦邦、掸邦等地多次发生武装冲突，安全风险较高，建议中国公民尽量避免前往此类地区。中缅国情不同，法律差别较大。中国公民来缅甸之前应尽可能了解当地法律，避免因触犯法律而被起诉甚至被判刑。

【自然风险】缅甸近年来自然灾害时有发生，造成较大伤亡的有：2008年5月"纳尔吉斯"风灾，造成约14万人死亡或失踪，200余万人受灾；2011

年3月24日掸邦大其力发生7.2级地震，造成75人死亡，110多人受伤，200多间房屋倒塌。

【食品卫生风险】缅甸地处热带，雨季潮湿，旱季炎热，属热带病多发地区。因饮食卫生条件较差，肝炎、肠道病较为普遍，疟疾、霍乱、登革热等传染病也较为常见。特别是每年雨、旱季交替的10月前后，蚊虫滋生，成为流行病多发季。

泰国

【治安风险】泰国南部北大年、陶公、也拉三府的反政府武装组织长期以来在当地进行一些恐怖袭击活动。2013年，三府发生多起恐怖袭击事件。2014年7月，泰国南部军事基地附近炸弹发生爆炸，造成一名12岁女童丧生，7人受伤，其中包括2名士兵。2015年4月10日，泰国南部旅游胜地苏梅岛发生汽车炸弹爆炸事件，导致包括1名意大利女孩在内的7人受伤。该事件一定程度上反映了泰国南部较差的安全形势。2015年8月17日，曼谷市中心著名旅游景点四面佛附近发生爆炸，造成20人死亡，100多人受伤，3名中国人遇难。2016年8月23日，泰国南部北大年府发生两起爆炸袭击事件，导致1人死亡、29人受伤，同年9月泰国南部也拉府发生路边炸弹袭击，导致3名警察受伤。

【自然风险】泰国主要自然灾害包括洪涝、暴雨、山体滑坡和泥石流、地震、海啸等。泰国中部地区湄南河流域沿岸在雨季洪涝灾害频发。暴雨往往在泰北部、南部山区地带引发山体滑坡和泥石流灾害。

文莱

【治安风险】文莱治安状况总体较好，犯罪率较低。近年来受国际环境和国内经济滑坡的影响，失业人数增多，吸毒、盗窃等犯罪活动略有上升。

【劳务风险】文莱近年来将促进本地人就业作为经济发展重点目标之一，因此对外籍劳工准入控制严格。中国劳工进入文莱配额较难获批，中资公司在向文莱输出劳工时应选择当地有实力的合作伙伴共同向文莱劳工局提交申请，或尽可能在非技术性职位上雇员文莱本地员工。

新加坡

【治安风险】新加坡的社会治安状况总体良好，是世界上犯罪率最低的国家之一。新加坡无反政府武装组织。2016年新加坡警方与印尼警方合作挫败了伊斯兰极端分子计划炮击新加坡滨海湾地区的恐怖袭击阴谋，伊斯兰极端势力渗透，以及极端分子利用新加坡过境的风险有所上升。新加坡政府和民众对此高度警惕，根据国内法逮捕、驱逐了部分涉嫌伊斯兰极端主义恐怖活动的人员，并在全社会加强了反恐宣传和演练。新加坡法律规定，私人不得持有枪支。据新加坡警方公布的数据，2017年新加坡犯罪率为每10万人584起，比2016年的每10万人588起有所下降。

印度尼西亚

【治安风险】印尼一度是恐怖主义重灾区。近年来，印尼政府加大打击恐怖主义力度，并与美国、澳大利亚等国家加强反恐合作，击毙和逮捕了数名恐怖分子头目。印尼警方在各大机构、办公楼、酒店、商场等人员密集地点加强监控和安检。目前印尼恐怖主义活动受到了较大程度的压制。

2002年至2005年，印尼连续发生第一次巴厘岛爆炸、雅加达万豪酒店爆炸、澳大利亚驻印尼使馆爆炸、第二次巴厘岛爆炸等重大恐怖袭击事件。2009年7月，雅加达万豪酒店和丽兹·卡尔顿酒店发生恐怖爆炸。近年来，印尼政府采取坚决措施打击恐怖主义，先后击毙和逮捕了一批恐怖分子，安全形势有所好转。但随着"伊斯兰国"势力发展，印尼一些恐怖组织宣布效忠，数百激进分子前往中东参加"圣战"，不少人又回流至印尼。2016年1月，印尼首都雅加达发生恐怖爆炸和枪击事件，2017年2月，印尼第三大城市万隆发生爆炸事件，2018年5月，印尼第二大城市泗水发生恐怖袭击事件。

【自然风险】印尼地处环太平洋地震带，地震、海啸和火山等地质灾害较为频繁。我公民赴印尼要注意安全，尽量避免前往巴布亚、亚齐、马鲁古等地处偏远、交通不便和未开发地区。此外，每年10月至第二年4月为雨季，强降雨期间在山区或低洼地带旅游有一定危险性，出行前，应特别注意目的地的天气状况，预做充分准备，以防意外发生。

【卫生风险】中国企业和公民应注意当地卫生风险。2019年2月，印尼自进入雨季以来雨量充沛，导致蚊蝇滋生，近期登革热发病率明显上升，提醒当地民众加强防范。北苏拉威西、东努沙登加拉、中加里曼丹三省已宣布进入登革热紧急状态。

越南

【治安风险】越南社会治安总体状况良好，军队、警察等强力部门对社会秩序具有绝对控制力。2017年，越南破获刑事案件近4.26万起，抓获犯罪嫌疑人8.35万人，侦破高科技犯罪案件944起。河内、海防、岘港、胡志明市、芹苴五个直辖市为高发区。2017年，破获走私、商业欺诈和制售假货案件22.6

万起，上缴国库23万多亿越盾。谅山、广宁、老街等边境省份走私、商业欺诈等犯罪活动呈现下降态势，西南部边境地区烟草走私和海上石油走私形势较复杂。2017年越南全国范围内交通事故发生交通事故20280起，造成8279人死亡，17040人受伤；比2016年交通事故死亡人数减少4.7%；2017年全年平均每天发生交通事故55起，致死23人，47人受伤。

【自然风险】越南每年7月至11月为台风多发季节，一些沿海城市如海防、岘港等受台风影响较重。南部湄公河三角洲每年雨季都会出现洪水，给当地人民生产生活带来严重影响。

【食品卫生风险】越南属热带地区，卫生条件不理想，需注意饮食卫生。应在正规酒店或饭馆就餐，勿在路边大排档或小餐馆就餐；就餐时，尽量不食用生、冷食品；喝啤酒或饮料时，不要加冰块。建议使用一次性筷子，随身携带消毒纸巾备用。

四 财产安全

东帝汶

东帝汶首都帝力市曾发生火灾，部分华人店铺受到波及。中国驻东帝汶使馆特此提醒中方人员注意消防安全，提高安全防范意识。同时，尽量购买商业保险，减少因火灾及其他可能的事故造成的人员或财产损失。

东帝汶民风尚武，有为数不少的武术团体和人数众多的"莫鲁克"追随者。历史上数度动乱，在选举等特殊时段局势和治安有恶化趋势。2014-2015年，"莫鲁克"追随者在帝力和包考等地制造了一些安全事件，对社区安全造成不良影响。中国驻东帝汶使馆特此提醒广大旅东中国公民对自身生命和财产切实加强安全防范。此外，请广大旅东中国公民自觉遵守东帝汶相关法律法规，依法文明经商、从业，与东帝汶当地人民和睦相处，避免因小误会与当地居民产生矛盾和积怨。

菲律宾

菲律宾社会整体治安状况较差，主要呈现以下突出问题：治安刑事案件多发，枪支泛滥，绑架及恐怖袭击多发，涉赌非法拘禁十分严重，马尼拉湾一带"迷魂党盗窃财物"案频发。近年来，菲地方势力争斗激烈，社会贫困化加剧，绑架、凶杀、盗抢等案件呈快速上升趋势，涉及华侨华人的恶性案件也居高不下。

大马尼拉地区人员流动密集、成分复杂、黄赌毒泛滥，面临较高恐怖威胁和安全风险。南部棉兰佬地区治安形势恶劣，"摩伊解"、"人民军"和"阿布沙耶夫"等反政府武装多出没于此，绑架、爆炸、凶杀等暴力犯罪和恐怖袭击时有发生。2017年12月，菲国会以压倒性多数表决同意将该地区的军事管制延长至2018年底。

在菲中资机构进一步强化安保措施，完善安全预案，防范暴力袭击和绑架等，雇佣当地有资质、有实力的保安公司，确保企业人员、财产安全。

柬埔寨

柬埔寨外籍劳务市场秩序的管理有待加强。一些不法中介利用外籍劳务急于谋职的心理进行欺诈，并由此引发一些劳务纠纷案件发生。

老挝

老挝治安情况总体较好，但近年来抢劫、贩毒、偷盗等刑事犯罪数量有所上升，交通事故发生较多。在北部避免单独走夜路、山路和水路，避免携带大量现金和贵重物品。

马来西亚

在马中国公民特别应该注意以下几个方面：

（1）提防骑行摩托抢包。马来西亚有一些不法分子骑行摩托车抢夺路边行人手提或肩背包，请游客加强防范。

（2）妥善保管证件。来马前应留存和携带本人护照及国内身份证复印件、电子版，入境后亦需随身携带护照原件，并与复印件分开放置保管，以应不时之需。不要将护照原件交给他人保管，贵重财物最好分散携带。

（3）不要非法滞留或找工作。部分持短期签证来马的中国公民因在本地非法中介劝说下非法滞留马来西亚找工作，最后花了大笔中介费，非但没找到工作，反因逾期滞留而被警方抓扣。

（4）严防电信诈骗。近年来，有自称使馆官员的不明身份者致电要求当事人赴使馆领取其所谓遗失的银行卡，或谎称中国使馆接获中国国际刑警紧急文件通知其身份证被盗用，要求当事人向某账号转款。诈骗手段版本繁多，精心设计，欺骗性极强。

（5）来马来西亚务工谨防非法代办工作签证陷阱。有些来马来西亚劳务人员轻信国内无对外劳务合作经营资格的劳务公司虚假宣传，通过办理旅游签证赴马非法务工。来马后不能办理合法工作签证，更无法获取工资，亦有因对收入、工作性质、工作与生活环境不满要求提前回国，与雇主产生纠纷，导致护照被扣等时有发生。有部分劳务中介充当中间人参与其间，向受害人征收高额代办费，使多名中国公民陷入困境。有意来马工作的中国公民需增强防范意识，保障自身权益。

（6）中国公民须选择正规渠道对马投资。马部分当地金融公司和网站涉嫌通过许诺高额回报，利诱下线投资，吸引包括中国公民在内的马国内外人士参与。中国公民须选择正规、合法、成熟投资渠道，不要轻信无保障的承诺，采取稳妥措施切实保障自身权益，共同维护两国正常投资合作关系的健康发展。如发现被骗，请注意保留证据，循法律途径解决。

缅甸

2018年1月，中国驻缅甸曼德拉总领馆指出，在已发生的案件中，犯罪嫌疑人以网络借贷、免费中缅边境游、高收入工作等为诱饵，向当事人提供免费机票，再协助当事人通过中缅边境小道、便道进入缅境后将其非法拘禁，并向家属索要赎金。这类案件的性质恶劣，严重威胁中国公民的人身、财产安全。

泰国

近年来泰国政局不太平稳，泰国南部地区的恐怖活动时有发生，安全风险因素加大，因此，在泰开展业务的中资企业必须将安全工作放在首要位置来抓。要制定有效的安全防护措施和紧急事件应急机制，切实维护好企业的人员和财产安全。注意防火、防盗、防骗、防爆炸。同时，采取有效措施切实维护国有资产和信贷资金的安全。

在劳务方面，截至目前，泰国与中国尚未签订任何劳务合作协议，驻泰中资企业只允许从国内引入部分管理和技术人员，普通劳工禁止到泰国工作。近几年，国内有部分黑中介通过非法途径欺骗国内劳工到泰国工作，产生了许多纠纷，损害了工人的人身财产权益。

在个人财产方面，注意保管财物、证件等。曼谷、帕塔亚、普吉、苏梅等地时常发生飞车抢劫、盗刷银行卡、酒店行李财物被盗的情况。

文莱

出门尽量不要随身携带贵重物品或大量现金，也不要在居住地存放大量现金。

新加坡

近年来，电信诈骗犯罪分子在新加坡当地活动十分猖獗，近期有不少在新中国公民上当受骗，中国驻新加坡使馆郑重提醒大家，切实提高防范意识，避免上当受骗。如接到"冒充政府机关"和"冒充使领馆工作人员"的疑似诈骗电话，建议直接挂断。如有必要，可拨打中国驻新加坡使馆领事保护与协助电话进一步核实。

印度尼西亚

印尼政策较为多变，缺乏规范和透明的法律体系，法制环境差且许多法律规定都不尽合理，有法不依，执法不严的现象严重。外资企业在印尼若遇到纠纷想通过当地司法解决几乎不可能。

巴厘岛等旅游胜地不时有游客财物被窃案发生，请避免随身携带贵重物品和大量现金，不在酒店期间，注意锁好房间、关闭窗户，勿随意放置贵重物品，尽量使用保险箱。

中国公民应加强自我防范意识，注意人身安全，尽量避免前往社会不稳定的地区和西方游客聚集的场所，夜间减少外出，防止护照和其他财物被抢。

越南

越南没有恐怖袭击事件，但也存在盗抢现象，尤其是胡志明市特别明显，飞车抢劫较为严重。存在地方黑恶势力控制资源和偷窃现象，近年来中资企业部分在建项目工地受到当地不法分子侵扰、偷盗和抢劫案件时有发生。

2014年5月，在越南平阳、同奈、河静、太平等省的部分中资机构遭到越方民众严重暴力冲击，发生人员伤亡和经济损失，在越南中资机构的正常经营活动受到影响。2016年3月，越南首都河内爆发反华游行，对中国在南海问题上的立场妄加指责。

近些年，时常发生中方人员从越南离境时，因携带超过越南海关规定限额的美元而被处罚的案件。因此，旅客出入境时携带超过5000美元或相当于1500万越盾现金，必须向出入境口岸海关申报。对于个人已向口岸海关申报出境所携带外币、越盾现金数额超过规定或最近一次入境时带入的数额超过规定的，必须向口岸海关出示合法信用组织出具的携带外币现金确认证明。

越南《关于加强对在越南工作的外籍劳务人员管理》强调，特别要注意在越南从事医药经营、直接诊治病，从事教育行业及在沿海地区从事养殖和收购海产品的外国人，对上述人员的违法行为将严肃处理。

第八章

紧急情况解决方案

中国境外中资企业的发展为推动经济全球化进程及增强中国的综合国力等做出了巨大贡献。但是目前境外中资企业在安全生产领域还存在着一些问题，尤其是中国大部分境外中资企业主要分布在建筑、采矿、危险化学品等高危行业，而且多数处在发展中国家，一些企业对安全生产工作的重要性认识不足，基础管理薄弱。为此，我国政府部门已出台了一系列核心政策法规和指导文件，保障我国企业开展境外安全生产活动。对于境外中资企业而言，应当高度重视应急工作，最大限度减少事故损失，处理好与所在国（地区）的关系。

一　突发事件

突发事件，是指突然发生，造成或者可能造成严重社会危害，需要采取应急处置措施予以应对的自然灾害、事故灾难、公共卫生事件和社会安全事件。由于其发生突然、发展迅速且破坏力强，突发事件难以应对，必须采取非常规方法来处理。

突发事件应急管理是当今世界普遍关注的一个重要课题。对整个社会来说，加强应急管理、应对各种危机，及时处理和化解各类矛盾，已经被各国政府和各类企业高度重视。对外投资合作企业主要从事工程建设、工程技术服务、资源开发、矿业开采等，项目分散、点多面广，人文社会环境复杂，企业作为安全生产责任的主体，在谋取经济利益和发展的同时，承担着更重要的社会责任和安全生产的压力。突发事件应对不及时，重大事故事态得不到有效控制，不仅是企业自身利益受损问题，还涉及到公众的生命、财产及环境的安全，同时也给国家带来影响。因此，必须从大局、政治和责任的高度看待境外中资企业突发事件应急管理。

境外中资企业所涉及的突发事件因地处境外，除生产安全事件外，需高度重视和面对的是社会安全事件。境外中资企业应通过危险分析与应急能力评估来确定应急管理对象，改进应急管理。应基于对境外的生产经营活动风险分析来确定作为应急对象的突发事件，形成文件并及时更新。

（一）突发事件的分类与分级

1. 突发事故（事件）分类

境外中资企业在生产经营过程中，通常存在自然灾害、事故灾难、公共卫生事件、社会公共安全等四种突发事件类型的风险。

自然灾害：指洪汛灾害、破坏性地震灾害、地质灾害、气象灾害、海洋灾害、生物灾害和森林草原火灾等。

事故灾难：指各类生产经营活动中安全生产事故、交通运输事故、放射性事故、环境污染和生态破坏事故，以及信息安全事故等。

公共卫生事件：指突发急性职业中毒事件、重大传染病疫情、重大食物中毒事件、群体性不明原因疾病，以及严重影响人员健康的事件等。

社会公共安全事件：指恐怖袭击事件、战争、民族宗教事件、政治动乱和突发事件、经济突发事件、暴乱、骚乱、大型罢工等。

境外中资企业可能遭遇的突发事故（事件）危险性分析：

自然灾害突发事件有造成公司员工伤害、财产损失等风险，重大自然灾害引发的次生事件的危害。

生产经营活动过程事故事件可能造成人员中毒、受伤、死亡，生产装置爆炸、着火、损毁等，以及环境污染和生态破坏等。如境外中资石油企业在石油天然气勘探开发和钻修井过程中存在井喷失控、着火、有毒有害气体泄漏的危险；油气场站库及炼化装置存在爆炸、着火和有害气体泄漏的危险；海洋石油勘探开发过程中存在海难、环境污染及海洋平台着火爆炸的危险等。

突发公共卫生事件有导致员工重大传染病、群体性不明原因疾病、食物中毒、职业中毒等风险。

社会公共安全事件类型较多，政治突发事件、政局动荡和战争有造成投资失败、设备损毁、撤离疏散难题、人员伤亡等危险；恐怖袭击事件有造成人员遭绑架、劫持及生产设施遭破坏等危险、造成人员伤亡和重要设施损毁的危险；群体性事件有造成重大社会影响的危险；火工品被盗或丢失有造成重大社会影响、社会治安事件的危险；网络与信息事件有造成系统瘫痪、信息破坏、公司声誉损害和不利社会影响的危险；公共文化场所和文化活动突发事件有造成人员受火灾灼伤、踩踏事件、建筑物坍塌等人身伤害和财产损失危险；新闻媒体事件有造成公司形象受损的风险；资本市场突发事件有可能造成公司资本运营风险加大。

2. 突发事故（事件）分级

按照突发事件性质、严重程度和影响范围因素，对外投资合作企业突发应急事件一般分为三级：

I级突发事件（境内公司总部级）：指突然发生，事态严重，对员工、相关方的生命安全、设备财产、生产经营和工作秩序造成严重危害或威胁，已经或可能造成重大人员伤亡、财产损失或环境污染和生态破坏，造成较大社会影响和对公司声誉产生重大影响，需要调度多个部门和单位力量、资源应急处置的突发事件。

II级突发事件（境外中资企业级）：指突然发生，事态较为严重，对员工、相关方的生命安全、设备财产、生产经营和工作秩序造成较为严重的危害或威胁，已经或可能造成较大人员伤亡、财产损失或环境污染和生态破坏，造成社会影响和对企业声誉产生较大影响，境外中资企业需要调度力量和资源进行应急处置的事件。

III级突发事件（境外中资企业项目单位级）：指突然发生，对员工、相关方的生命安全、设备财产、生产经营和工作秩序造成一定危害或威胁，可能造成人员伤害、财产损失或环境污染和生态破坏，境外中资企业项目单位需要调动力量和资源进行应急处置的事件。

（二）突发事件的处置

1. 一般要求

突发事故（事件）一旦发生，境外中资企业应根据回应级别及时启动应急预案，实施应急回应行动。应急回应的主要任务是控制造成事故（事件）的危险源，防止事故进一步扩大和发展，抢救受害人员，组织人员疏散撤离，清理现场，采取封闭、隔离、洗消等措施，消除事故（事件）危害后果。

2. 应急回应准备

境外中资企业应根据预警信息采取预警行动，并确定应急启动的条件，做好应急回应前的准备，包括应急组织、应急物资等的动员准备。

3. 应急回应行动

境外中资企业应急回应的过程分为接警和报告、应急启动、现场状态和情景评估、应急处置、应急终止等步骤。

（1）接警和报告

境外中资企业项目单位一旦发生突发事件，应在一个小时内向境外中资企业报告，境外中资企业应及时向企业总部报告。并根据法规和当地政府规定，境外中资企业向当地政府、中国政府驻外机构做出报告。境外中资企业接警后经过初步评估及时研判，确定突发事件等级，并做应急回应的相关准备工作。

（2）应急启动

境外中资企业发生相应级别的突发事故（事件）时，应按照相应的应急预案启动条件，由境外中资企业应急领导小组组长根据突发事件的发展态势决定启动应急回应。启动命令下达后，应筹备召集首次应急会议，并根据应急工作需要，召开后续的应急会议，研究解决应急处置有关问题。根据突发事件分类的职责划分，境外中资企业应确定派赴现场人员，负责协调指挥抢险救援工作，制定应急处置方案，并协调所需应急资源。

（3）现场状态和情境评估

开展应急处置工作需要以对现场形式的准确评估为前提。境外中资企业现场状态和情境评估内容主要包括：评估突发事故（事件）的性质，对现场潜在的危害进行实时监测和评估，评估现场情境所需的应急资源，评估人员伤亡的情况，评估经济损失和可能造成的社会影响，评估周围环境和条件对应急处置工作的影响。

（4）应急处置

突发事故（事件）应急处置工作由许多环节构成。境外中资企业应制定相关现场应急处置程序，规范现场应急处置工作，包括应急专家联系协调程序、突发事件信息发布和告知管理程序、应急回应后勤保障管理程序等。境外中资企业应按照驻在国（地）法律、法规要求，参加和配合当地政府突发公共事件的应急处置和救援工作，并签订应急联动和协作协议，当发生重特大事故及不能及时控制的事故（事件）时，应根据法规和当地政府规定，向当地政府、中国政府驻外机构做出报告，应尽早争取社会救援，控制事态的发展。

（5）应急终止

当突发事故（事件）应急处置工作结束，或相关危险因素排除后，境外中资企业现场应急指挥部确认应急状态可以终止时，向企业应急领导小组报告，由应急领导小组组长决定并发布应急状态终止命令，宣布应急状态终止。

4. 现场应急处置安排

境外中资企业突发事故（事件）需要根据类型、特点和规模做出应急处置安排，一般现场应急处置包括设置警戒线、应急反应人员组织协调、应急物资调集、人员疏散、现场交通管制、人员救护、公共关系处理等。

（1）设置警戒线

为保证应急处置工作的顺利开展及事故的原因调查，应在应急处置现场设立不同范围的警戒线，包括内围警戒线和外围警戒线。

（2）应急反应人员组织协调

应由现场应急指挥部统一协调指挥现场应急人员和其他应急资源，并应做好应急反应人员的安全防护。

（3）应急物资调集

境外中资企业应根据需要，进行应急物资的储备，与专业应急救援队伍建立协议，由专业应急救援队伍提供专用设备、工具和车辆。

（4）人员疏散

建立紧急疏散地或应急避难场所，在应急处置现场组织及时有效的人员安全疏散，是避免大量人员伤害的重要措施，根据疏散的时间要求、距离远近，人员安全疏散包括临时紧急疏散和远距离疏散。

（5）现场交通管制

通过实施现场交通管制，封闭可能影响现场处置工作的道路，开辟救援专用路线和停车场，禁止无关车辆进入现场，保证现场的应急救援车辆交通快速通道。

（6）人员救护

通过协议确定的社会应急医疗救护资源，支援现场应急救治工作。根据应急需要调动应急医疗救护资源，组织实施人员应急医疗救治工作和各项预防控制措施。

（7）公共关系处理

境外中资企业应指定人员负责对外信息披露，处理公共关系。及时发布突发事件消息，组织媒体沟通，对内部员工、投资者、业务伙伴等，提供突发事件的相关信息和应急处理的进展情况。

（三）寻求法律和政府的保护

1. 寻求法律保护

中国企业在与东南亚十一国的合作和往来中，可能会遇到各种各样的困难，需依法注册，依法经营，同时也要学会通过法律途径解决纠纷，捍卫自己的合法权益。可考虑聘请当地律师协助处理有关法律事务。如遇与中国法律体系和语言差异较大的国家，建议与对方商签各类合同文本时，采用中方熟悉的语言（如英语），并在合同中明确仲裁需遵循英、法等中方律师熟悉的第三国法律，以便在纠纷发生时，最大限度维护中资企业和人员的合法权益。遇到经济纠纷等案件，如通过协商仍无法解决，应请律师出面，寻求法律途径解决问题，维护合法权益。

2. 寻求政府的帮助

东南亚国家大多资金需求旺盛，各国政府重视吸引外国投资。中国企业在投资合作当中，要与所在国政府相关部门建立密切联系，并及时通报企业发展情况，反映遇到的问题，寻求必要的支持和协助。尤其是涉及中国对其投资规模较大的项目，要协调好与各级政府的关系，确保对外投资安全。遇到突发事件，除向中国驻所在国使馆、公司总部报告外，还应及时与当地政府部门联系，取得支持。

3. 取得中国驻各国使（领）馆的保护

（1）领事保护。中国驻所在国使（领）馆可以对中国公民、法人提供的帮助包括：提供国际旅行安全方面的信息、协助聘请律师和翻译、探视被羁押人员、协助撤离危险地区、协助寻找在当地的亲人朋友或通知国内亲属、为合法居留的中国公民颁发、换发、补发旅行证件及对旅行证件上的相关资料办理加注、为遗失旅行证件或无证件的中国公民签发旅行证或回国证明、办理文件公证、认证等。

（2）经商参处职能。中国驻所在国使馆经商参处负责贯彻执行中国对外经济贸易的方针政策和发展战略，组织、协调、管理中国企业在当地的各项经贸活动，促进双边经贸合作。中国企业进入当地市场前，应征求中国驻当地使馆经商参处的意见，在按规定履行国内外投资合作报批手续后，及时到经商参处报到备案。日常生产经营过程中与经商参处保持联系。发生重大事故或遇重大问题时，应在第一时间向使（领）馆报告，处理问题时要服从使（领）馆的领导和协调。

二 安全生产事故

随着中国参与全球治理方式的转变与"一带一路"合作倡议的落实推进，我国对外投资合作规模不断扩大，每年赴境外的人员数量增幅加大，所面临的国际形势日趋复杂多变，各类境外安全风险事件时有发生，不仅对我企业境外经营造成影响，而且严重威胁我境外人员的生命财产安全。自2012年以来，境外高风险地区针对中资机构和人员的安全事件频发，提升与加强中资企业境外机构与人员的安全风险防范能力已迫在眉睫。

自2005年以来，为保障"走出去"战略的顺利实施，国家已发布一系列核心政策法规和指导文件，成为境外安全问题的主要制度保障。尤其是2010年8月，商务部会同外交部、发改委、公安部、国资委、安监总局和全国工商联等7部委联合发布《境外中资企业机构和人员安全管理规定》（商合发〔2010〕313号），和商务部发布的《境外中资企业机构和人员安全管理指南》，以及国资委发布的《中央企业境外投资监督管理办法》，为境外中资企业境外安全防控提供了详细指导，具有很强的实践性。

（一）建立安全生产规章制度

集团公司或总部从抓管理制度体系建设入手，制定出台《企业境外安全管理办法》（或《国际业务安全管理规范》），《管理办法》应该成为企业境外安全管理工作的纲领性文件，指引形成境外安全应急管理向常态化、制度化管理的转变；组织编制安全管理体系文件，建立管理体系框架；监督检查下级单位执行情况并采取奖惩措施。各派出单位、境外机构/项目落实境外安全管理工作的各项规定；依据《管理办法》，制定相应的管理办法和实施细则。

境外安全管理的规章制度应涵盖风险评估、安全培训、安保配备、疾病防治、出行安全、应急管理、紧急撤离、保险保障和审计监督等内容，应包括但不限于以下三类内容。

表8-1　中资企业境外安全管理制度

一	二	三
风险评估与控制	境外安全风险评估规范	境外安全风险状况评估报告（每半年） 境外安全信息通报（每周）
风险防范与保障	境外安全培训管理办法	境外安全培训标准
		境外安全培训复训方案
		国内分包商员工境外安全培训要求
		境外安全培训系列教材
	境外安全安保设施和安保力量配备指南	
	境外海（水）上安保设施和安保力量配备指南	
	境外传染病防治指南	
	境外员工常见疾病风险防控指南	
	外派人员出行安全指南	国别安全读本
应急与处置	境外突发事件应急预案	
	紧急撤离预案	
监督与检查	境外安全审计规范	
	境外安全绩效考核和奖惩办法	

资料来源：商务部《境外中资企业机构和人员安全管理指南》

（二）构建境外安全管理体系

依照企业境外安全管理制度，建成企业境外安全管理体系。安全管理体系文件应该包括管理制度的所有文件，但不限于管理制度相关文件。

【管理办法（一级文件）】

1. 社会安全风险管理体系管理办法

2. 境外安全专项经费使用规定

（1）安全管理、宣传、教育费

（2）法定强制保险与商业保险费

（3）工人作业安全防护用品费

（4）职业健康与卫生防疫费

（5）安全文明施工管理用品费

（6）机械设备安全防护及检测费

（7）物防、消防、技防、信防费

（8）人力安全保卫措施费

（9）抢险应急措施费

【管理程序文件（二级文件）】

作为二级文件的管理程序文件，应包括但不限于：

1. 风险管理

2. 保安力量管理

3. 个人安全

4. 旅程安全

5. 设施安全

6. 信息安全

7. 供应链安全

8. 安全培训

9. 文件管理

10. 应急反应

11. 事件报告与调查

12. 审核与检查

13. 沟通与协商

【计划作业文件（三级文件）】

作为三级文件的计划作业文件（含表格/记录等），应包括但不限于：

1. 社会安全风险评估制度

2. 社会安全风险预警管理规定

3. 安保人员管理规定

4. 境外中方人员社会安全管理制度

5. 境外当地雇员选聘管理制度

6. 旅程安全管理制度

7. 社会安全设施管理规定

8. 境外项目办公地、住所、作业现场选择和三级防护配备标准

9. 境外项目物理安防设施配备标准

10. 境外社会安全管理方案

11. 境外项目信息安全管理制度

12. 境外承包商社会安全管理制度

13. 社会安全培训管理规定

14. 文件、资料和记录管理办法

15. 社会安全应急管理规定

16. 境外项目业务连续性管理规定

17. 社会安全事件管理规定

18. 社会安全管理绩效考核规定

19. 社会安全沟通与协商规定

20. 社会安全变更管理规定

（三）安全生产事故案例

【案例1——安全生产事故】2014年2月22日，某轮胎生产泰国公司一期项目于2014年2月22日全面投产，年产200万套高性能子午线轮胎。据了解，泰国公司一期项目的产品订单供不应求，二期项目已获得国家发改委备案，争取在3-4年内全部建成投产。届时，该公司2015年产能将达到5000万套，2020年突破9000万套。2015年2月1日晚，该轮胎厂起火，火势蔓延，烧毁了大量物资，15间厂房中的6间化为灰烬，好在无人伤亡，这场大火导致该轮胎厂不得不停工两天，工厂库存的100多万条轮胎在大火中只抢运出20万条，火灾造成直接损失超过4000万美元（约2.5亿元人民币）。

【案例2——安全生产预防措施】2018年8月，针对老挝发生韩企在建水电站水坝垮塌事件，中国驻越南使馆、越南中国商会对在越中资企业发布了加强项目安全生产工作的通知。具体如下所示：

中国驻越南使馆、越南中国商会关于进一步加强驻越中资企业和项目安全生产工作的通知

越南中国商会各会员单位、各驻中资机构和企业：

7月23日，老挝发生在建水电站水坝垮塌事故，造成多人遇难和失踪，人员和财产损失严重。为有效预防和遏制安全生产事故，切实贯彻落实国内安全生产要求，请你单位从即日起自行开展新一轮安全生产检查，现将有关通知如下：

一、切实提高安全生产和风险防范意识，严格落实安全主体责任，贯彻落实好《关于进一步加强境外中资企业安全生产监督管理工作的通知》（商合函[2014]226号）等国内境外安全生产管理规定，严格执行各类安全生产技术标准和规范，严格遵守国内及越南本地安全生产法律法规，始终绷紧防范安全风险这根弦，警钟长鸣，把风险防控贯穿生产经营的全过程。

二、完善本单位安全生产制度，强化监督和防范措施，建立健全安全生产监督预警体系和应急处置机制。认真学习新版《境外中资企业机构和人员安全管理指南》（2018年），按照指南要求建立和完善本单位各项安全生产管理制度，重点是健全安全生产监督预警体系和突发事故应急处置机制，全面加强项目管理，配备专职安全管理人员，配置安全设备，组织开展安全生产宣传教育和应急处置演练，提高作业人员安全意识、操作技能和自我防护能力，确保不发生安全生产事故。

三、加强对重大项目和重点部位安全管理，全面排查安全风险。各单位从即日起深入全面安排安全生产自查自纠，拉网式排查生产车间、项目工地、办公和生活驻地等重点部位安全隐患，重点筛查防洪、防火、防爆、施工安全等风险和薄弱环节，切实堵塞安全漏洞，发现问题及时整改，重要问题立即向驻越南使（领）馆报告。

四、针对越南近期暴雨、台风频发，多地引发洪涝、泥石流等地质灾害，各单位应进一步提高安全防护意识，有针对性地制定安全防范措施，保障必要的安全设施投入，及时发布安全预警，切实保障人员财产安全。对在建工程，切实评估大风暴雨等极端天气对工地影响，做好基坑支护、排水和边坡稳定性检测等专门技术方案，做好夏季施工（防台风、暴雨、高温）方案，确保施工安全，避免塌方；对临时设施和搭建物，应加强安全巡视，做好加固工作；如遇台风等自然灾害，事先组织应急抢险救援队伍，检查各类防汛装备使用情况，必要时执行24小时值班制度，密切跟踪当地发布的气候地质情况预报。与此同时，注意人员出行安全，遵守交通法规，不得酒醉驾驶，严禁违章驾驶、超速超载；集体外出近期尽量避免到山区等易发生地质灾害区域；加强食品安全卫生监管，防止食物中毒；高温高空作业做好防护，避免中暑。严格做到安全保障不到位就不得开展生产经营等活动

五、要加强与使（领）馆的联系沟通，建立健全与我使（领）馆和中商会的应急协作机制，定期向使（领）馆报告安全生产状况。如发生重大生产安全或人员伤亡事故，须在30分钟内向使（领）馆口头报告事故情况，1小时内形成书面报告，不得延报、迟报、漏报、瞒报。同时，应在使（领）馆指导下，依法依规配合事故调查处理，并迅速开展相关善后工作。

驻越南使馆安全生产监督检查领导小组将会同中商会将定期或不定期赴重点企业和项目部等开展安全生产巡查活动。

特此通知。

中国驻越南使馆　越南中国商会

2018年8月9日

三　中资企业的境外安全风险预防

（一）做好项目所在国国别风险评估与风险防控

确定重点合作区域和领域，避免盲目、分散进入不同国家。关注项目所在国政治法律制度、政局稳定性、政党竞争、经济与能源发展概况、引进外资的法律与政策、贸易法律制度、工程建设法律制度、土地管理法律制度、行业监管体系等。企业可参考世界银行、商务部、中信保、中国社科院等机构的国别评估报告作为初步风险数据。

（二）做好项目的环境社会影响评价与风险防控

据统计，针对中资企业境外机构和人员的安全威胁中，其中有相当部分是针对项目对当地环境和社会影响，以及公众参与的缺失而引发。境外中资企业要重视项目的环境影响（EIA）和社会影响（SIA）评价，通过环境、社会影响评价，在合法性、合规性、合理性、可控性等方面加以详细论证，其基本目标是促进项目的可持续性，即在经济、环境、社会之间达到优态平衡。

（三）做好项目合作的模式选择及投资架构设计

调整中资"一股独大"思维，谋求项目由多家利益相关方参与，尤其是域外大国、东道国企业的参与，对防御和化解地缘政治风险是较好的途径。

（四）做好项目本土化运营

提高中资企业的本土化管理水平，提高雇佣所在国本土员工比例，解决本土员工就业，特别是增加所在国本土员工中高层管理人员的比例，都有助于增强中资企业的安全风险防范能力。

（五）做好境外突发事件应对及纠纷解决

中资企业驻外分支机构、项目公司要完善相应的内控制度和应对机制，建立、健全境外突发安全事件信息通报、预警、响应和应急处置机制。同时注重企业社会责任建设、项目公众参与和舆情引导，以"民心相通"作为防范突发事件的前提，将负面影响降到最低。

附录

相关机构的联系方式

东盟各中心、机构：

1. 东盟能源中心（ASEAN Centre for Energy, ACE）

地址：Directorate General of Electricity and Energy Utilization Complex

Jl. H.R. Rasuna Said, Block X-2, Kav. 07-08

Kuningan, Jakarta 12950, Indonesia

电话：0062-21-527 9332

传真：0062-21-527 9350

电邮：secretariat@aseanenergy.org

网址：aseanenergy.org/

2. 东盟农业合作社发展中心（ASEAN Centre for the Development of Agricultural Cooperatives, ACEDAC）

地址：Jl. HR. Rasuna Said Kav. 3-5, Jakarta Selatan, Jakarta/Indonesia

电话：0062-21-5290 2014

传真：0062-21-5290 2014

电邮：adrilapradja@yahoo.co.id

3. 东盟石油理事会（ASEAN Council on Petroleum, ASCOPE）

马来西亚吉隆坡（Kuala Lumpur/Malaysia）

地址：ASCOPE SECRETARIAT, PETRONAS

PNOC Building VI, Energy Center

Rizal Drive, Bonifacio Global City,

Taguig City 1634

菲律宾（Philippines）

电话：0063 2 812 6068

传真：0063 2 840 1446

网址：www.ascope.org

4. 东盟地震信息中心（ASEAN Earthquake Information Centre, AEIC）

地址：Jl. Angkasa I No 2, Kemayoran, Jakarta Indonesia

网址：aeic.bmg.go.id；www.ahacentre.org

5. 东盟ASEAN-EC管理中心（ASEAN-EC Management Centre, AEMC）

地址：Brunei Darussalam

网址：www.bruneidirecthys.net/about_brunei/asean_ec.html

6. 东盟保险培训和研究所（ASEAN Insurance Training and Research Institute, AITRI）

地址：Kuala Lumpur/Malaysia

7. 东盟生物多元化中心（ASEAN Centre for Biodiversity, ACB）

地址：3F ERDB Bldg. Forestry Campus

电话：006349 536-2865

地址：Quezon City Annex

Ninoy Aquino Parks and Wildlife Nature Centre

North Avenue, Diliman

1156 Quezon City

Philippines

网址：www.aseanbiodiversity.org

8. 东盟专业气象中心（ASEAN Specialised Meteorological Centre, ASMC）

网址：www.weather.gov.sg/wip/web/ASMC

9. 东南亚中央银行（South East Asian Central Banks, SEACEN）

地址：Level 5, Sasana Kijang

Bank Negara Malaysia

2 Jalan Dato'Onn

50480 Kuala Lumpur

Malaysia

电话：00603-9195 1888

传真：00603-9195 1801

电邮：info@seacen.org

网址：www.seacen.org

10. 东盟高校网络秘书处（ASEAN University Network, AUN Secretariat）

地址：Jamjuree 1 Bld., Chulalongkorn University

Phyathai Road, Phathumwan

Bangkok 10330

Thailand

电话：00662 2153640, 00662 2153642

传真：00662 216 8808

电邮：aun@chula.ac.th

网址：www.aun-sec.org

中国驻东南亚机构：

（一）中国驻东盟使团经济商务参赞处

作为中国商务部派驻机构和中国驻东盟使团的组成部分，中国驻东盟使团经济商务参赞处愿向国内投资者提供相关公共服务，分享了解到的东盟最新政策动态和经贸信息，帮助投资者了解东盟，并积极推动中国—东盟经贸持续快速发展。

电话：0062-21-2952 7092 转243、241、240、236

传真：0062-21-2952 7088

电邮：aseanchina@mofcom.gov.cn

网址：asean.mofcom.gov.cn

地址：The East Tower, 32nd Floor, Jl. Lingkar Mega Kuningan, Kav E3.2, No.1, Jakarta 12950, Indonesia

（二）中国驻东盟各成员国使馆经商参处（室）

1. 文莱

中国驻文莱大使馆经商参处

地址：No.1,Spg 462, Kg.Sungai Hanching，Jalan Muara

BC2115，Brunei Darussalam

电话：00673-2339558，2340891

传真：00673-2335163

电邮：bn@mofcom.gov.cn

网址：bn.mofcom.gov.cn

2. 柬埔寨

中国驻柬埔寨大使馆经商参处

地址：柬埔寨金边市莫尼旺大道432C号

（No.432c, Blvd. Monivong, Phnom Penh, Cambodia）

电话：00855-23-720598（承包工程、劳务合作）

　　　00855-23-721437（投资、市场咨询、商会工作）

　　　00855-23-721649（援助）

　　　00855-23-720149（贸易、展会、多边事务、培训）

传真：00855-23-210861

电邮：cb@mofcom.gov.cn

3. 印度尼西亚

中国驻印度尼西亚大使馆经商参处

地址：JI. Mega Kuningan Barat 10 No.2, Jakarta 12950, Indonesia

电话：0062-215761048/5761049/5761050

传真：0062-215761051

网址：id.mofcom.gov.cn

电邮：id@mofcom.gov.cn

驻棉兰总领馆经商室

电话：62-61-80013149, 88817171

传真：62-61-80013159

电邮：medan@mofcom.gov.cn

地址：Royal Condominium，Lantai 6 Tower B, Jalan Palang Merah No.1,

Sukamulia, Medan 20151, Sumatera Utara, Indonesia

驻泗水总领馆经商室

电话: 0062-31-5630305, 5687225

传真: 0062-31-5674667

电邮: surabaya@mofcom.gov.cn

地址: 泗水市宋哥诺将军大街105号(Jl.May.Jend.Sungkono, Kav B-1/105, Surabaya 60256, Indonesia)

邮编: 60256

驻登巴萨总领馆经商室

电话: 0062 878 7802 1406

电邮: supratman2@hotmail.com

4. 老挝

中国驻老挝大使馆经商参处

地址: WatNak Road, Sisattanak, Vientiane, Lao P. D. R.

电话: 00856-21353459/60/61/62

传真: 00856-21353463

电邮: la@mofcom.gov.cn

网址: la.mofocom.gov.cn

5. 马来西亚

中国驻马来西亚大使馆经商参处

地址: NO. 39 Jalan Ulu Kelang, 68000 Ampang, Selangor Darul Ehsan, Malaysia

电话: 00603-42513555

传真: 00603-42513233

邮件: my@mofcom.gov.cn

网址: my.mofcom.gov.cn

6. 缅甸

中国驻缅甸大使馆经商参处

地址: 缅甸仰光联邦林荫路53号(No.53, Pyidaungsu Yeiktha Road, Yangon, Myanmar)

电话: 0095-1222800, 0095-1222803, 0095-1215424

传真：0095-1220386，0095-1215423

电邮：mm@mofcom.com.cn

网址：mm.mofcom.gov.cn

7. 菲律宾

中国驻菲律宾大使馆经商参处

地址：No.10 Flame Tree Road, South Forbes Park, Makati, Metro Manila, Republic of the Philippines

电话：0063-28195991, 8195992

传真：0063-28184553

电邮：ph@mofcom.gov.cn

网址：ph.mofco.gov.cn

驻宿务总领事馆经济商务室

（负责领区所辖菲律宾维萨亚群岛11个省和棉兰老岛22个省经济商务事务）

地址：Fire Brigade Building, Llorente Street, Cebu City 6000, Philippines

电话：0063-32-2563488/2563433

传真：0063-32-2563466

电邮：cebu@mofcom.gov.cn

8. 新加坡

中国驻新加坡大使馆经商参处

地址：150 TANGLIN ROAD SINGAPORE 247969

电话：0065-64121900

传真：0065-67338590

电邮：sg@mofcom.gov.cn

网址：sg.mofcom.gov.cn

9. 泰国

中国驻泰王国大使馆经商参处

地址：57 Rachadaphisek Rd., Dindeang, Bangkok 10400, Thailand

邮编：10400

电话：0066-2-2457038/2474506

传真：0066-2-2472123

电邮：th@mofcom.gov.cn

中国驻泰国宋卡总领馆经济商务室

地址：泰国宋卡府沙岛路九号（9 Sadao Road, Songkhla 90000,Thailand）

邮编：90000

电话：0066-74-326794

传真：0066-74-326240

电邮：songkhla@mofcom.gov.cn

中国驻泰国清迈总领馆经济商务室

地址：111 Changloh Road, Haiya District, Chiang Mai, Thailand 50100

电话: 0066-53-280440

传真: 0066-53-276833

电邮: chiangmai@mofcom.gov.cn

10. **越南**

中国驻越南大使馆经商参处

地址：越南河内市陈富路39号

（No.39 Tran Phu Road, Ha Noi, Vietnam）

电话：0084-4-38438863/37338125

传真：0084-4-38234286

电邮：vn@mofcom.gov.cn

网址：vn.mofcom.gov.cn

中国驻胡志明市总领馆经商室

地址：越南胡志明市第3郡第6坊二征夫人路175号

（No.175 Hai Ba Trung Str.， Distr. 6, Hochiminh City, Vietnam）

电话：0084-8-38292463

传真：0084-8-38231142

电邮：ptmchn@hcm.vnn.vn

网址：hochiminh.mofcom.gov.cn

中资华人协会：

1.. 文莱

（1）文莱中华友好协会

电话：00673-2225222

传真：00673-2221909

（2）文莱斯里巴加湾市中华总商会

电话：00673-2235494

传真：00673-2235492

（3）福建会馆

电话：00673-2229555

传真：00673-2229666

2. 柬埔寨

（1）柬埔寨中国商会

会长：高华

电话：00855-12-811919

（2）柬埔寨港澳侨商总会

会长：任瑞生

电话：00855-12-822228

3. 印度尼西亚

印度尼西亚中国商会总会

电话：0062-21-29783186

网址：www.chinachamber.co

印尼中华总商会

电话：0062-21-39831368

印尼工商会馆中国委员会

电话：0062-21-3902587

网站：www.kadin-indonesia.or.id

www.bsd-kadin.org/

印中商务理事会

电话：0062-21-64701262

4. 老挝

老挝中国商会

地址：WatNak Road，Sisattanak，Vientiane，Lao P. D. R.

电话/传真：00856-21-264386

5. 马来西亚

（1）马来西亚—中国商务理事会（Malaysia-China Business Council, MCBC）

网址：www.mcbc.com.my

（2）马来西亚中华总商会（The Associated Chinese Chambers of Commerce and Industry of Malaysia, ACCCIM）

网址：www.acccim.org.my

（3）马来西亚中国经济贸易总商会（Malaysia-China Chamber of Commerce, MCCC）

网址：www.mccc.my

6. 缅甸

缅甸中国企业协会

地址：Room No.0305 3rd Floor, Business Suit, Sedona Hotel，Yangon No.1 Kaba Aye Pagoda Road, Yankin Township, Yangon, Myanmar

电话：0095-16669007904

传真：0095-16669007904

7. 菲律宾

（1）菲华商联总会

地址：6th Floor, Federation Center，Muelle de Binondo, Binondo, Manila 1006, Philippines

电话：(00632)2419201 to 2419205

邮箱：ffcccii@yahoo.com

（2）菲华各界联合会

地址：Unit 3201 World Trade Exchange 215 Juan Luna St., Binondo, Manila，Philippines

电话：（00632）3540975

电邮：ffcap2005@yahoo.com

8. 新加坡

（1）新加坡中华总商会

地址：47 Hill Street #09–00, Singapore 179365

电话：0065–63378381

传真：0065–63390605

电邮：corporate@sccci.org.sgcorporate@sccci.org.sg

网址：www.sccci.org.sg

（2）新加坡中国商会

地址：6001 Beach Road #11–01, Golden Mile Tower，Singapore 199589

电话：0065–62983622, 62932209

传真：0065–62969492

电邮：scba1@singnet.com.sg

网址：www.s–cba.org.sg

9. 泰国

（1）驻泰国中资企业商会

地址：9 Soi Phiphat, Silom Rd., Silom, Bangrak, Bangkok 10500 Thailand

联系人：唐娜

电邮：ztzzqysh@gmail.com

（2）驻泰国中资企业商会罗勇分会

地址：7/308 Moo.6 Mabyangporn, Pluakdeang, Rayong, Thailand 21140

10. 越南

（1）越南中国商会

地址：河内市巴亭郡讲武路D8号，河内宾馆商务中心M楼

电话：0084–4–37368950

传真：0084–4–37368951

网址：www.vietchina.org

电邮：vietchina@qq.com

（2）越南中国商会胡志明市分会

地址：胡志明市第11郡第15坊李长杰路319号富寿—顺越大厦013–014室

电话：0084–8–62641027, 62641028

传真：0084-8-62641029

电邮：cbah@hcm.vnn.vn

（3）越南中国商会广宁省分会

地址：越南广宁省下龙市白宅区下龙路皇家酒店娱乐城大楼二楼

电话：0084-33-3640339

传真：0084-33-3648188

网址：www.vnone.vn

电邮：einlc@qq.com

（4）越南中国商会海防分会

地址：越南海防市海安郡吉卑坊吉卑路95号室

电话（传真）：0084-31-3954686

网址：www.vnone.vn

（5）越南香港商会

网址：www.hkbav.org

11. 东帝汶

（1）东帝汶中华总商会

电话：00670-3312196

传真：00670-3321929

（2）东帝汶中资企业协会

电话：00670-3312163

电邮：aec.timor@gmail.com